AF523973

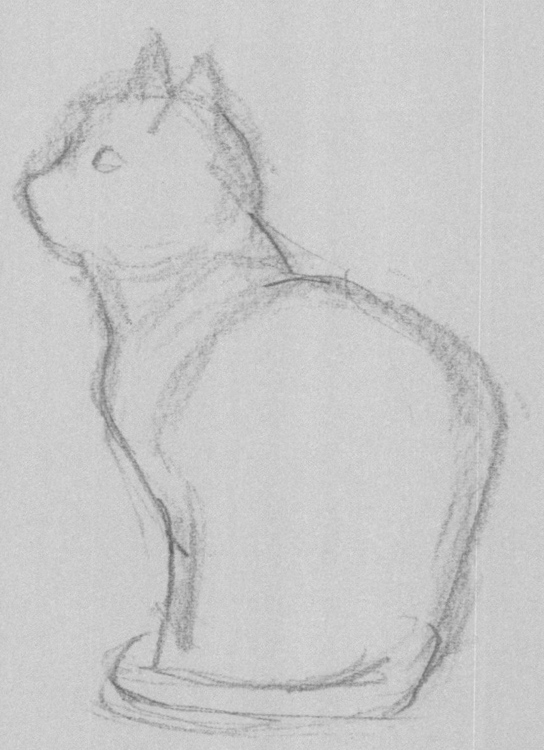

Hanne Türk

Lieblingstiere selber zeichnen!

Text: Norbert Landa

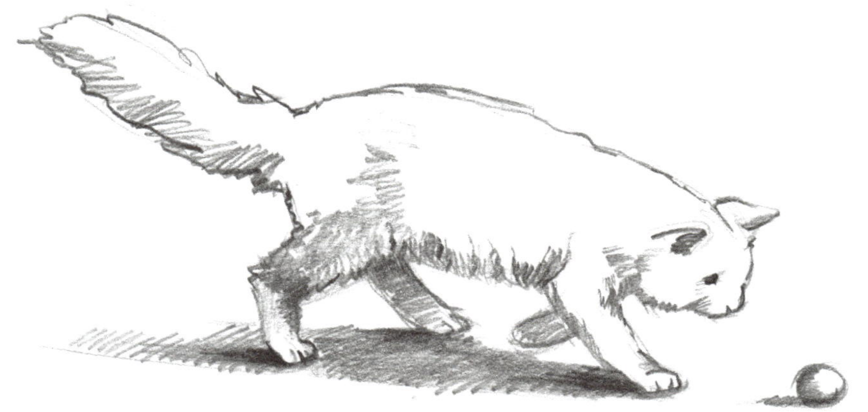

OBERSTEBRINK kreativ

2. überarbeitete Auflage 2021

Text & Konzept: Norbert Landa
Illustrationen: Hanne Türk

Buchgestaltung: Florian Barth
Umschlaggestaltung: Florian Barth
Bildbearbeitung: Andreas Springer
Produktion: impress, Mönchengladbach

Verlag: Oberstebrink
c/o Körner Medien UG
Wannerstraße 1
79106 Freiburg
Tel. 0761/42 99 43 19
E-Mail: info@koerner-medien.de
www.oberstebrink.de

ISBN 978-3-934333-93-2

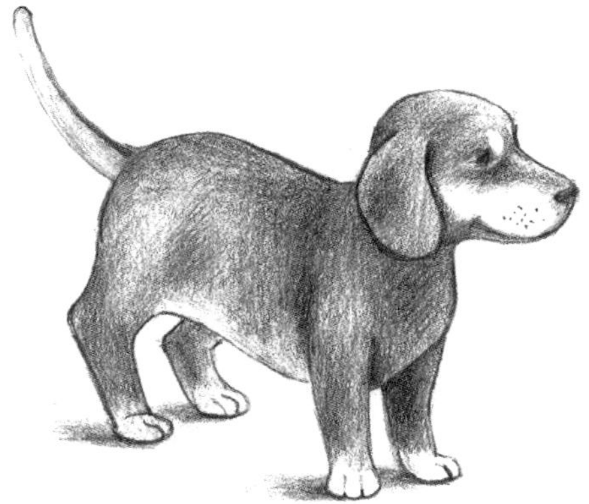

Über dieses Buch

Tiere sind Persönlichkeiten, und was könnte persönlicher sein als das von Ihnen selbst gezeichnete Porträt Ihres Lieblings? Oder Sie haben einfach Freude daran, Katze, Hund und andere vertraute Tiere ins Bild zu bringen. Dann brauchen Sie nur noch Papier, Stifte – und ein passendes Foto. Ohne besondere Vorkenntnisse können Sie sich gleich kreativ ans Werk machen.

Erfolgsgarantie: Foto übertragen

Wie einfach das geht, ersehen Sie an vielen typischen Motiven. Schritt für Schritt entsteht aus der Fotovorlage ein Bild, das bestimmt viel Freude bringt: erst beim Zeichnen, dann am gelungenen Werk. Denn das, worauf es am meisten ankommt, liefert schon das Foto: die Umrisse, also die charakteristische Gestalt in den richtigen Proportionen. Zum Übertragen des Fotos aufs Zeichenblatt zeige ich Ihnen die drei wesentlichen Methoden: Kopieren, Rastern und frei Nachzeichnen.

Kreativ ausgestalten

Beim Ausarbeiten lernen Sie verschiedene Techniken kennen. So finden Sie bald heraus, was Ihnen am meisten liegt. Dabei begleite ich Sie mit handwerklichen und künstlerischen Tipps. Die Querverweise zeigen Ihnen, wo spezielle Themen noch behandelt werden.

Das Beste aus Freude am Zeichnen

Die Motive und Anleitungen in diesem Sammelband sind das Ergebnis meiner Arbeit als Autorin und Art-Direktorin der Zeitschrift Freude am Zeichnen. Dabei habe ich von meinen Lesern gelernt, wo Anfänger besondere Unterstützung brauchen und wo ich Fortgeschrittenen künstlerisch weiterhelfen kann. Das Wichtigste dabei: Das Zeichnen muss Freude machen, und diese Freude möchte ich mit Ihnen teilen.

Herzlichst, Ihre

Hanne Türk

Inhalt

Material

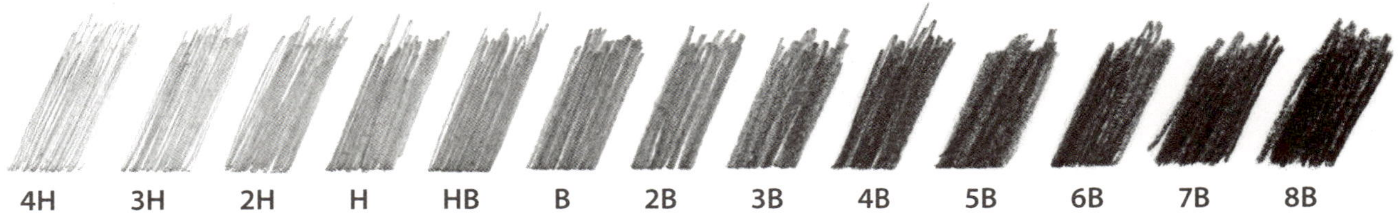

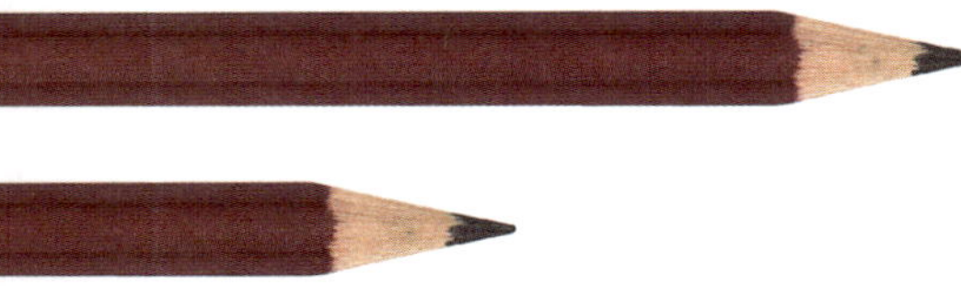

Bleistift: von hart bis weich

Härtere Stifte für feinere, hellere Linien, weichere für kräftige bis schwarze Striche: Mit den unterschiedlichen Härtegraden der Serien H und B wird der Bleistift zum erstaunlich vielseitigen Werkzeug.

H

Beginnen wir mit den härtesten der Serie H (für hart). Beim künstlerischen Zeichnen brauchen wir eher nur die Härtegrade 3H, 2H und H für sehr dünne und helle Linien, mit denen wir beispielsweise Schnurrhaare zeichnen. Technische Zeichner verwenden auch härtere Grade. „Hart" bedeutet, dass sich die Mine auf dem Papier nur wenig abreibt. Die Spitze bleibt deshalb auch länger spitz, und wenn man zu fest andrückt, gräbt sie sich ins Papier ein.

HB

Der „normale" Stift mit mittlerer Härte heißt HB. Das B steht für Black, schwarz. Der Strich ist eher fein und schon ausreichend dunkel. Wir brauchen ihn fast immer zum Vorzeichnen der Umrisse, auch für feine Details und Schraffuren, bei denen die Striche sichtbar bleiben sollen. So ein Fall sind zum Beispiel gestrichelte Fellhaare.

B

Mit höheren Ziffern in der Serie B wird die Mine immer weicher, der Strich schnell breiter und dunkler. Mit dem 2B etwa lässt sich recht kräftig zeichnen – perfekt für Skizzen. Ab hier wird der Strich immer dunkler und die Spitze schnell stumpf, eben weil mit jedem Strich viel schwarzer, weicher Graphit auf dem Papier zurückbleibt. Die Striche lassen sich dann auch so gut verwischen, dass gleichmäßige Flächen entstehen. Für unsere Zwecke reichen übrigens die Stifte bis 6B.

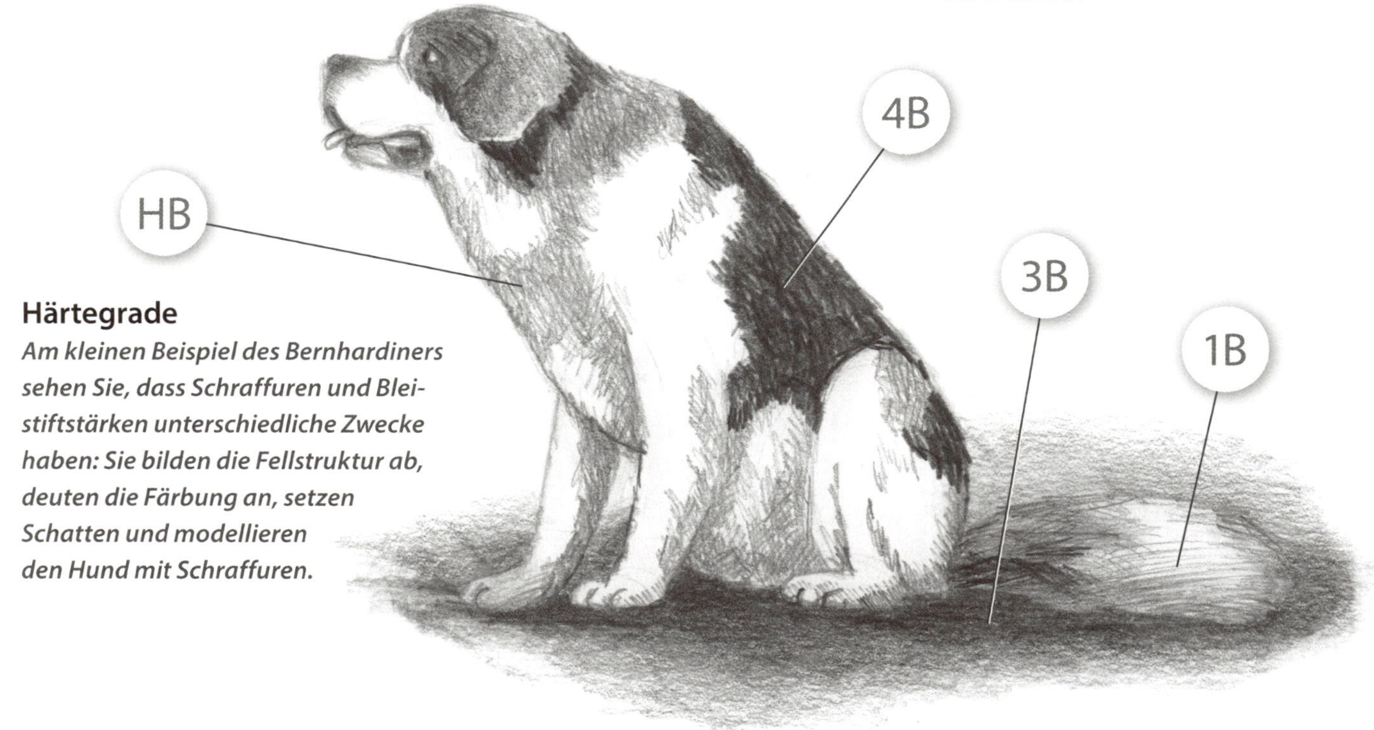

Härtegrade

Am kleinen Beispiel des Bernhardiners sehen Sie, dass Schraffuren und Bleistiftstärken unterschiedliche Zwecke haben: Sie bilden die Fellstruktur ab, deuten die Färbung an, setzen Schatten und modellieren den Hund mit Schraffuren.

Härtegrade siehe auch S. 23

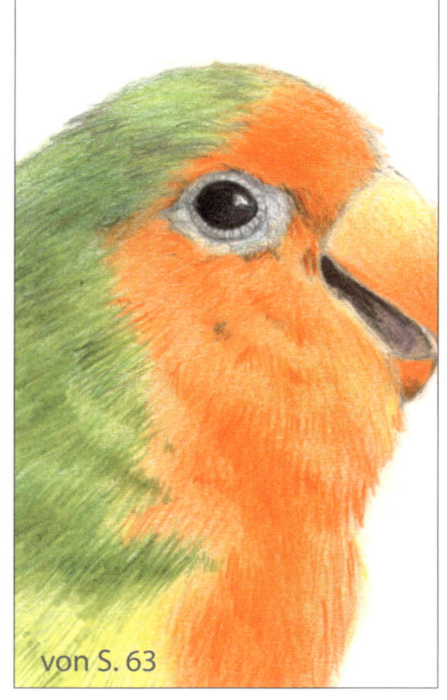
von S. 63

Farbstift

Mehr als bei den Bleistiften kommt es bei Farbstiften auf die Qualität an. Den Unterschied macht auch die Farbdichte. Die Mine von Künstlerfarbstiften hat mehr Farbpigmente und daher mehr Leuchtkraft als die Buntstifte, die Sie aus der Kindheit (oder von Ihren Kindern) kennen. Deshalb können wir auch eine Farbschicht auf die andere auftragen. Denn Farbstifte decken nicht, also scheint die untere Schicht unter der Lasur durch. So entstehen Farbverläufe und Zwischentöne. Natürlich lässt sich der gewünschte Farbton umso einfacher treffen, je mehr Farben der Kasten hat. Die Pigmente haften auf dem Papier besser als der Graphit des Bleistiftes. Deshalb lassen sich die Striche auch nicht so leicht radieren und verwischen, höchstens etwas aufhellen.

Pastellstift

Sie sehen wie Farbstifte aus, doch das Zeichengefühl ist erstaunlich anders. Das liegt am weichen, kreidigen Material der Pastellfarbe. Die Mine besteht praktisch nur aus gepressten Farbpigmenten. Deshalb hat der Strich mehr Farbkraft. Doch weil klebrige, fette Füllstoffe fehlen, haftet der Strich längst nicht so gut auf dem Papier. Das hat Vor- und Nachteile.

Die Vorteile: Pastellfarbe deckt kräftig, wir können also die Farbe darunter komplett übermalen, sofern man die erste Schicht mit einem Fixierspray fixiert. Zugleich lässt sie sich wunderbar verwischen.

Die Nachteile: Die Spitze ist von Natur aus stumpf und verliert mit jedem Strich viel Farbe. Auch beim Nachspitzen wird sie niemals fein genug, um Details zu zeichnen. Und weil sich die Farbe nur wenig mit dem Papier verbindet, muss sie zwischendurch und am Schluss fixiert werden.

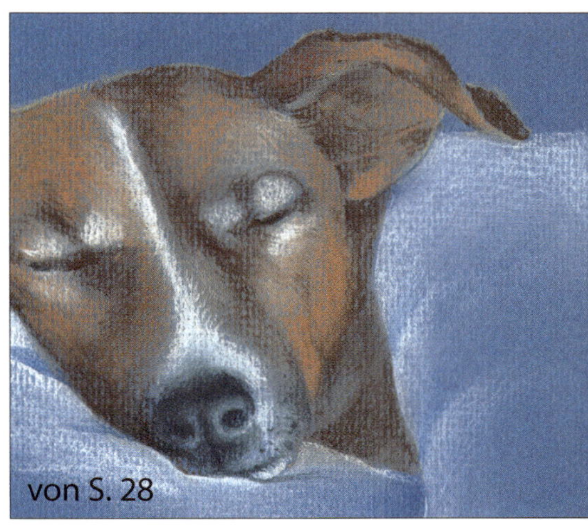
von S. 28

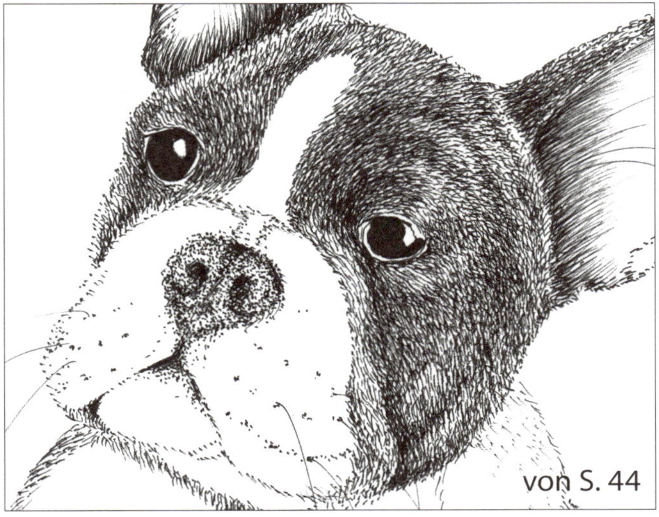
von S. 44

Fotos: Andreas Springer

Fineliner

Anders als die trockenen Stifte (Bleistift, Farbstift, Pastellstift) gibt der Fineliner feuchte Farbe ab, die sofort in das Papier eindringt und dort unverrückbar festsitzt. Radieren oder verwischen geht nicht. Dafür haben wir eine klare Strichzeichnung mit harten Kontrasten und tollen graphischen Effekten, ähnlich wie in einer klassischen Federzeichnung mit Tusche.

Fineliner siehe auch S. 43 • **Farbstift** S. 26, 39

Kohlestift

Kohlestifte hinterlassen einen kräftigen Strich, ähnlich wie der sehr weiche Bleistift, doch deutlich schwärzer. Es gibt, neben diversen Härtegraden, zwei Sorten. Der übliche Kohlestift lässt sich ganz leicht verwischen (besser als Bleistift), deshalb muss man das Bild mit Fixierspray fixieren. Fetthaltige Kohlestifte haften besser. Beim Verwischen geht zwar auch etwas Kohle mit und verteilt sich, der Strich selbst bleibt abgeschwächt stehen. Beide Sorten lassen sich gut kombinieren: Der „fettige“ Stift fixiert den Strich, der „staubige“ liefert auch verwischte Flächen.

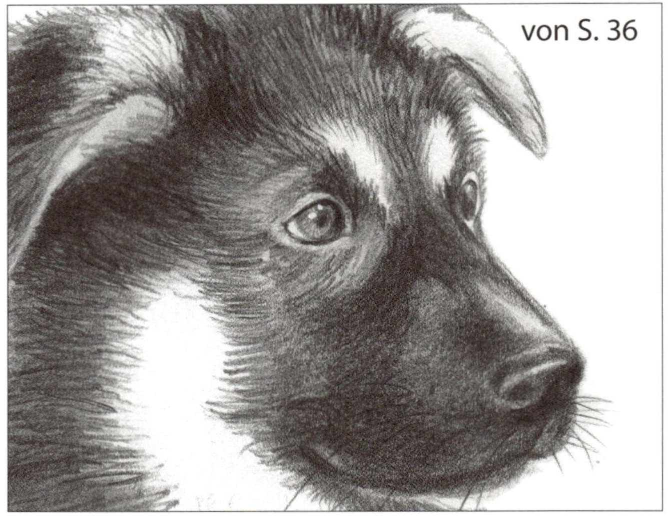
von S. 36

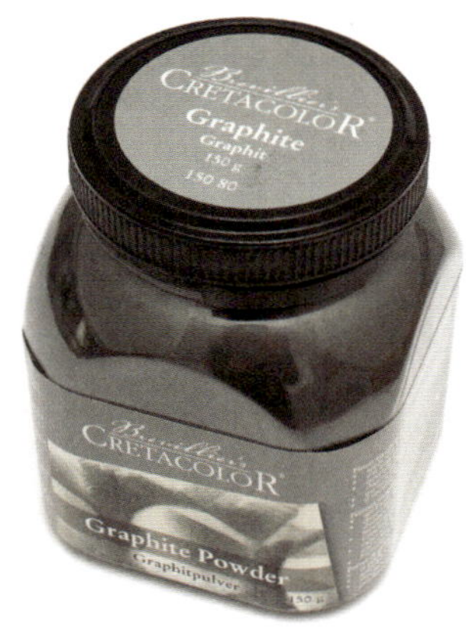

Graphit- und Farbpulver

Das ist die andere Möglichkeit, Grautöne oder Farbe ins Bild zu bringen: nicht aufstricheln, sondern in Pulverform aufs Papier streuen und dort malerisch verwischen. Dazu reibt man das Pulver mit Schleifpapier von der Mine des Blei-oder Farbstiftes ab und verteilt es mit einem Kosmetiktuch mehr oder weniger gleichmäßig auf dem Papier. Im Handel gibt es auch fertiges Graphitpulver, nützlich zum Anlegen größerer Flächen.

Wischwerkzeuge

Beim Verwischen verwandeln wir Striche in Flächen. Dabei wird der aufgetragene Graphit oder die Farbe verteilt. Die einzelnen Striche verblassen oder verschwinden ganz. Zum Verwischen kleinerer Flächen reicht der Papierwischer, der aus fest gerolltem Papier besteht, in Form eines Stiftes. Legen wir ihn flach auf, verwischt er die Schraffur breitflächig. Mit der Spitze können wir Details gezielt verwischen. Für große Flächen jedoch verwendet man ein gefaltetes Kosmetiktuch.

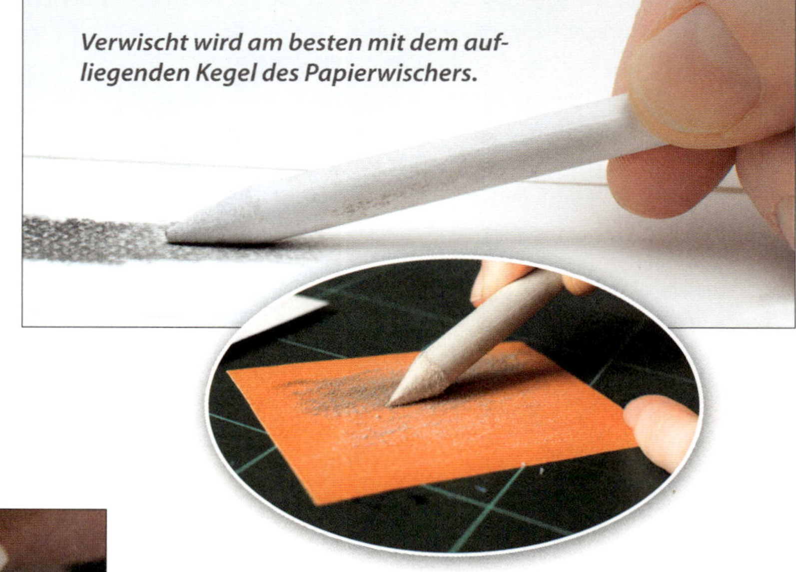

Verwischt wird am besten mit dem aufliegenden Kegel des Papierwischers.

Um den Papierwischer zu säubern, ziehen Sie ihn in drehender Bewegung über ein Schmirgelpapier.

Das Kosmetiktuch wird gefaltet für größere Flächen eingesetzt.

Verwischen mit dem Kosmetiktuch siehe auch S. 22

Radierer

Den harten Kunststoffradierer kennen Sie aus dem Alltag. Der weiche Knetgummiradierer dagegen ist ein Künstlerwerkzeug und funktioniert anders. Der Knetgummi schabt den Graphit nicht hart weg, sondern nimmt ihn weich und oberflächlich auf. Deshalb wird der Radierstrich nicht ganz papierweiß. Perfekt, um bestimmte Stellen leicht aufzuhellen. Wir können ihn auch in die passende Form kneten: rund mit breiter Auflage für größere Flächen, spitz für Details. Für noch feinere und genauere Radierstriche sind Radierstifte ideal.

Kunststoffradierer

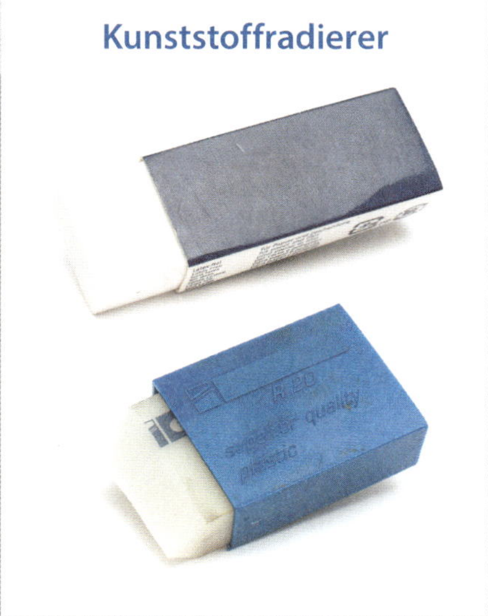

Knetgummiradierer

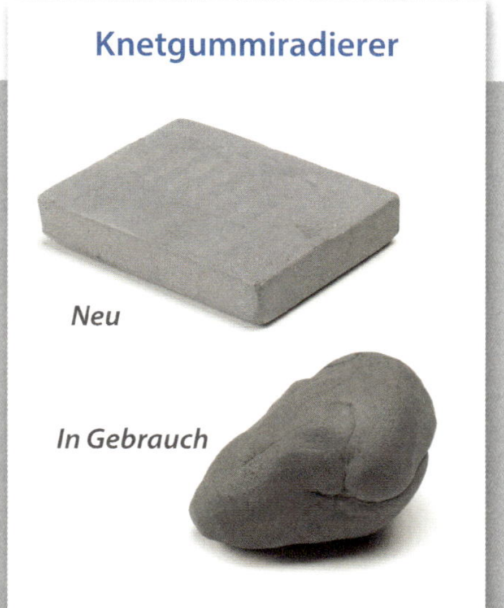

Neu

In Gebrauch

Radierstift

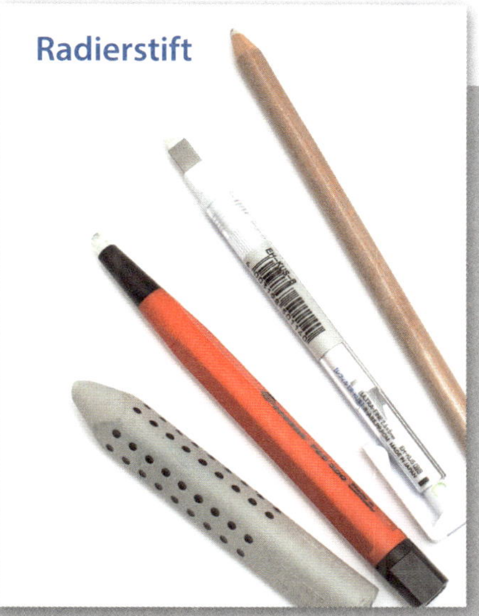

Der Kunststoffradierer als Zeichenwerkzeug

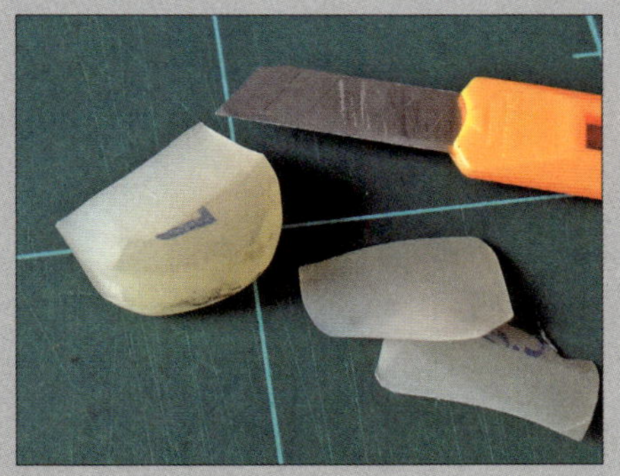

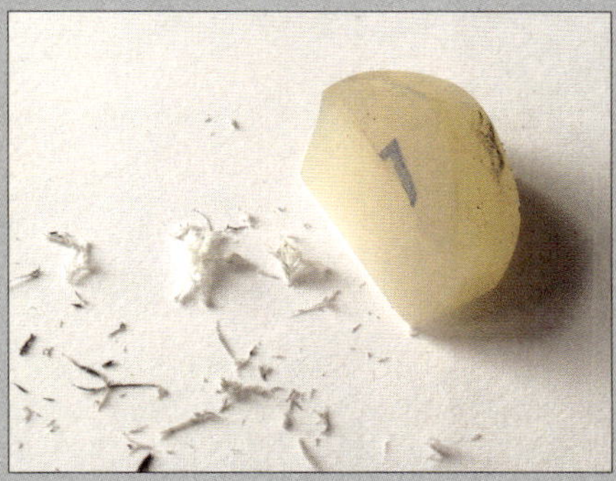

Für scharfe Radierstriche wird der Radierer mit einem scharfen Messer (Cutter) keilförmig zurechtgeschnitten. Die Kante trägt in einem Zug viel Farbe ab. Vor jedem weiteren Radierstrich muss die Kante sauber sein. Dazu reibt man den Keil von beiden Seiten auf einem Schmierpapier ab.

Anspitzer

Feine Blei- und Farbstiftstriche brauchen spitze Stifte, die beim Zeichnen immer wieder nachgespitzt werden müssen. Am bequemsten ist ein Drehspitzer mit Kurbel, der den Stift fest und horizontal einspannt. Das ist auch bei einem einfachen Anspitzer wichtig: den Stift weit vorne und in gerader Linie halten und nicht herumwackeln, sonst bricht die Mine.

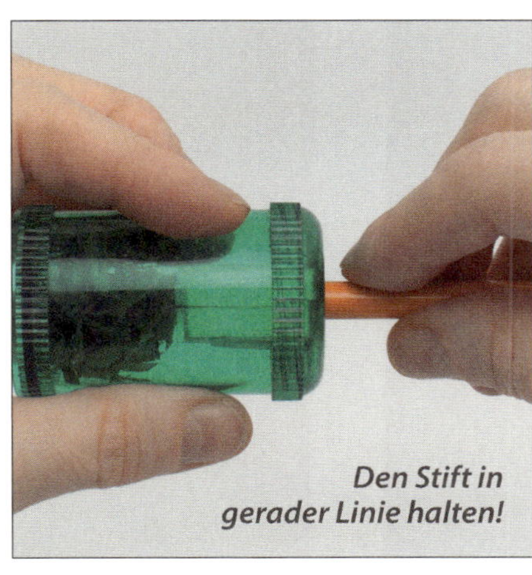

Den Stift in gerader Linie halten!

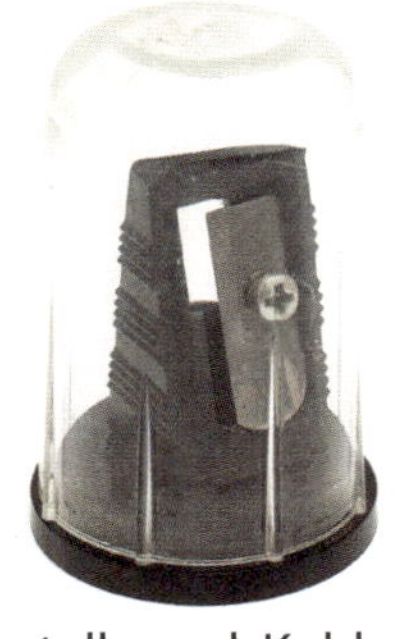

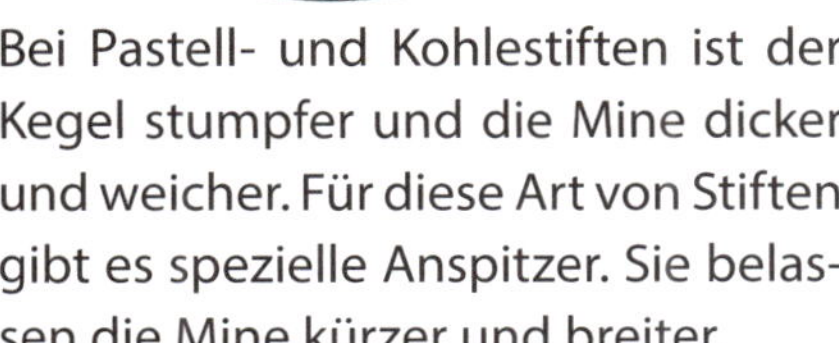

Bei Pastell- und Kohlestiften ist der Kegel stumpfer und die Mine dicker und weicher. Für diese Art von Stiften gibt es spezielle Anspitzer. Sie belassen die Mine kürzer und breiter.

Fotos: Andreas Springer

Kunststoffradierer siehe auch S. 69 • **Radierstift** S. 23, 69, 85

Warum vom Foto abzeichnen?

Fotos machen das Abzeichnen von Tieren leicht. Erstens, weil Tiere ungern längere Zeit so Modell sitzen (oder stehen und liegen), wie wir es gerne hätten, und weil wir sie mit Schnappschüssen gut in charakteristischen Posen oder Bewegungen festhalten können. Zweitens, weil das Foto die plastische Gestalt schon „flach" abgebildet hat. So können wir die Konturen schon mal in eine gute Vorzeichnung übertragen.

Ein bisschen graue Theorie …

Tiere sind körperliche Wesen. Technisch gesprochen klingt das weniger banal: Ein Körper hat drei Dimensionen und ist damit räumlich. Das Zeichenpapier aber ist flach. Ihm fehlt die dritte Dimension der Tiefe. Also geht es beim Zeichnen um eine optische Täuschung. Das Tier, das wir auf der Zeichenfläche zweidimensional (sozusagen Länge mal Breite) zeichnen, soll Tiefe haben, also körperlich erscheinen. Dazu brauchen wir zwei Dinge:

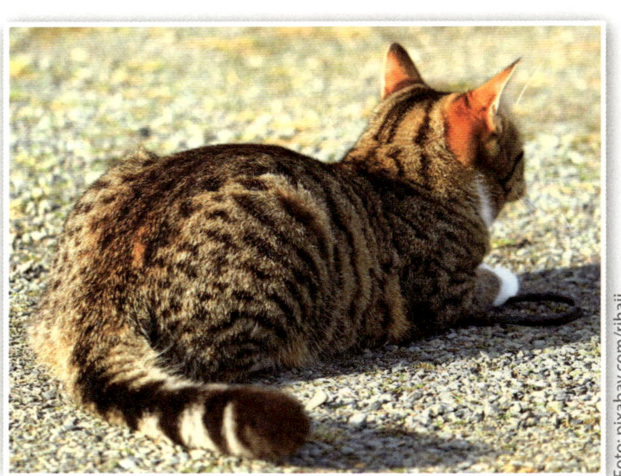

Foto: pixabay.com/rihaij

Licht, Schatten und Perspektive

Licht und Schatten

Das Tier sitzt im Licht; klar, sonst würden wir es nicht sehen. Wo diese „Beleuchtung" direkt auftrifft, erscheint es heller. Das sind die Stellen, wo sich der Körper dem Licht entgegenwölbt. Andere Stellen treten in Schatten zurück und erscheinen deshalb dunkler, auch wenn das Fell oder die Federn in Wirklichkeit überall die gleiche Farbe haben. Dieses Zusammenspiel von Licht und Schatten bestätigt, was wir in der Realität natürlich ohnehin wissen: dass das Tier, das vor uns sitzt, eine körperliche Erscheinung ist. Genau diese Wirkung wiederholen wir beim Zeichnen, nämlich beim Schattieren der entsprechenden Partien. Was vorne und damit im Licht liegt, bleibt heller, und siehe da: Das gezeichnete Tier tritt uns aus der Fläche entgegen. Das Foto macht es deutlich leichter, diese Verteilung von Licht und Schatten zu erkennen und in die Zeichnung zu übernehmen.

Perspektive

Eine weitaus größere Herausforderung bildet das, was man die perspektivische Verkürzung oder etwas dramatischer Verzerrung nennt. Auch hier bilden wir beim Zeichnen das Tier auf der Zeichenfläche so ab, wie wir es in der wirklichen Welt wahrnehmen. Das aber hängt vom Blickwinkel (oder der Perspektive) ab, von wo aus wir das Tier betrachten. In der Seitenansicht aus Augenhöhe ist alles ziemlich eindeutig. Wenn es sich aber abwendet oder wir es von vorne oder oben betrachten, verschieben sich die Proportionen. Die Partien des Körpers, die sich nach hinten erstrecken, verkürzen sich. Unser Gehirn errechnet nun automatisch die tatsächliche körperliche Gestalt. Beim Zeichnen wird es komplizierter. Die gezeichneten Umrisse müssen nämlich dem entsprechen, wie wir die Modelle aus dem jeweiligen Blickwinkel gesehen haben, also mitsamt den perspektivischen Verkürzungen. Wenn nicht, haben wir das Gefühl, dass im Bild etwas nicht stimmt.

Diese Aufgabe nimmt uns das Foto perfekt ab. Es übersetzt die Räumlichkeit (die drei Dimensionen des Motivs) korrekt in die Fläche (in die zwei Dimensionen) des Fotos. Perspektive und Proportionen: alles passt. So können wir die Konturen z. B. einer Katze, wie sie im Foto abgebildet sind, direkt in die Zeichnung übertragen.

Konturen durchpausen siehe auch S. 13 • **Rastermethode** S. 14

Im Profil

In der Seitenansicht gibt es kaum perspektivische Verkürzungen. Nur die Pfoten sind wegen des leicht erhöhten Blickwinkels leicht versetzt. Und in der Schwarz-Weiß-Kopie können wir die Verteilung von Licht und Schatten gut erkennen.

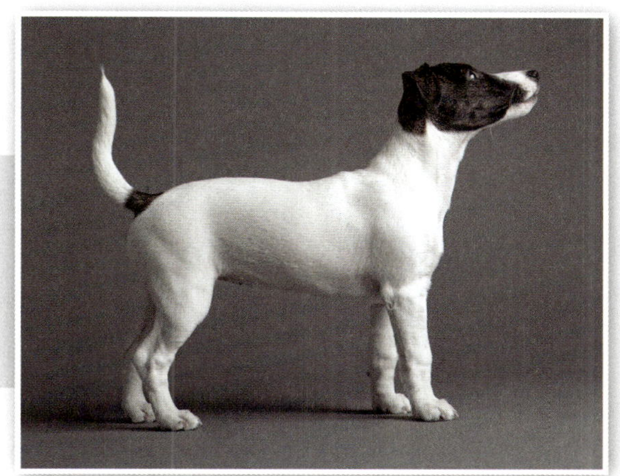

Foto: iStock.com/Spanic

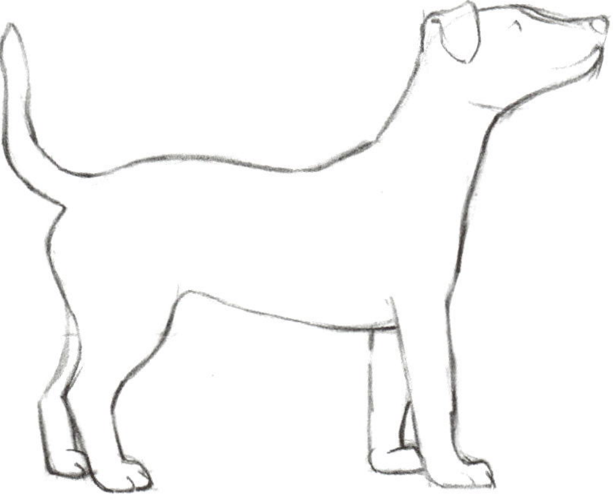

In der vom Foto aufs Papier übertragenen Vorzeichnung ist die Gestalt flächig, also zweidimensional. Die räumliche Dimension, die Körperlichkeit des Hundes, denken wir uns automatisch hinzu.

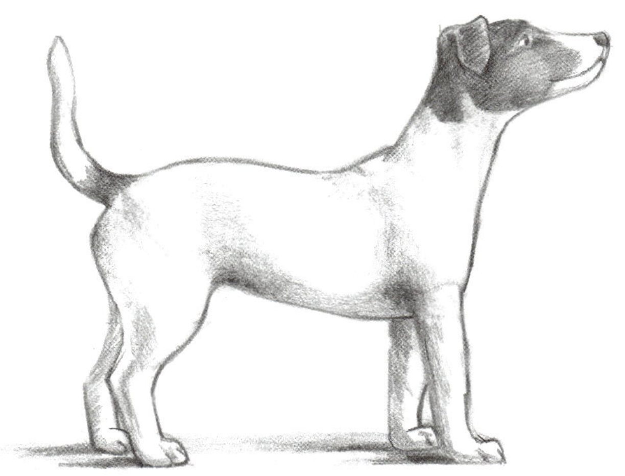

Sichtbar wird die plastische Gestalt erst durch die Schattierungen im Fell und durch den Schlagschatten auf dem Boden.

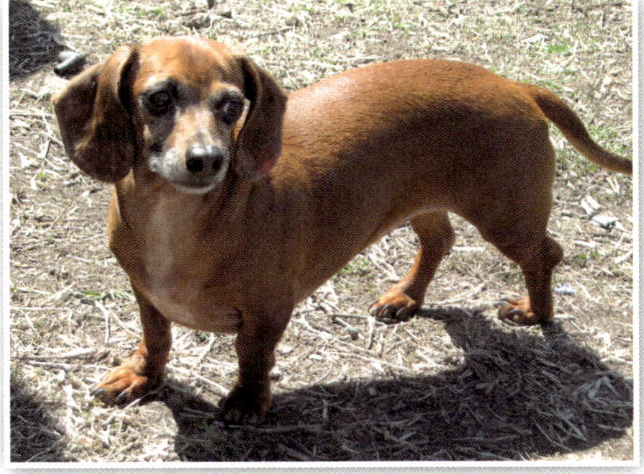

Foto:Archiv

Hier wendet sich der Hund uns zu, und wir blicken ihn von oben an. Aus diesem sozusagen natürlichen Blickwinkel ergeben sich von Kopf bis Fuß starke perspektivische Verkürzungen. Da ist es eine besonders große Hilfe, die Konturen für die Vorzeichnung direkt vom Foto abnehmen zu können.

Perspektivisch

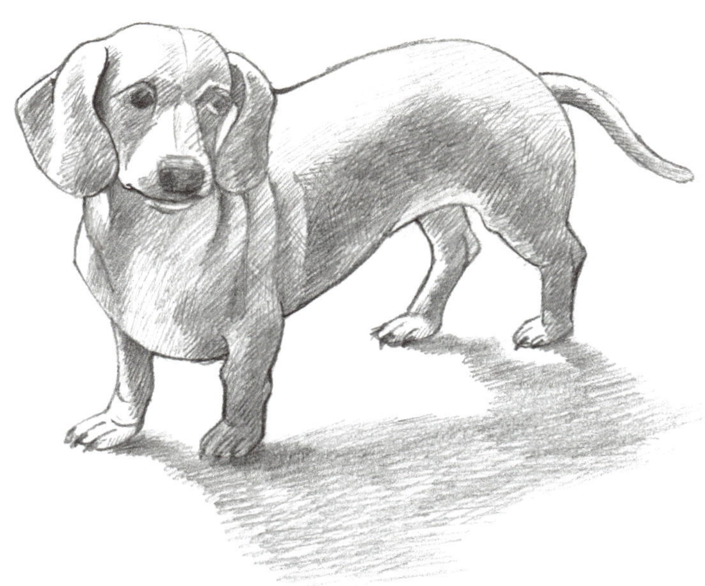

Kreuzschraffur siehe auch S. 15

Wie sollen Vorlagenfotos aussehen?

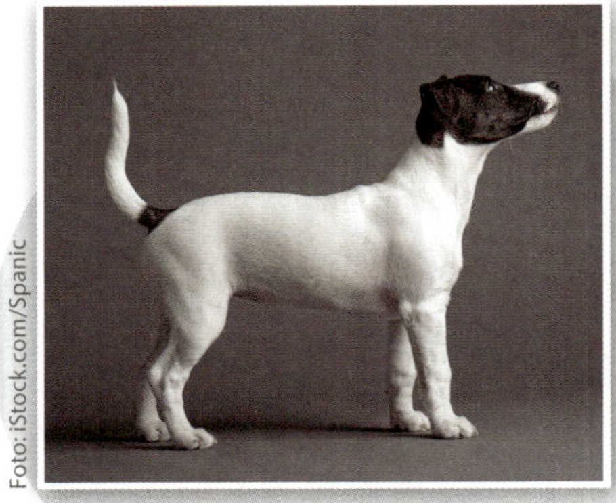
Foto: iStock.com/Spanic

Kontraste

Das ideale Tierfoto ist klar und kontrastreich. Je besser wir erkennen, wo Licht und Schatten liegen, desto leichter tun wir uns beim Zeichnen. Und je stärker die Unterschiede sind, desto präsenter, plastischer wird auch die Zeichnung.

Schwarz-weiß

Als Vorlage für die Vorzeichnung sind Schwarz-Weiß-Fotos manchmal besser, weil sich darin die Konturen leichter finden lassen. Probieren Sie es bei Farbfotos mit Kopien oder Ausdrucken in Schwarz-Weiß aus.

Details

Das Foto soll Details möglichst deutlich zeigen. Wir müssen jedoch nicht alles zeichnen, was zu sehen ist (siehe rechts die Streifen im Beutel). Weglassen ist einfach. Schwieriger ist es, unscharfe Lücken im Foto aus der Erinnerung heraus mit Details zu füllen oder etwas dazuzuerfinden.

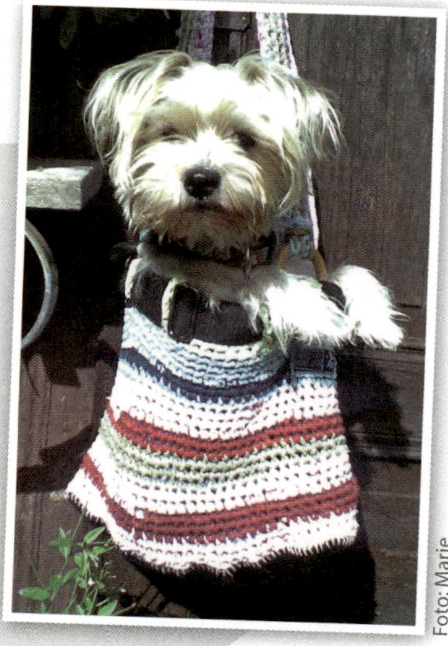
Foto: Marie

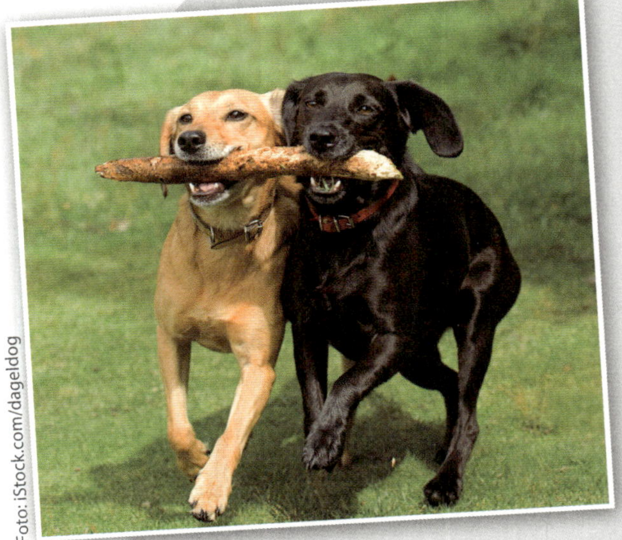
Foto: iStock.com/dageldog

Format

Zum Durchpausen der Konturen vom Foto auf das Zeichenblatt muss das Foto natürlich die gewünschte Größe haben. Papierfotos können Sie auf die Wunschgröße hochkopieren oder scannen und entsprechend groß ausdrucken.

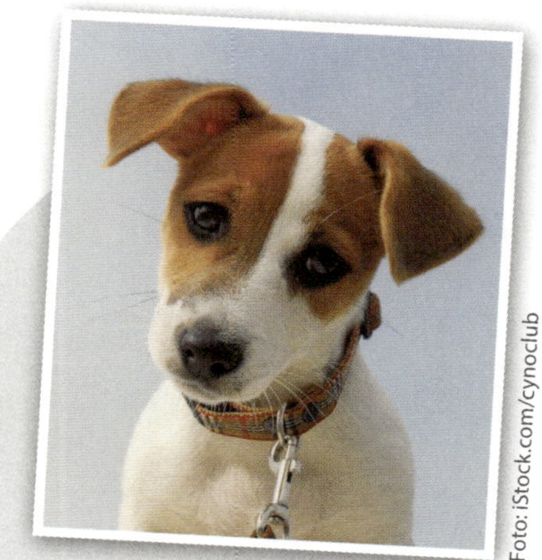
Foto: iStock.com/cynoclub

Emotionen

In eigenen Fotos – vermutlich auch Schnappschüssen – soll sich natürlich die individuelle Persönlichkeit Ihres Tieres zeigen, also in charakteristischen Posen und im (vor allem bei Hunden) Gesichtsausdruck. Tolle, in diesem Fall anonyme Tierfotos als Vorlagen finden Sie zuhauf in Magazinen, Büchern und im Internet.

Accessoires

Ähnlich wie bei den Details (siehe oben) muss man nicht alles zeichnen. Überflüssig sind Dinge, die für die Komposition nicht wichtig sind.
In diesem Fall die Leine mit Karabinerhaken.

Vorlagenfotos siehe auch S. 72, 85, 86

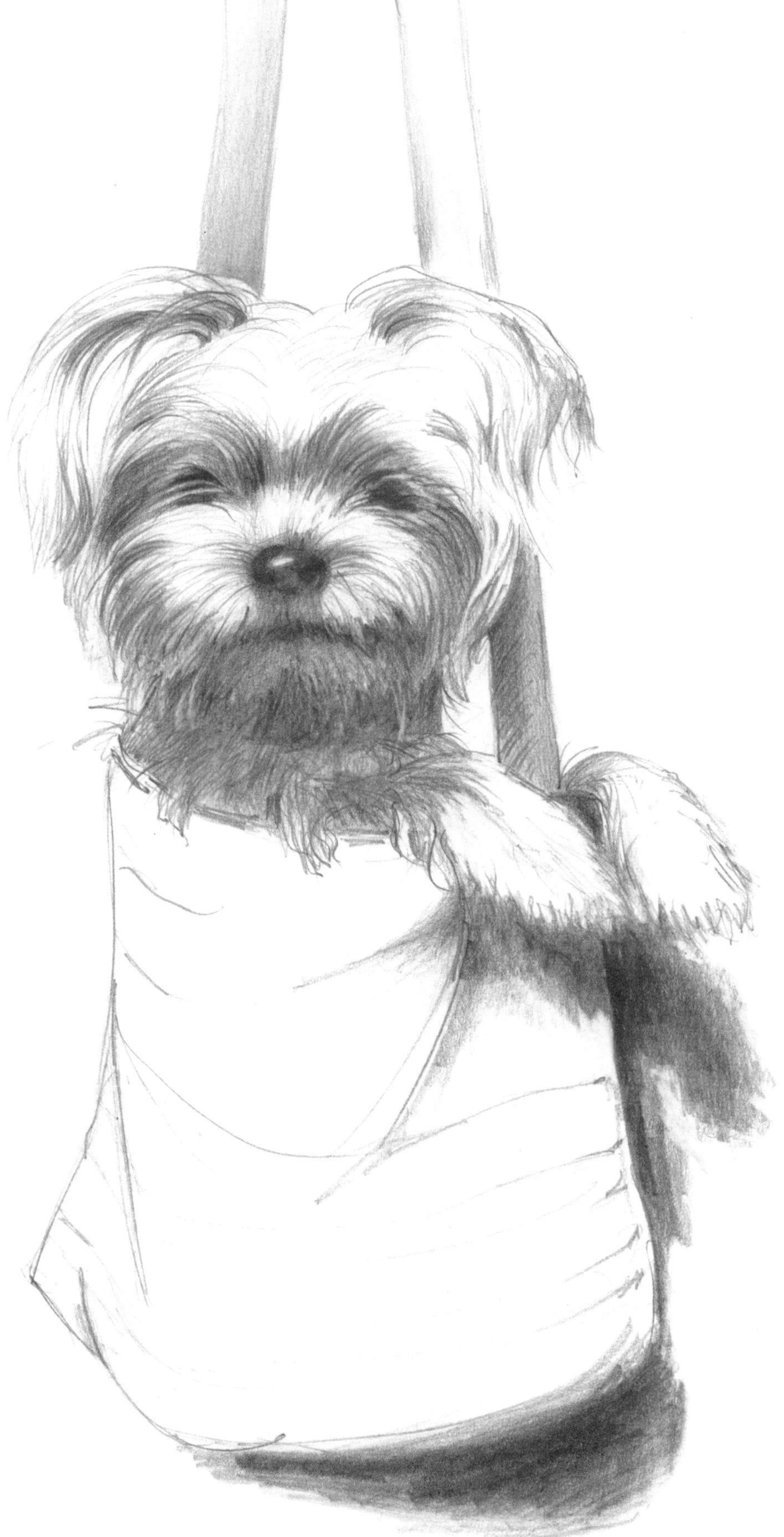

Beutelhund

Ein lustiges Foto (siehe links) und eine wunderbare Vorlage, die sogleich zum Zeichnen einlädt. Die deutlichen Umrisse lassen sich gut auf die Vorzeichnung übertragen. Dann ruft das flauschige Fell nach freien, schwungvollen Strichen mit den angespitzen Bleistiften B und 2B. Unterm Kinn, wo die Sache wirr und wuschelig wird, nehmen wir den weicheren 3B, ebenso zum Nachdunkeln der im Foto gut erkennbaren schattigen Partien, die wir da und dort ein wenig verwischen. Auf der schwarzen Nase bleibt das Glanzlicht ausgespart.

Auf den Hintergrund können wir gut verzichten. Den Beutel deuten wir lediglich an. Wichtiger sind die Bänder, an denen alles hängt. Allerdings darf unser Hund nicht irgendwie in der Luft baumeln, sondern braucht Stütze an der Wand. Das erreichen wir durch ein paar flache Schraffuren mit dem weichen 4B, die wir mit dem Knetgummiradierer etwas reduzieren.

Wie der Beutel genau aussieht, spielt keine Rolle. Wichtig ist nur, dass er sich ausbeult. Dafür reichen ein paar schwungvolle Linien nach dem Vorbild des Fotos. Denn auf den Inhalt kommt es an!

Langes Fell siehe auch S. 23 • **Schlagschatten** S. 16, 33, 39

Kopieren, Rastern, Skizzieren: **Die drei Wege zum Ziel**

Eigentlich geht es um das Zwischenziel, und das ist die Vorzeichnung als Grundlage für alles Weitere. Dafür übernehmen wir die wichtigsten Konturen vom Foto. Der einfachste und sicherste Weg ist das Abpausen, siehe rechts. Etwas anspruchsvoller ist die Rastermethode. Doch sollten Sie es auch mit freien Skizzen versuchen.

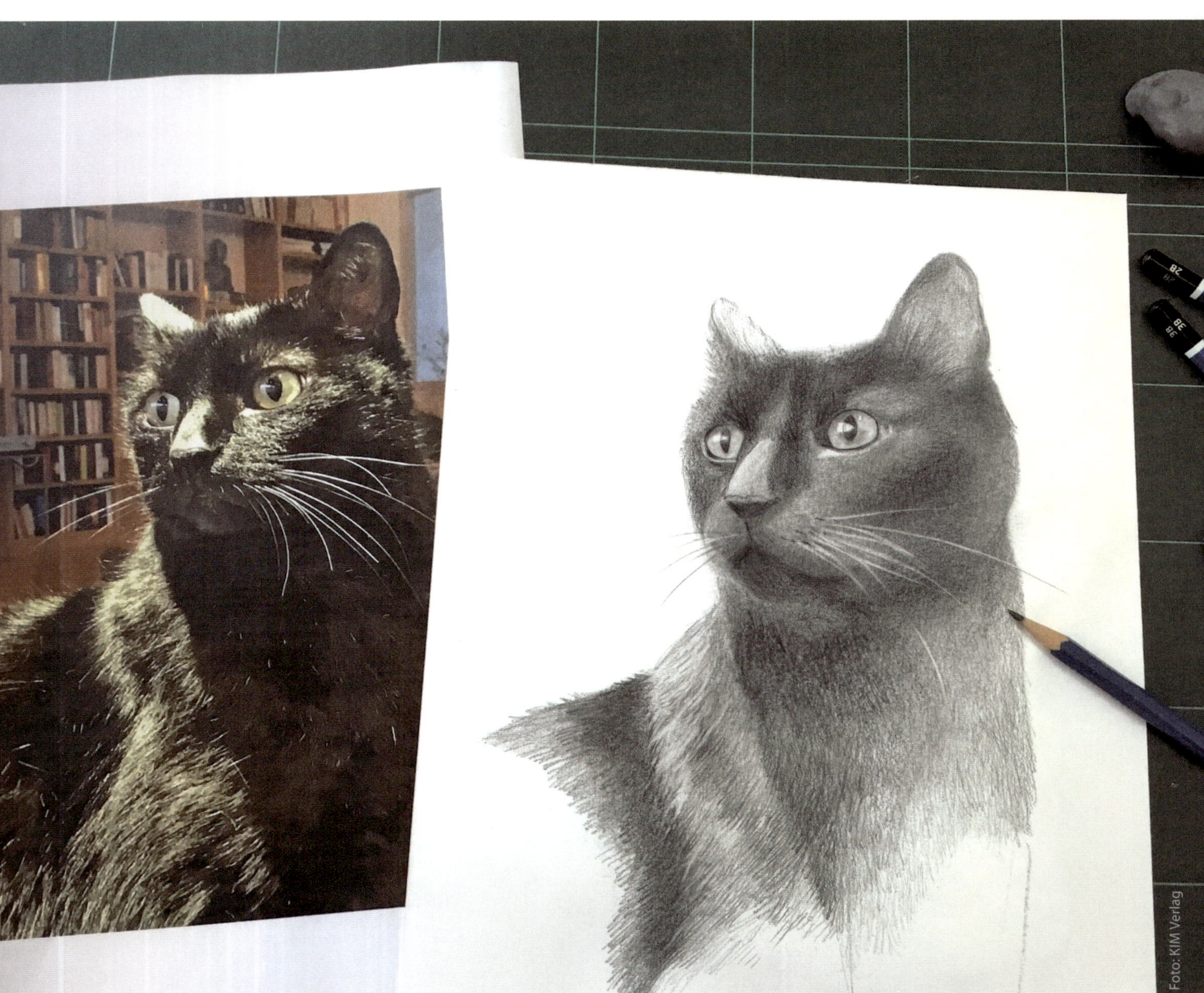

In diesem Beispiel sitzt meine Katze Lucy Modell. Das gleich im richtigen Format ausgedruckte Foto dient hier als Kopiervorlage für die Vorzeichnung, aus der mit Bleistift dieses ausgearbeitete Porträt entstand.

Skizzen siehe auch S. 15

Konturen durchpausen

Wenn das Foto (praktischer: eine Fotokopie) schon im richtigen Format vorliegt, brauchen wir noch ein Blatt Transparentpapier, Bleistifte und zum Durchrubbeln einen harten Bleistift oder einen leer geschriebenen Kugelschreiber.

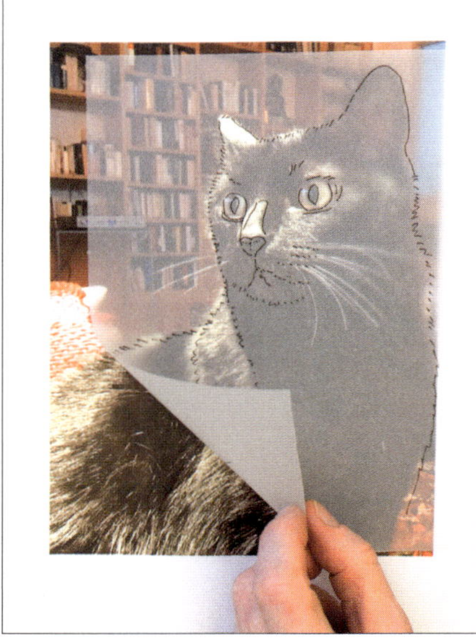

Wir legen das Transparentpapier aufs Foto und zeichnen die Konturen mit einem dünnen Fineliner nach.

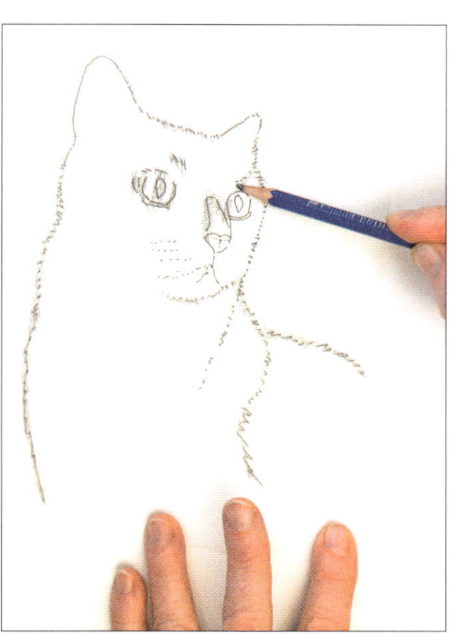

Dann nehmen wir das Transparentpapier ab, drehen es um und schraffieren auf der Rückseite die Linien mit dem weichen Bleistift (ab 4B) breit nach.

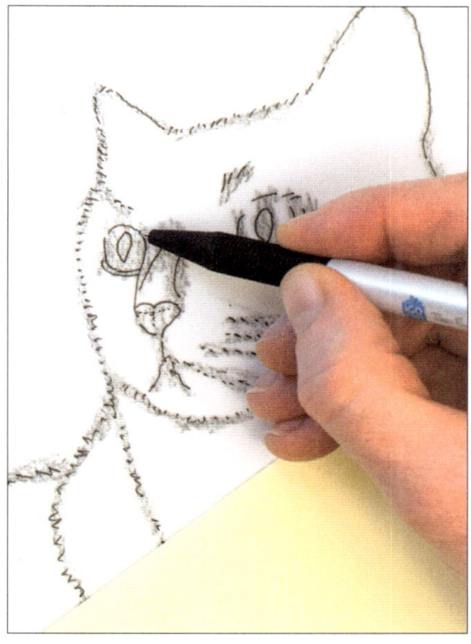

Wieder umdrehen, auf das Zeichenblatt auflegen und die Konturen nachzeichnen. Praktisch ist ein Werkzeug mit feiner Spitze, das keine oder nur schwache eigene Striche hinterlässt.

Fotos: Andreas Springer

Tipp

Statt Transparentpapier kann man auch eine spezielles, im Zeichenfachhandel erhältliches Durchpauspapier nehmen. Hier ist die Rückseite, je nach Sorte, bereits schwarz, weiß oder farbig beschichtet. Das ist zwar nicht ganz billig, aber besonders praktisch beim Durchpausen auf dunkelfarbiges Zeichenpapier, auf dem der Graphit-Durchschlag nicht gut zu erkennen wäre. Man legt es einfach zwischen Zeichenpapier und Foto(kopie) und drückt die Konturen in heller Farbe auf das dunkle Papier durch.

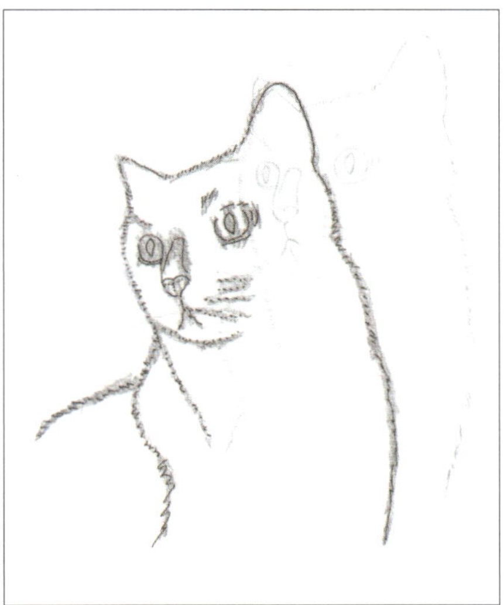

An den Linien hat sich der Graphit auf die Zeichnung übertragen. Wenn wir das Transparentpapier wegnehmen …

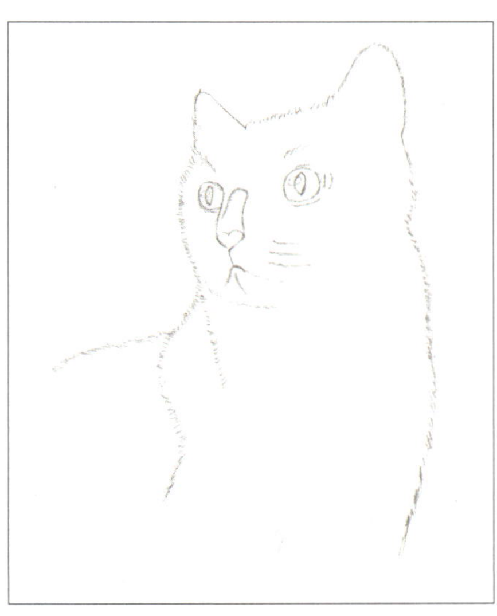

… haben wir auf dem Zeichenblatt die Konturen als Vorzeichnung – bereit zum Ausarbeiten.

Durchpausen auf Farbgrund siehe auch S. 29, 58, 86

Die Rastermethode

Wir kennen das aus dem richtigen Leben: Scheinbar komplizierte Aufgaben lassen sich oft besser erledigen, indem man sie in einfache Häppchen aufteilt. Und das ist schon der ganze Trick der Rastermethode – hier wie vorhin mit Katze Lucy als Modell.

Foto: KIM Verlag

Mit waagerechten und senkrechten Strichen entsteht ein gleichmäßiges Raster mit beliebig vielen Feldern; je mehr, desto kleiner sind die Bildausschnitte. Dieses Raster brauchen wir zwei Mal: einmal auf der Vorlage und einmal auf dem Zeichenpapier. So können wir die Konturen Feld für Feld nachzeichnen und sind dabei immer auf der sicheren Seite. Das Raster, hier im gleichen Format, kann man auf dem Zeichenpapier auch proportional vergrößern. Form und Anzahl müssen jedoch identisch sein. So lässt sich auch ein kleines Foto schön nachzeichnen. Diese Methode nutzen Künstler übrigens seit jeher, um kleine Skizzen auf große Leinwände zu übertragen.

Hier das Schema: Das Fotomotiv wird in gleich große Felder eingeteilt; die Anzahl richtet sich nach der Größe des Motivs. Um das Foto zu schonen, zeichnen wir das Raster auf Transparentpapier und kleben es am Rand fest. Auf eine Fotokopie kann man das Raster natürlich auch direkt zeichnen.

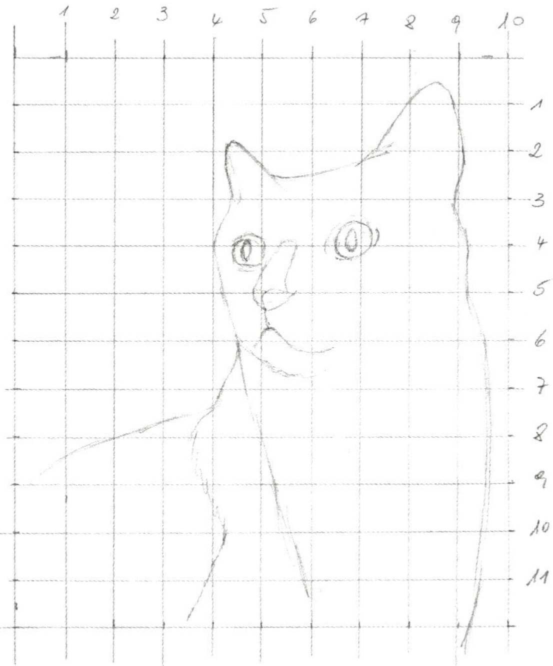

Auf das in gleicher Weise gerasterte Papier übertragen wir Feld für Feld die Konturen. Dank der Nummerierung ist das einfach. Ohren, Augen, Schulter – alles sitzt, so wie in der Vorlage, an der richtigen Stelle.

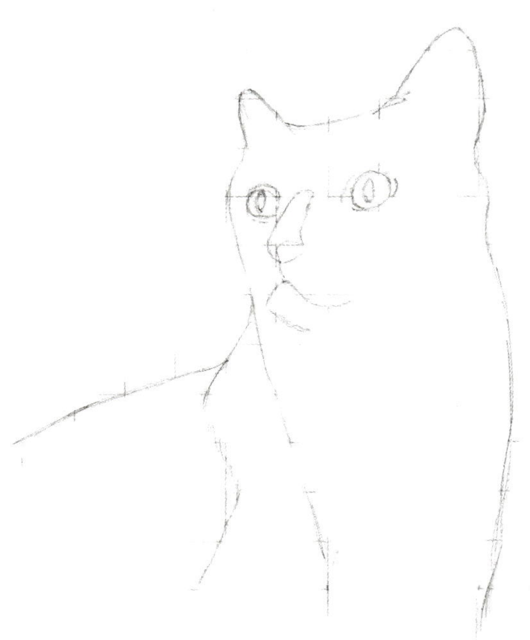

Die Konturen zeichnen wir kräftig nach. Mit dem Knetgummiradierer radieren wir sanft über alles. Die schwachen Hilfslinien verschwinden, die Vorzeichnung bleibt, und Lucy blickt der weiteren Ausarbeitung gelassen entgegen.

Rastermethode siehe auch S. 26

Frei nachzeichnen

Von der Skizze zur Zeichnung: Das ist nicht ganz so einfach und risikolos wie das Abpausen oder Rastern, dafür aber umso lohnender. Auch wenn wir unseren Liebling beim Zeichnen nicht leibhaftig, sondern „nur" im Foto vor uns haben, setzen wir uns viel intensiver mit seiner Gestalt und der Persönlichkeit auseinander. Und freuen uns umso mehr, wenn wir von Skizze zu Skizze immer lockerer und besser werden. Hier beispielhaft die drei wesentlichen Schritte von der Skizze über die Vorzeichnung zur Ausarbeitung.

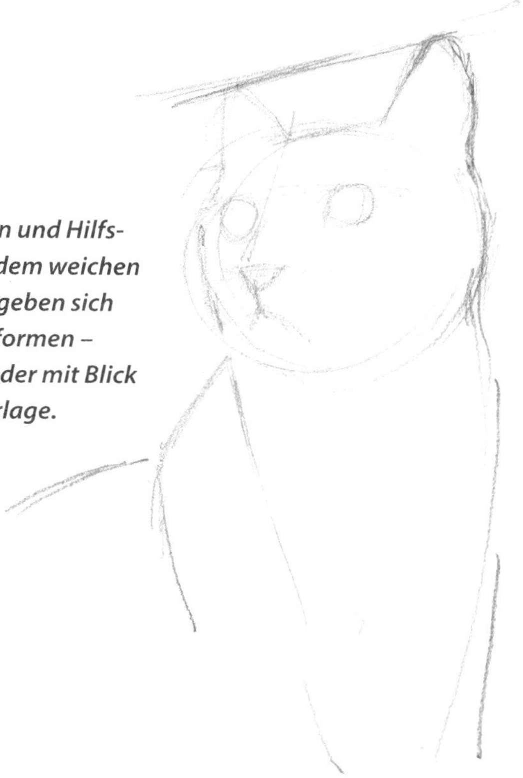

Aus Kreisen und Hilfslinien mit dem weichen Bleistift ergeben sich die Grundformen – immer wieder mit Blick auf die Vorlage.

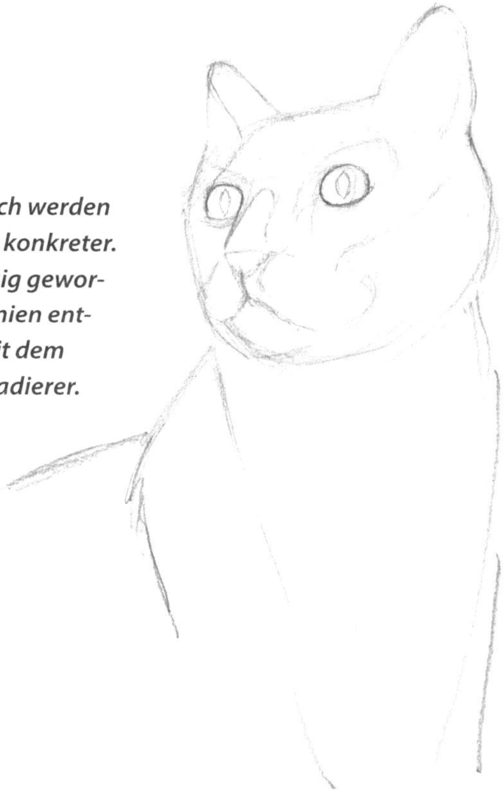

Nach und nach werden die Konturen konkreter. Die überflüssig gewordenen Hilfslinien entfernen wir mit dem Knetgummiradierer.

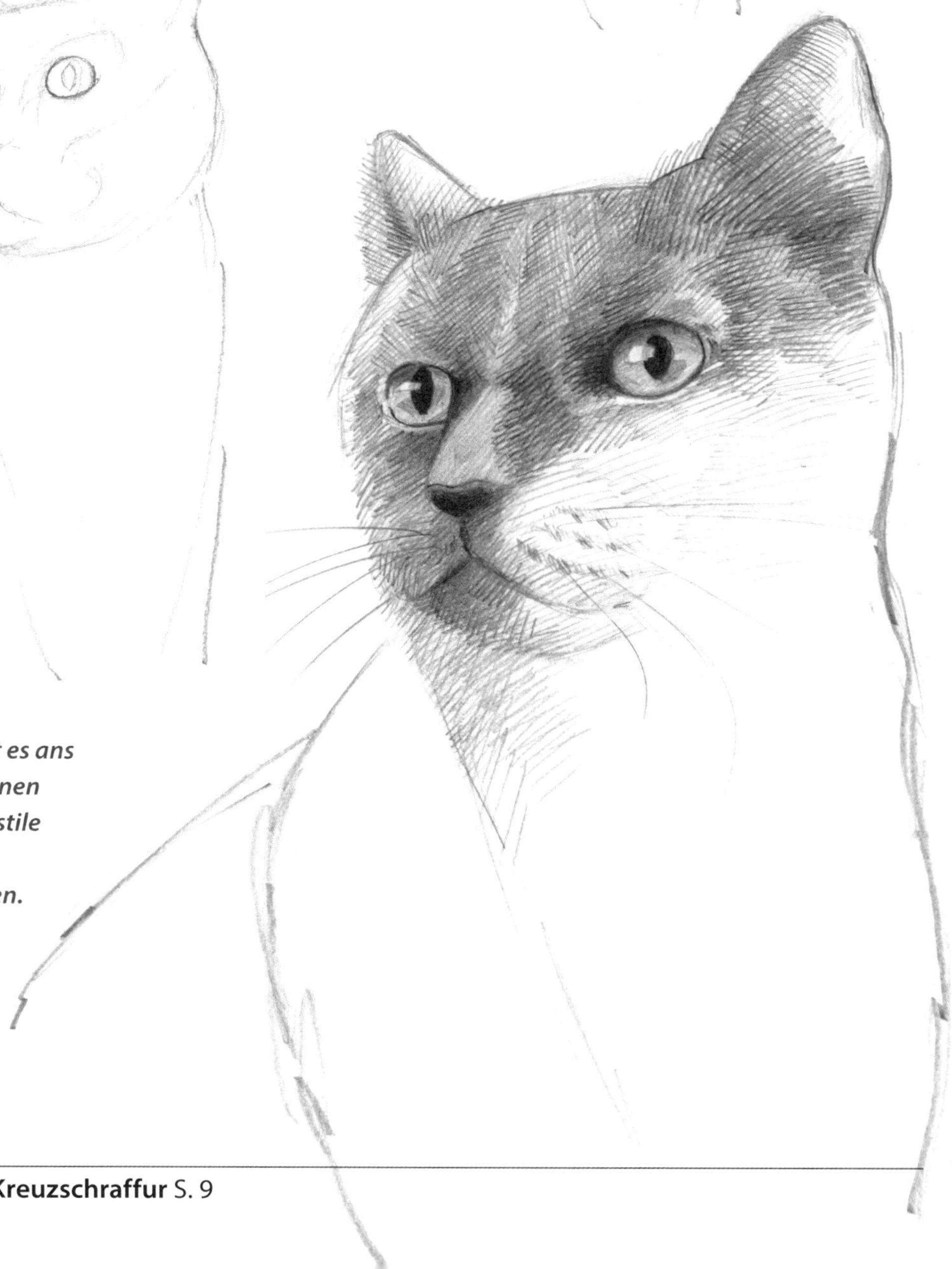

Sobald die Vorzeichnung stimmt, geht es ans Ausarbeiten, in diesem Beispiel mit feinen Kreuzschraffuren. Für andere Zeichenstile oder auch Farbstifte würden wir die Konturen gegebenenfalls abschwächen.

Skizzieren siehe auch S. 18, 52, 72 • **Kreuzschraffur** S. 9

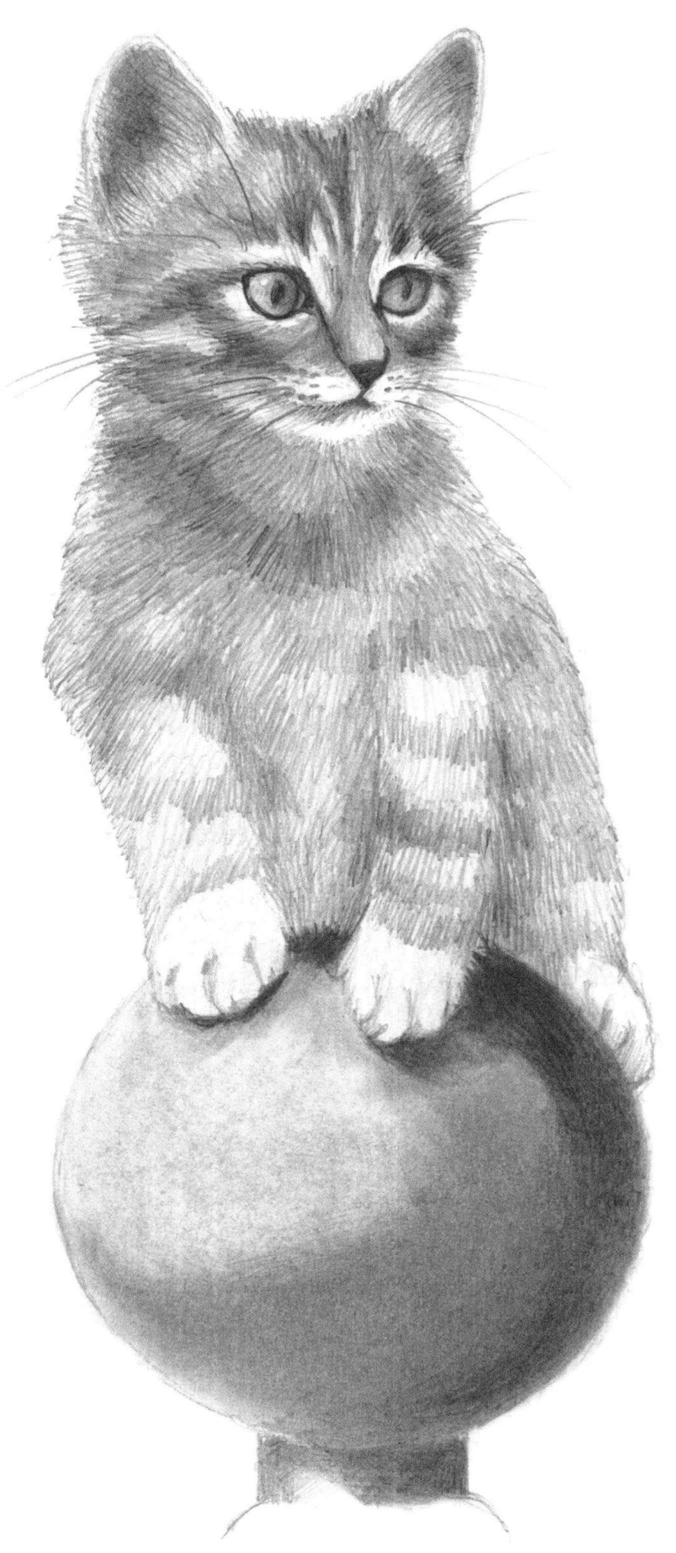

Das können schon kleine Kätzchen: munter balancieren – und uns dazu motivieren, sie schön festzuhalten; in diesem Fall mit Bleistift auf Papier …

Alles nur Schraffur!

Die Vorzeichnung stimmt? Dann füllen wir sie mit gestricheltem Leben: Fell oder Federn, Licht und Schatten, Muster und Farbe, Körperlichkeit und Ausdruck, all dies ist fast nur Schraffur.

Die Konturzeichnung zeigt zunächst nur die äußere Form. Erst beim Ausgestalten mit Schraffuren erscheint unser Modell körperlich plastisch. Zugleich bilden wir beim Stricheln auch das Fell (oder Gefieder) nach.
Die Übungsbeispiele mit Bleistift auf der rechten Seite zeigen, worauf es dabei ankommt.

Formschraffur siehe auch S. 77 • **Schlagschatten** S. 11, 33, 39

Steil, schräg oder flach

Ein flach aufliegender Stift hinterlässt breite Striche. In dichten Schraffuren verschmelzen sie zur Fläche. Je steiler wir den Stift halten, desto dünner werden die Striche und bleiben auch in dichten Kreuzschraffuren sichtbar.

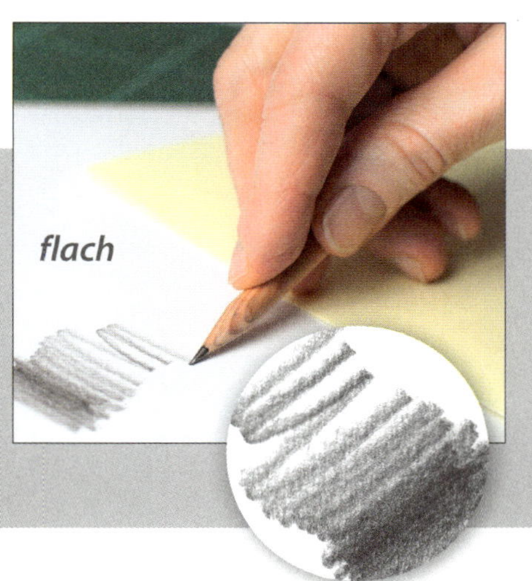

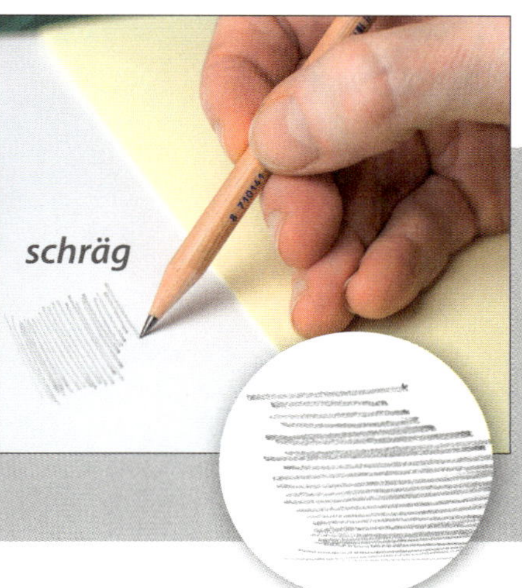

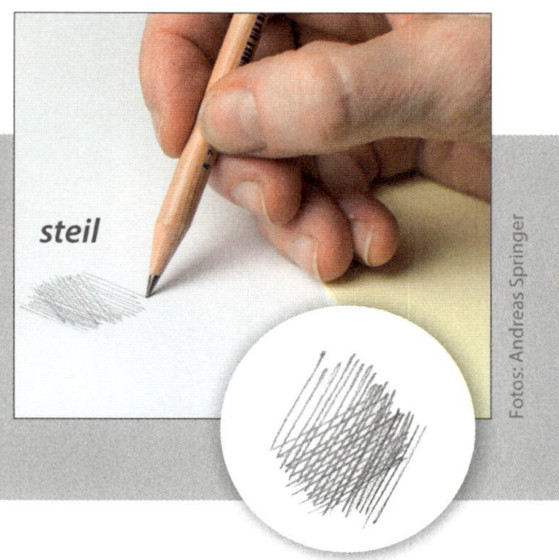

Fotos: Andreas Springer

Weich oder hart

Auch auf den Härtegrad kommt es an. Je weicher der Bleistift, desto stärker und dunkler der Abrieb; je härter, desto filigraner lässt sich schattieren.

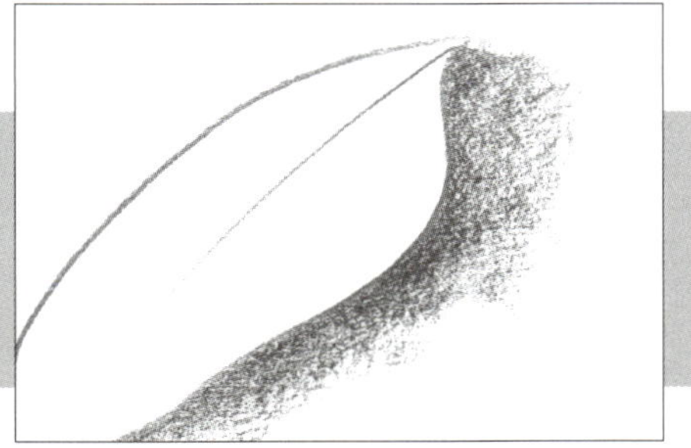

Flächige Schattenschraffuren mit dem weichen, flach aufliegenden Bleistift (hier 4B): innen mit mehr Druck, also dunkler, außen hell auslaufend.

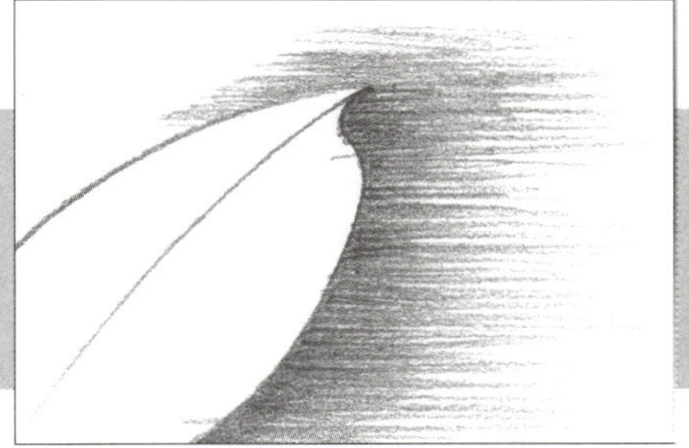

Parallele Schraffuren mit dem HB: innen dicht mit mehr Druck gestrichelt, außen schwächer und lockerer. Ein dynamischer Effekt!

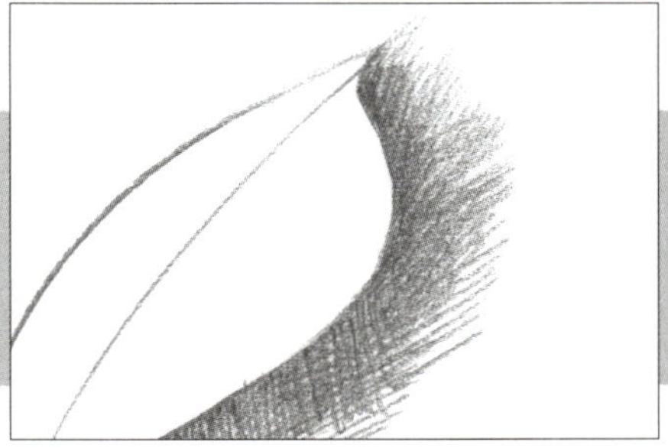

Kreuzschraffuren mit dem Bleistift B: Die diagonalen Striche verdichten und vertiefen den Schatten.

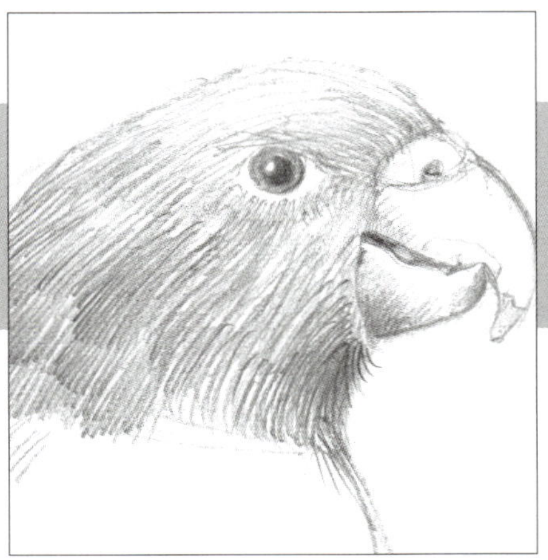

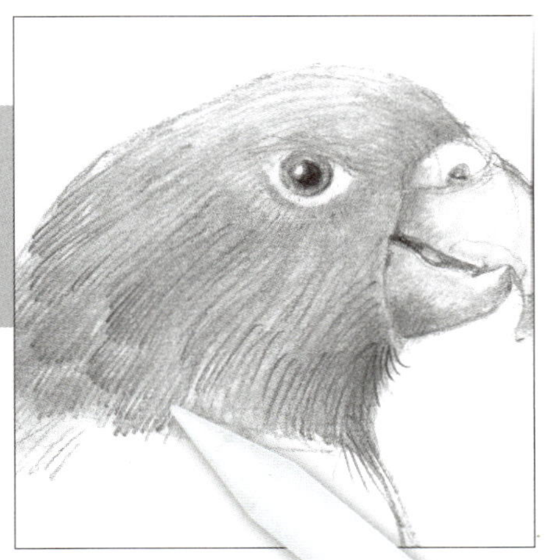

Verwischen

In der Formschraffur haben die Striche einen doppelten Effekt: Sie bilden das Gefieder nach, und weil sie sich an den Kopf anschmiegen, modellieren sie ihn zugleich aus. Im Bild ganz links blitzt dazwischen noch das Weiß durch. Das ändert sich beim Verwischen mit dem Papierwischer. Die deutlichen Kontraste verschwinden, das Federkleid erscheint weicher.

Papierwischer siehe auch S. 6, 19, 21

Was spricht der Hund?

Wer Hunde mag, hat sicher mehr Spaß daran, sie zu zeichnen – und kann vielleicht auch mehr Gefühl in die Skizzen legen. Und was will uns der Hund sagen? Herrchen und Frauchen wissen Pose und Mimik ihrer Lieblinge recht gut zu deuten.

Das Profil macht das Porträtieren einfacher.

Wie lange muss ich noch stillhalten?

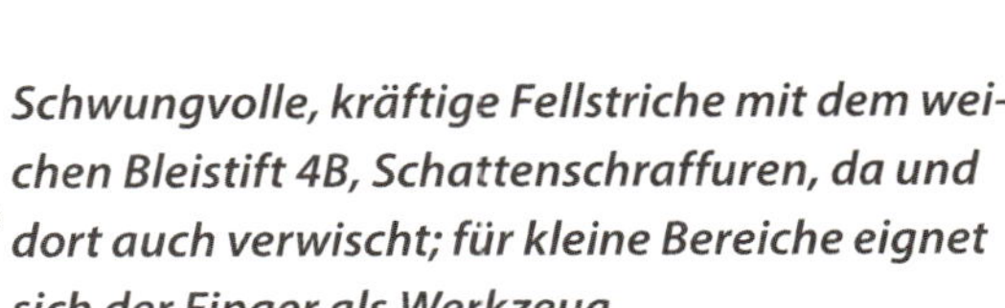

Schwungvolle, kräftige Fellstriche mit dem weichen Bleistift 4B, Schattenschraffuren, da und dort auch verwischt; für kleine Bereiche eignet sich der Finger als Werkzeug.

Gibt es heute Dosen- oder Trockenfutter?

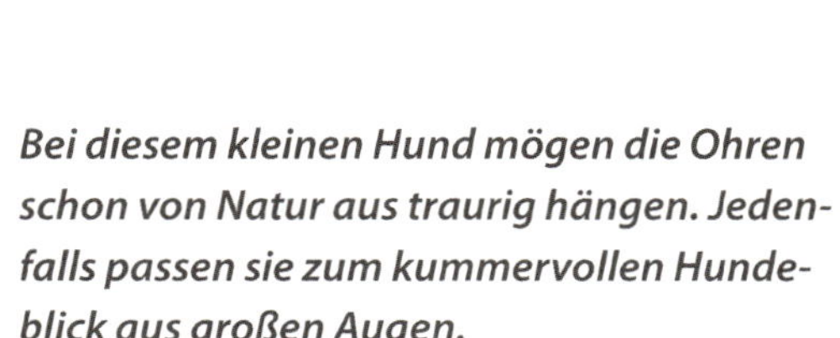

Bei diesem kleinen Hund mögen die Ohren schon von Natur aus traurig hängen. Jedenfalls passen sie zum kummervollen Hundeblick aus großen Augen.

Wann kommt Frauchen nach Hause?

Skizzieren siehe auch S. 52, 72

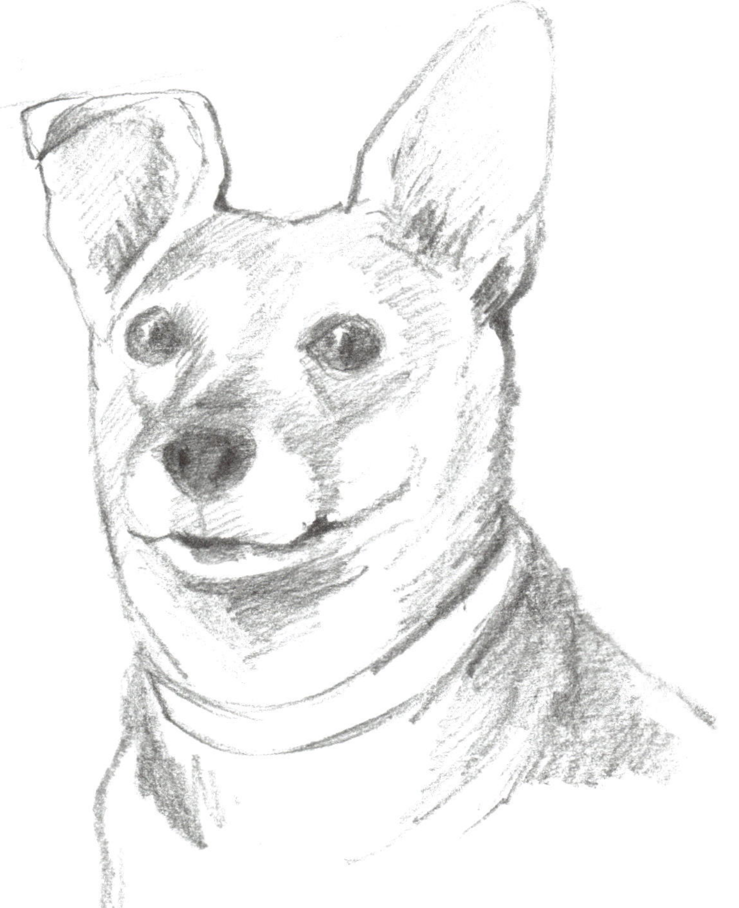

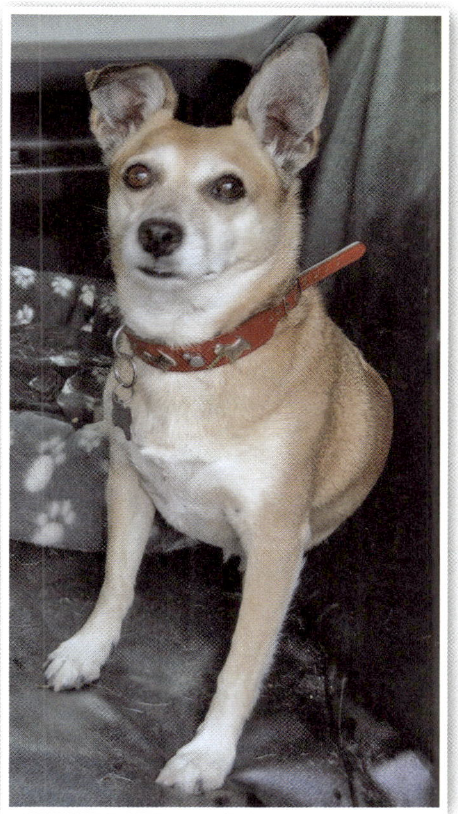

Foto: Krimhilde Kolb

Dringendes Bedürfnis?

Skizzen sollen nur das Wesentliche zeigen und können daher unvollständig sein. Da aus dem Foto ohnehin nicht klar wird, wo eigentlich die Hinterbeine bleiben, zeichnen wir nur ein Porträt.

Jetzt muss ich aber wirklich raus!

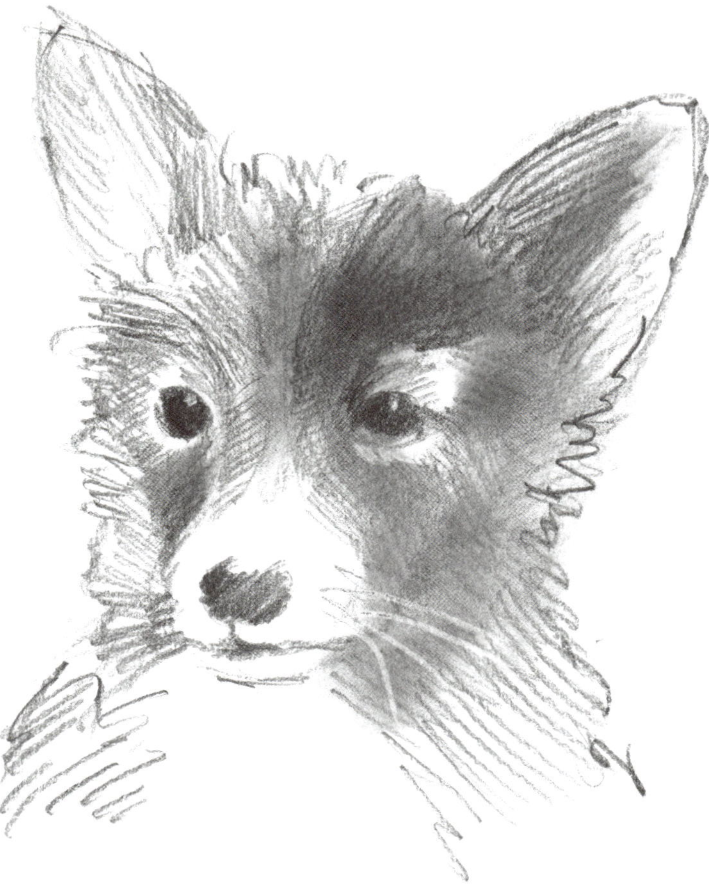

Der weiche Bleistift lässt sich schön schattig verwischen, bei größeren Flächen besser mit dem Papierwischer als mit dem Finger. Auf der Lichtseite bleiben die Fellstriche stehen.

Hat sich an der Tür etwas gerührt?

Papierwischer siehe auch S. 22, 30, 35

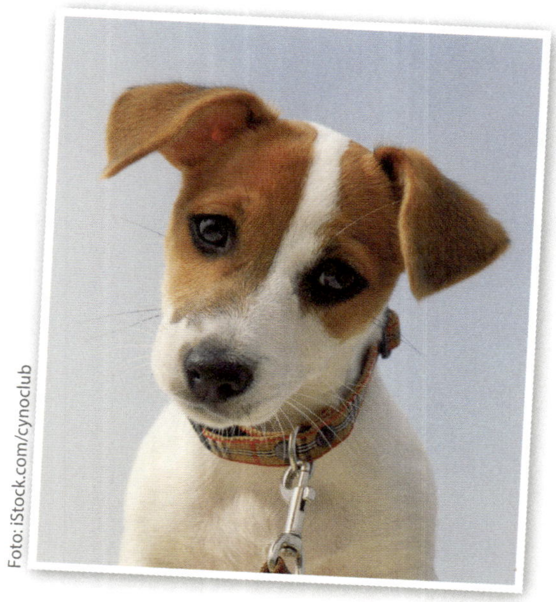

Foto: iStock.com/cynoclub

Frisch gestrichelt

Wie erhalten wir ein realistisches Fell? Indem wir es unserem Modell abschauen. So wie es dort wächst und liegt, nämlich in mehreren Lagen, so zeichnen wir es (mehr oder weniger) nach; hier beispielhaft mit Bleistift. Umso schöner, wenn aus dieser Übung ein nettes Porträt wird – mit einem hübschen farbigen Akzent.

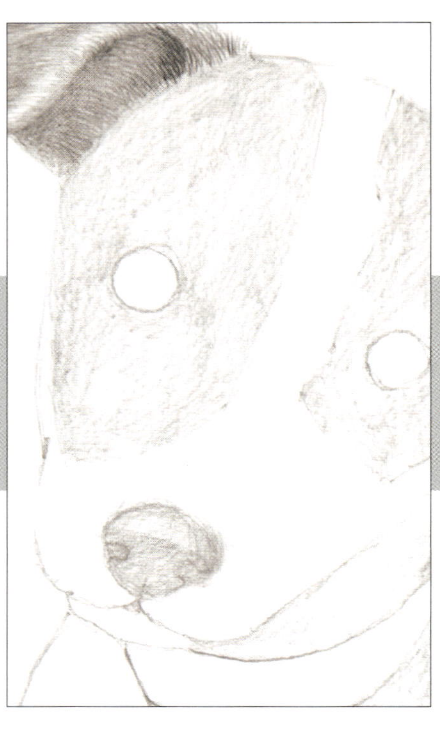

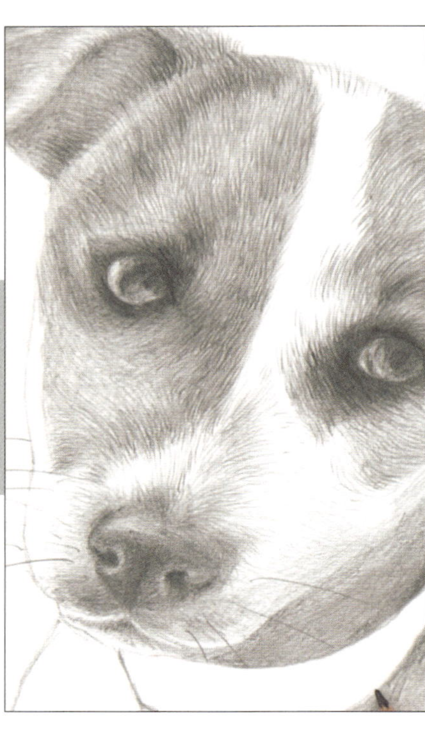

Erst grundieren

Ein gleichmäßiger Grauton als Grundierung (sozusagen das helle Unterfell) sorgt dafür, dass später zwischen den einzelnen Fellstrichen das Papier nicht weiß durchblitzt. Die Schraffurstriche mit weichen Bleistiften lassen sich gut mit dem Papierwischer oder Kosmetiktuch verwischen und glätten.

Dann stricheln

Darüber liegen die einzelnen Fellstriche. Wir beginnen überall mit helleren Schraffuren, drücken anfangs also nur schwach an. Die nächsten Schraffurschichten werden dann immer kräftiger, in den Schattenbereichen dunkler. Ob struppig oder glatt, kurz oder lang: Fellstrich und der Zeichenstrich laufen stets von der Stirn weg nach hinten.

Zuletzt wieder verwischen

Manchmal ist das sinnvoll. Zum Beispiel dort, wo manche Striche zu hart und deutlich herauskommen oder Schattenschraffuren verstärkt werden sollen. Das geht recht einfach.

Papierwischer siehe auch S. 6, 17, 19

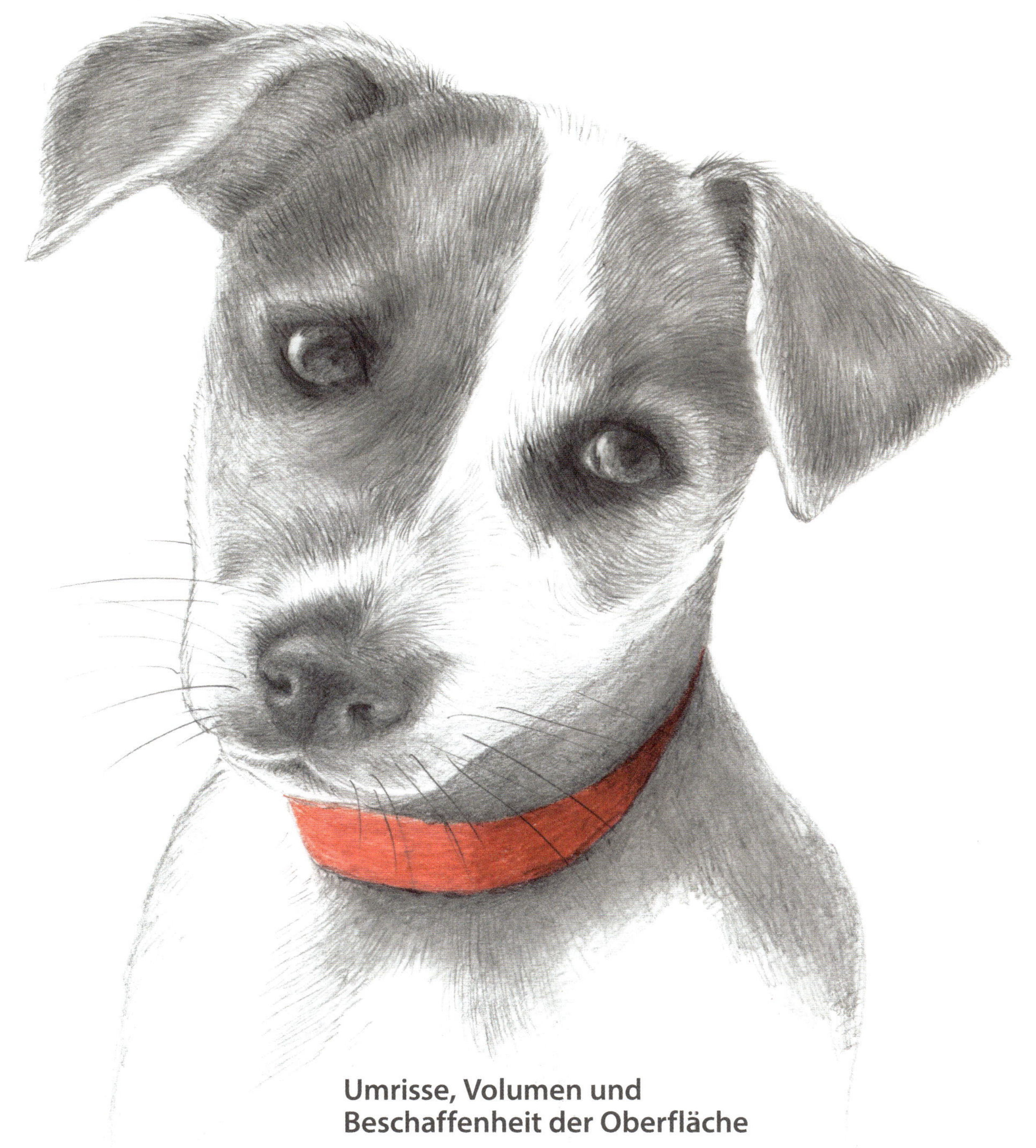

Umrisse, Volumen und Beschaffenheit der Oberfläche

Material
- Zeichenpapier glatt
- Bleistift HB, 2B
- Farbstift in Rot
- Knetgummiradierer
- Kunststoffradierer
- Papierwischer

Diese drei Dinge machen eine realistische Zeichnung aus. Das klingt sehr theoretisch, wird aber gleich praktisch, wenn wir uns ein typisch kurzhaariges Fell ansehen:
Die Umrisse sind keine glatten Konturen, sondern ergeben sich aus den einzelnen Fellstrichen. Das Volumen ergibt sich aus dem Verlauf von Licht und Schatten. Was heller ist, wölbt sich nach vorne, was dunkler ist, zieht sich in den Schatten zurück. Die Fellstriche, die sich an die Form anschmiegen, unterstützen diesen Effekt. Deshalb ist es einfacher, ein haariges (oder gefiedertes) Tier plastisch zu modellieren als beispielsweise das glatte Gesicht eines Menschen. Die Art, Länge und Dichte der Schraffur zeigt die Beschaffenheit des Fells. Besonders natürlich wirkt das alles, wenn wir die Schraffuren Schicht für Schicht aufbauen, sozusagen vom Unterfell bis zu den oberen Fellhaaren. So erhält das Fell Tiefe und wirkt daher natürlich.

Kurzes Fell siehe auch S. 25

Hundeblick

Unwiderstehlich, dieser sehnsuchtsvolle Blick! Eine schöne Herausforderung für den Bleistift. Wenn die Vorzeichnung stimmt und wir auch das Fell Schicht für Schicht (und mit viel Liebe zum Detail) aufbauen, erhalten wir ein überzeugend realistisches Porträt.

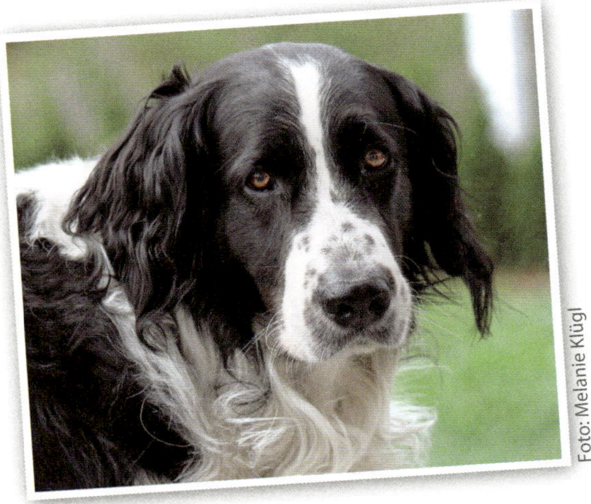

Die besonders gute Bildschärfe und die Licht-Schatten-Kontraste in diesem Foto erleichtern das Nachzeichnen; man muss nichts erfinden, ergänzen oder interpretieren.

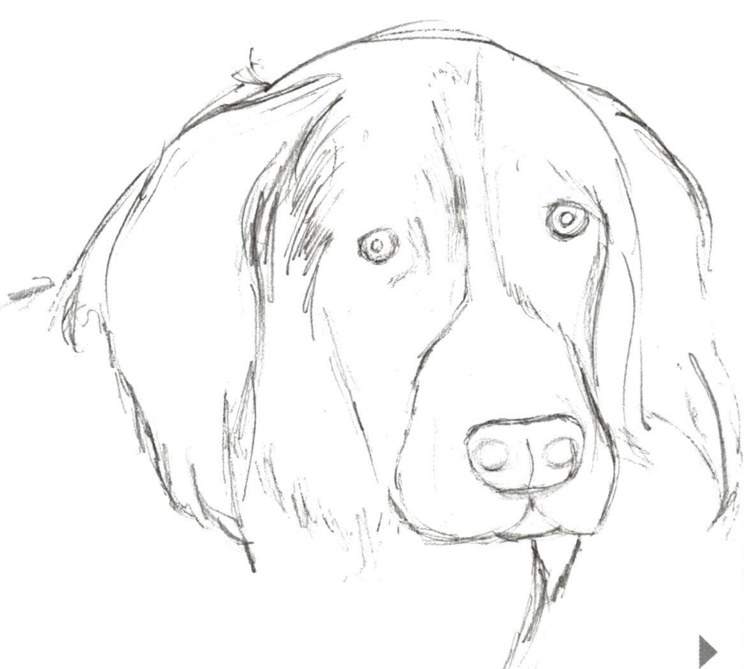

Die Vorzeichnung mit dem Bleistift HB. Glatt durchgezeichnet sind nur die Konturen von Schnauze und Augen. Die äußeren Umrisse fransen aus wie später die Fellhaare.

Das dunkle Fell und die Schnauze schraffieren wir mit dem weichen Bleistift 2B. Danach verwischen wir den Auftrag mit dem Kosmetiktuch.

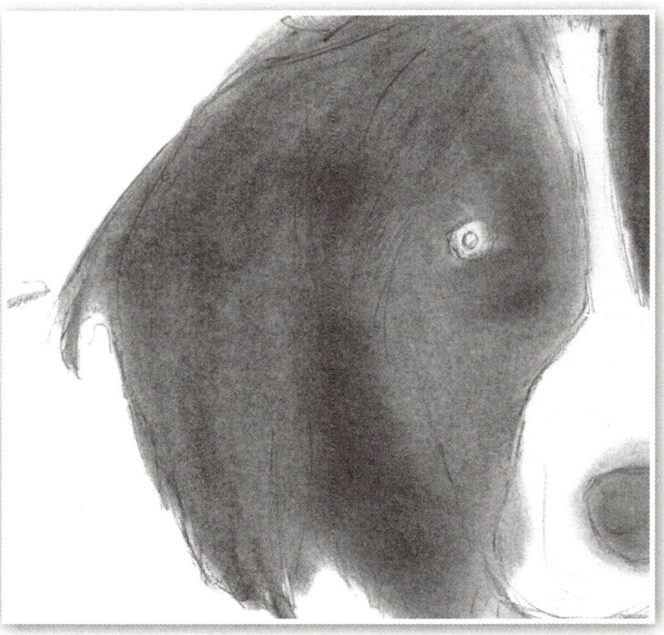

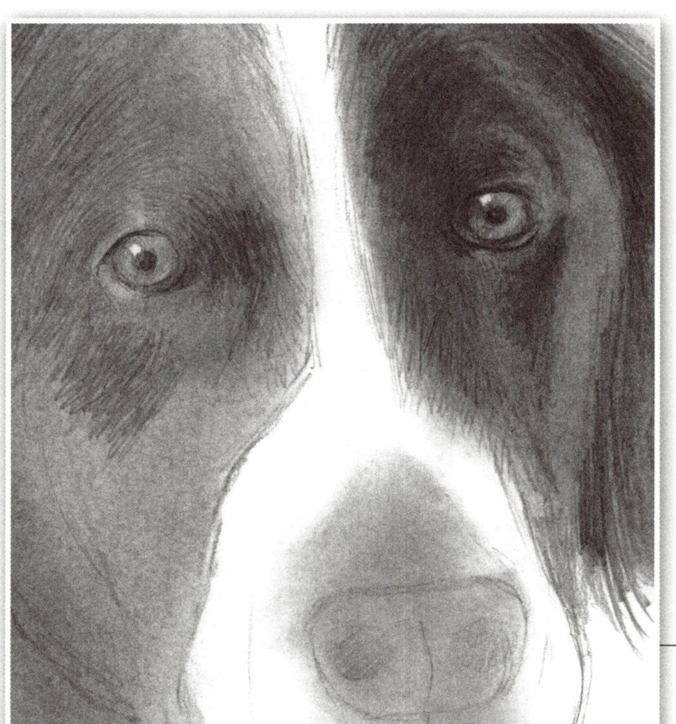

Mit dem etwas weicheren Bleistift 3B zeichnen wir die Augen (Glanzlichter aussparen!) und stricheln die kurzen und langen Fellhaare vor. In den Schattenpartien wird etwas stärker angedrückt.

Verwischen mit dem Kosmetiktuch siehe auch S. 6

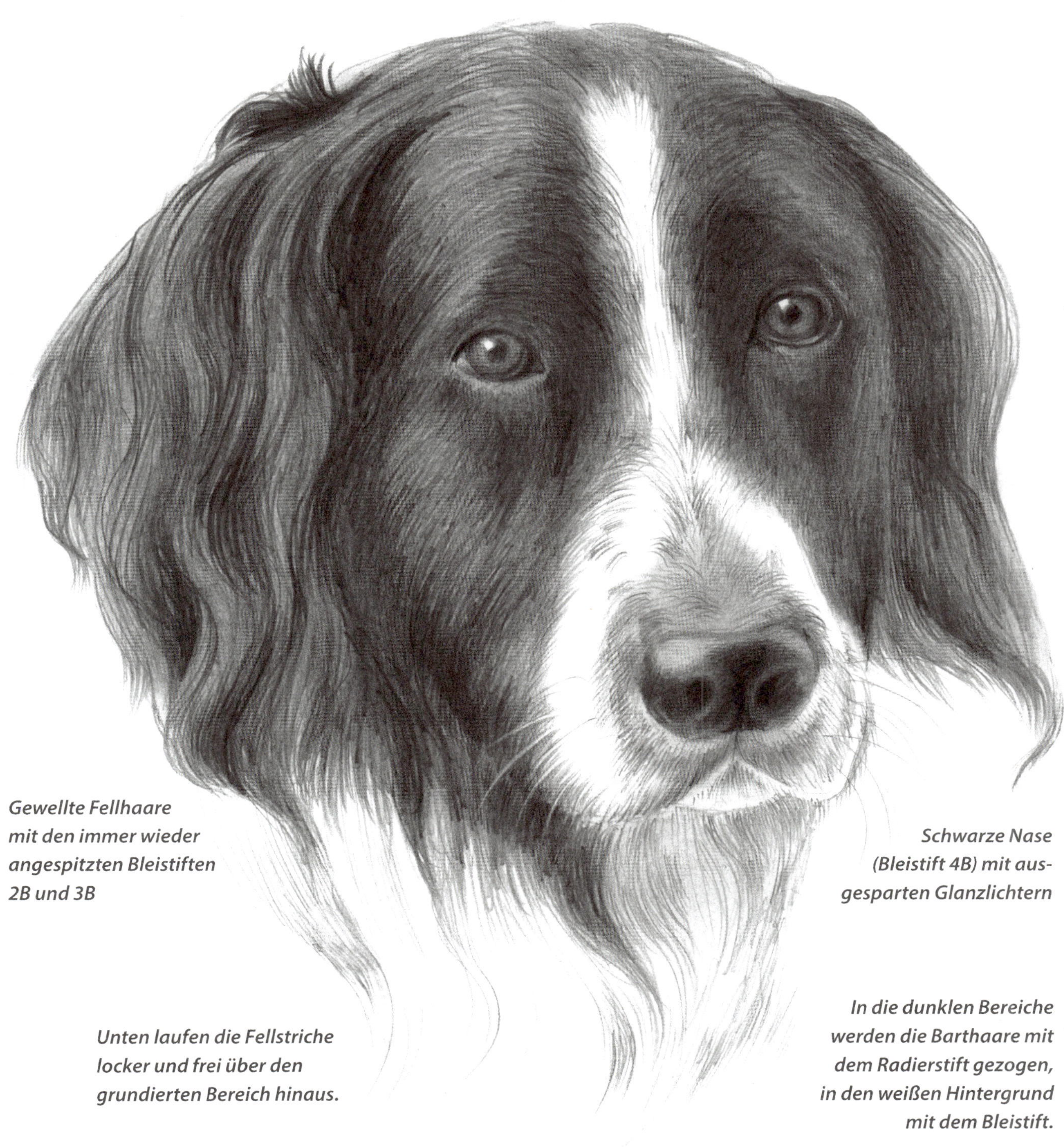

Gewellte Fellhaare mit den immer wieder angespitzten Bleistiften 2B und 3B

Schwarze Nase (Bleistift 4B) mit ausgesparten Glanzlichtern

Unten laufen die Fellstriche locker und frei über den grundierten Bereich hinaus.

In die dunklen Bereiche werden die Barthaare mit dem Radierstift gezogen, in den weißen Hintergrund mit dem Bleistift.

Material

- Zeichenpapier, glatt
- Bleistift 2H, HB, B, 2B, 3B, 4B
- Knetgummi- und Kunststoffradierer
- Radierstift

Das Praktische am Fell ist, dass es den Kopf wie von selbst modelliert. Schon die Richtung und der Schwung der Fellstriche bringen ihn plastisch in Form. Mit den passend verteilten Licht- und Schattenbereichen wirkt das Porträt verblüffend räumlich.

Bleistifthärtegrade siehe auch S. 4 • **Langes Fell** S. 11 • **Radierstift** S. 7, 69, 85

Charakterkopf

Licht, Schatten und Fellstrich: Mit diesen Mitteln arbeiten wir ein Porträt plastisch heraus. Wenn, wie hier, das Fell glatt ist, kommt es umso mehr auf das präzise Schattieren an. Eine große Hilfe ist ein gut ausgeleuchtetes Foto, das uns sehr deutlich die hellen und dunklen Partien zeigt.

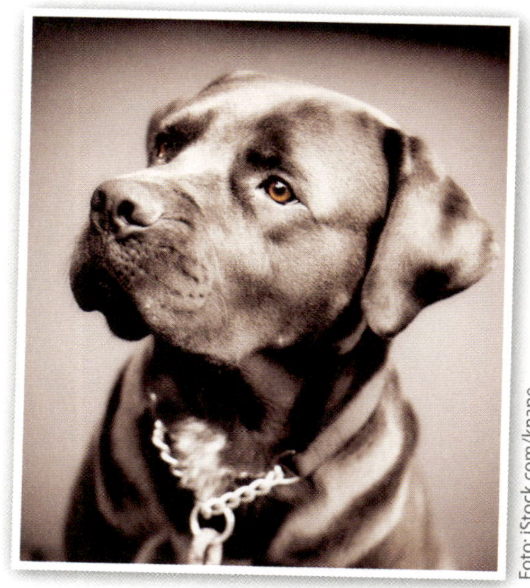

Foto: iStock.com/knape

Klare Konturen, starke Licht-Schatten-Kontraste: ein perfektes Porträtfoto …

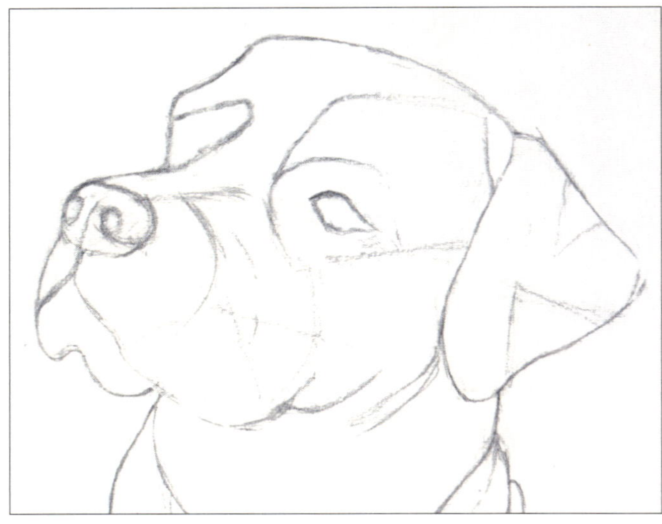

Die Vorzeichnung (Bleistift HB) übernimmt vom Foto nicht nur die Konturen, sondern deutet schon die Verteilung von Licht und Schatten an.

Modelliert wird der Charakterkopf mit kurzen, feinen Bleistiftstrichen und weichen Verläufen von Licht und Schatten. Die Schraffuren liegen gleichmäßig dicht an dicht neben- und übereinander, ohne dass einzelne Striche (oder Haare) hervortreten.

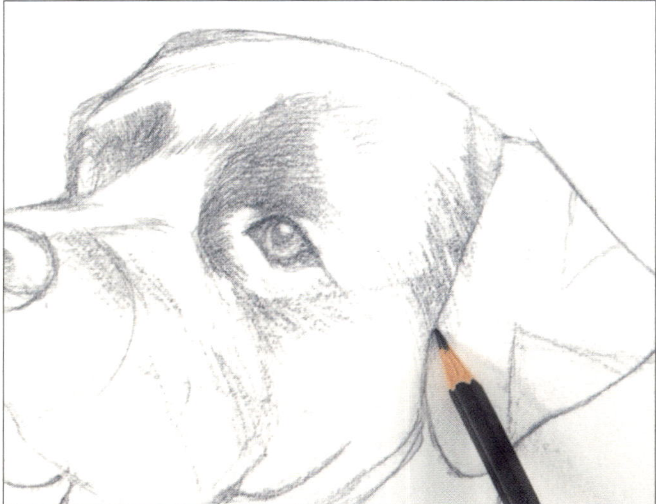

Das Schraffieren ist geduldige Feinarbeit mit dem immer wieder gut angespitzten HB. Anfangs lassen wir auch die dunklen Fellpartien überall eher hell; die Lichtflächen bleiben ohnehin weiß.

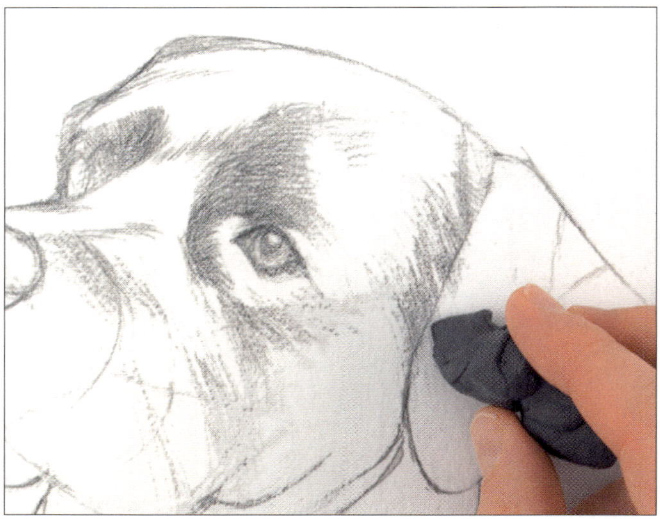

Dabei können wir auch ruhig und locker übers Ziel (zum Beispiel übers Ohr) hinaus stricheln. Der Rand lässt sich prima mit dem Knetgummi säubern.

Glanzlichter im Fell siehe auch S. 32

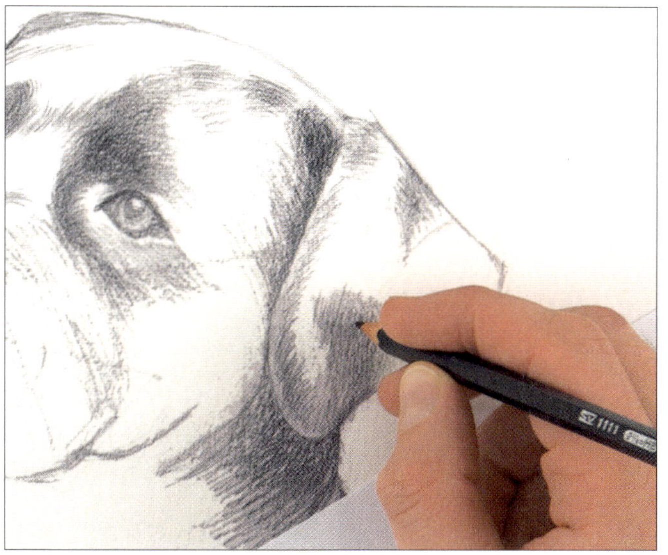

Details lassen sich am besten in der Schreibhaltung herausarbeiten.

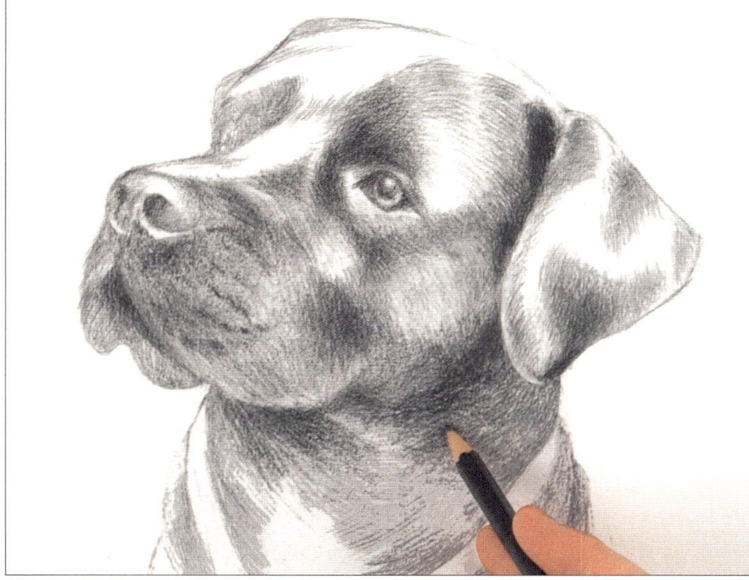

Nach und nach werden Schatten überall im Bild mit weiteren Schraffuren verdichtet und vertieft. Die Hell-Dunkel-Kontraste werden immer deutlicher.

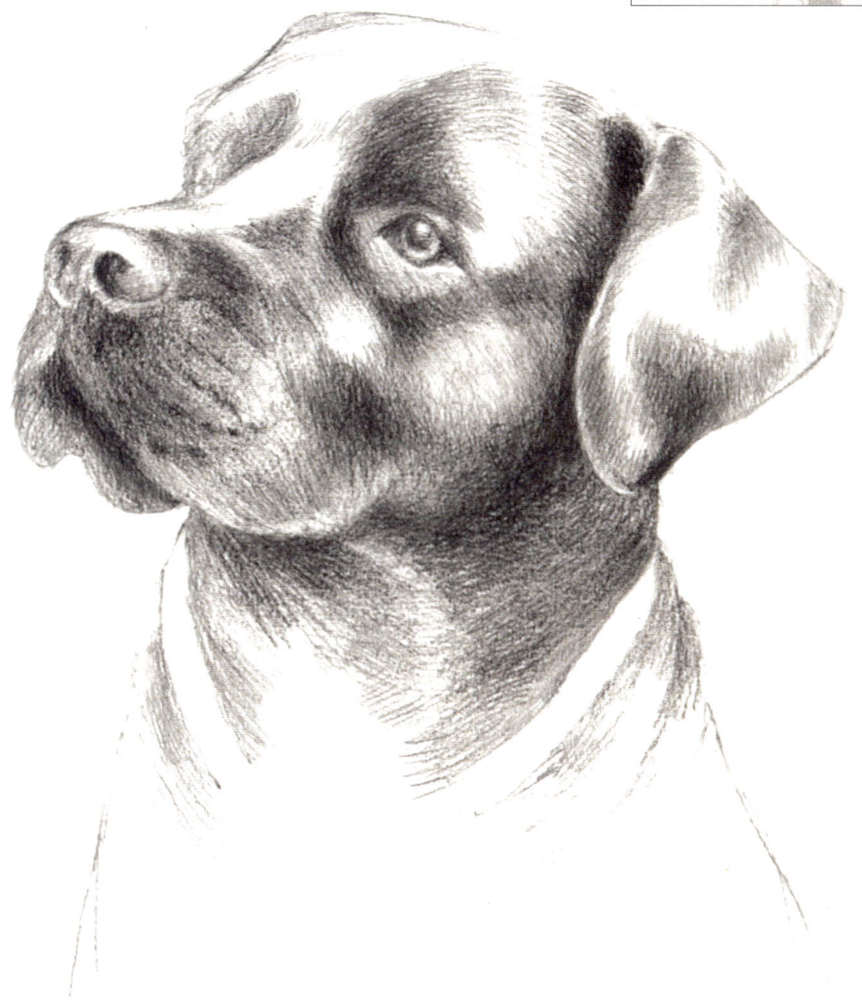

Das Ergebnis ist ein lebendiges und ausdrucksstarkes Porträt.

Material

- Zeichenpapier, glatt
- Bleistift HB, 2B, 4B
- Knetgummiradierer
- Anspitzer

Kurzes Fell siehe auch S. 21

Foto: Tanja Schubertrügmer

Das Foto als Vorbild

Farbenfroh

Bleistift oder Farbstift? Das hängt auch davon ab, wie die Zeichnung wirken soll. In manchen Fällen (oder Fellen) gehört Farbe einfach zum Erscheinungsbild, so wie hier bei unserem Schäferhund. Um diesen Charakter zu betonen, sollten wir mit den Farbstiften herzhaft zulangen.

Den Bleistift (B) brauchen wir nur für die (hier nach der Rastermethode erstellte) Vorzeichnung: schwach zeichnen, damit die Farbstifte später nicht darauf verschmieren.

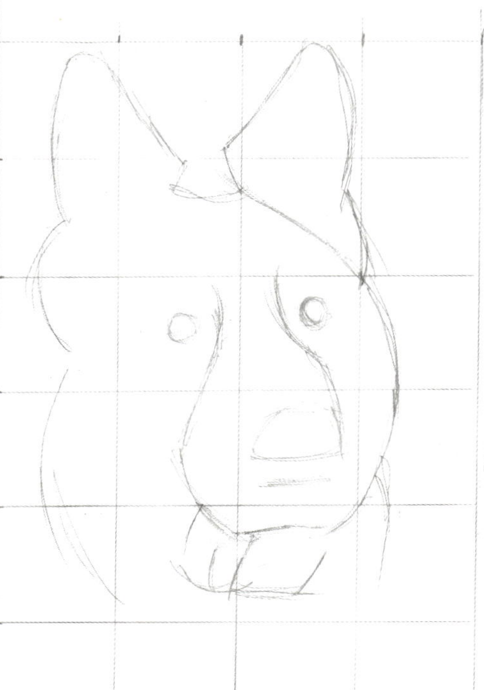

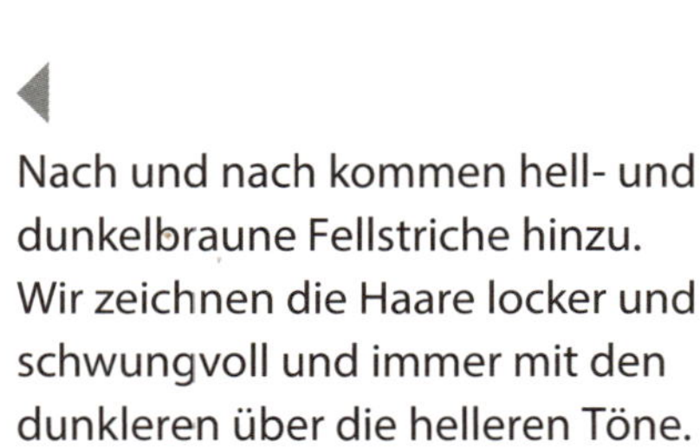

Dann gleich der graue Farbstift für die ersten lockeren Fellstriche. Er wirkt – trotz grau – irgendwie farbiger als der Bleistift und verbindet sich auch gut mit den folgenden Farbschraffuren. Die weiße Fellzeichnung bleibt natürlich weiß.

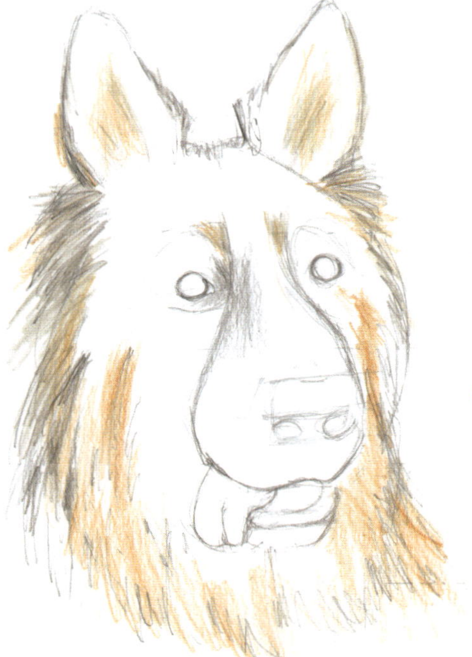

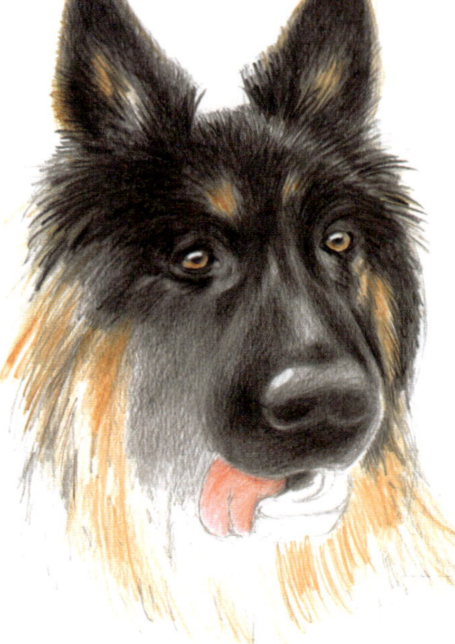

Nach und nach kommen hell- und dunkelbraune Fellstriche hinzu. Wir zeichnen die Haare locker und schwungvoll und immer mit den dunkleren über die helleren Töne.

Nun zu den dunklen Partien: Zuerst mit dem schwarzen Farbstift grundieren und mit dem Papierwischer glätten. Dann erst kommen die kräftigen Fellstriche darüber.
In die hellbraunen Augen zeichnen wir schwarze Pupillen und sparen die Glanzlichter aus.

Augen siehe auch S. 74 • **Rastermethode** S. 14

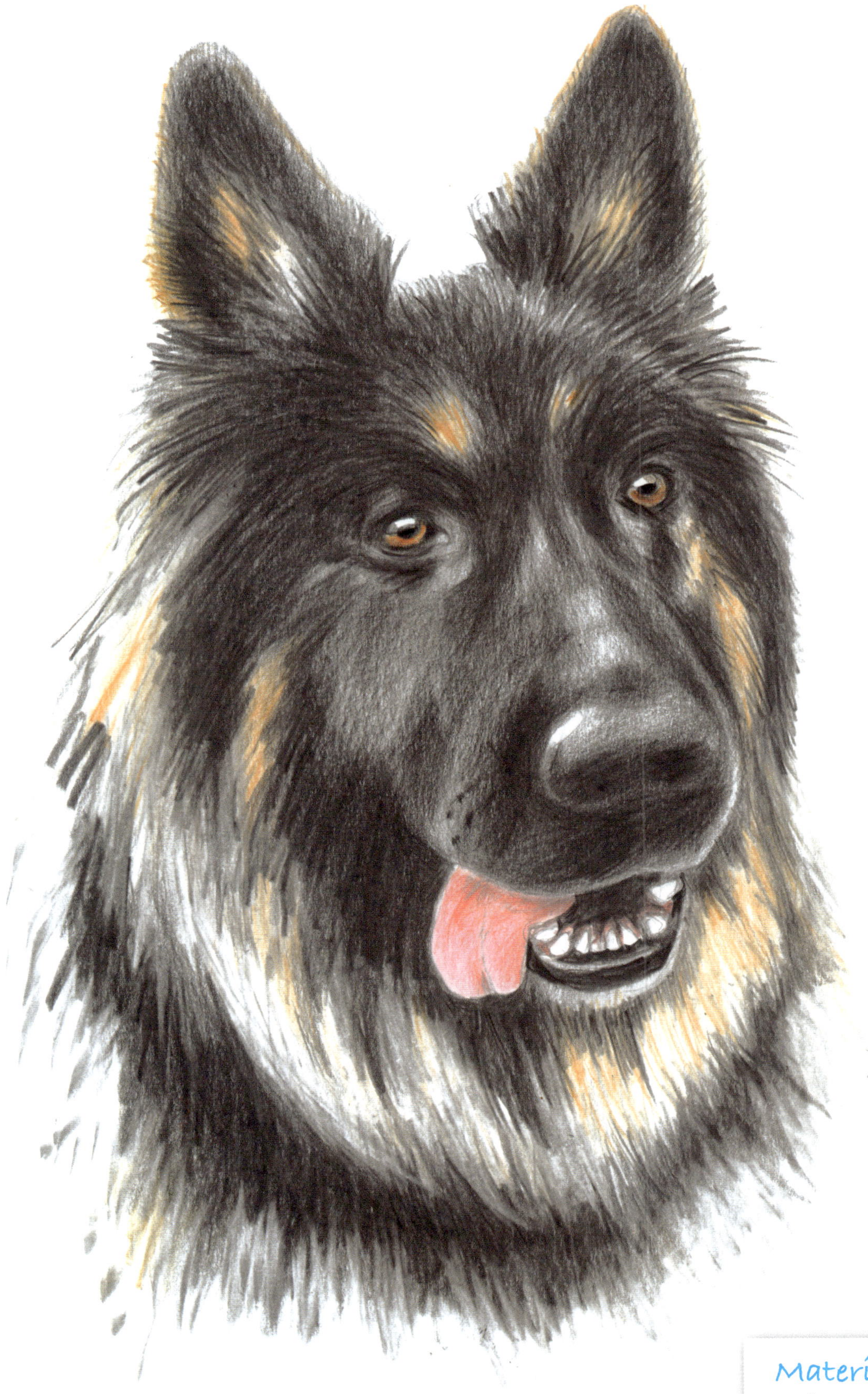

Mit dem Papierwischer lassen sich die schwarzen Partien an Nase und Schnauze perfekt glätten und verdichten. Dabei ziehen wir die Farbe weich in die weiß ausgesparten Bereiche. Sie schimmern hell im Licht, während die Schattenbereiche optisch zurückweichen. Der Kopf, umrahmt von kraftvollen, längeren Fellstrichen, tritt schön plastisch aus der Fläche.

Material

- Zeichenpapier, glatt
- Farbstifte (siehe Seitenrand)
- Bleistift HB
- Papierwischer

Papierwischer siehe auch S. 35

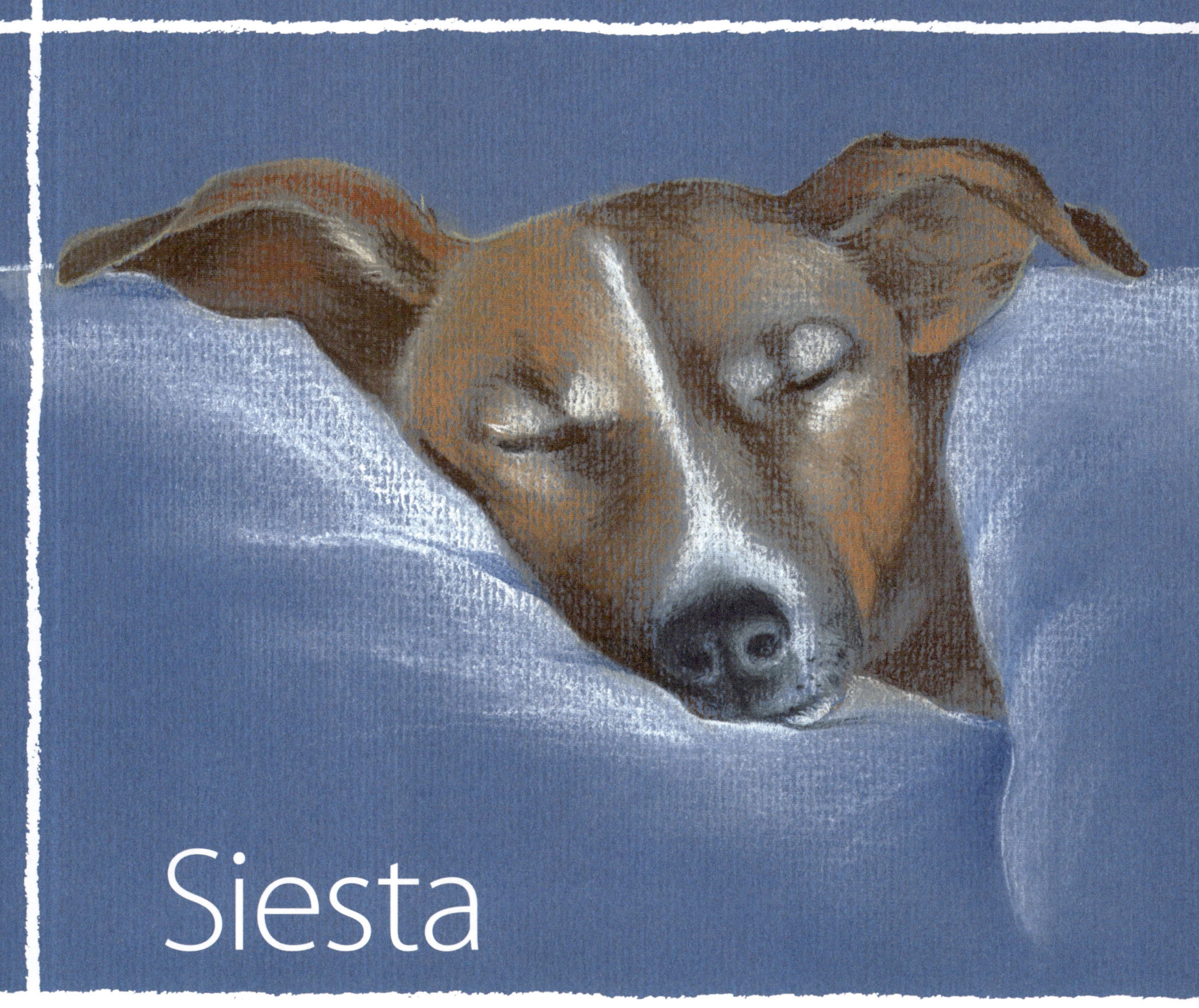

Siesta

Einen schlafenden Hund soll man nicht wecken, damit er als Modell weiter schön still hält. Der Farbgrund passt zur blauen Stunde und friedvollen Stimmung in diesem Pastellporträt.

Beides zusammen gibt dem Bild einen ganz eigenen, besonderen Charakter. Mit dem farbigen Papier haben wir schon den passenden Grundton. Das Blau harmoniert wunderbar mit den komplementären rotbraunen Tönen im Fell. Und weil die Pastellfarben so gut decken, können wir einfach darübermalen. Das hat noch einen interessanten Vorteil. In einer Farbstiftzeichnung auf weißem Papier müssten wir die weißen Stellen im Fell und im Kissen von Anfang an aussparen, also dunkel um sie herumzeichnen. Hier können wir das Weiß mit dem Pastellstift einfach einzeichnen. Wo wir den Farbgrund nur schwach schraffieren, scheint das Blau durch. Schon ein paar weiße Striche und Verwischungen modellieren Decke und Kissen, auf das unser Hund sein Haupt weich bettet.

Farbiges Papier siehe auch S. 57, 86

Getöntes Papier bringt einen gleichmäßigen Hintergrund ins Bild und ist von Anfang an mitbestimmend.

Grundfarben für diese Zeichnung sind die Brauntöne, hier in der Mitte der Palette. Die oberen Töne dienen zum Aufhellen, die unteren zum Schattieren und Abdunkeln.

Die Vorzeichnung gleich mit den Pastellstiften: braun für die Konturen des Kopfes, weiß für den Rand der Decke und des Kissens. Die Formen sind recht einfach, und falsche Striche lassen sich mit dem Knetgummiradierer leicht wegwischen.

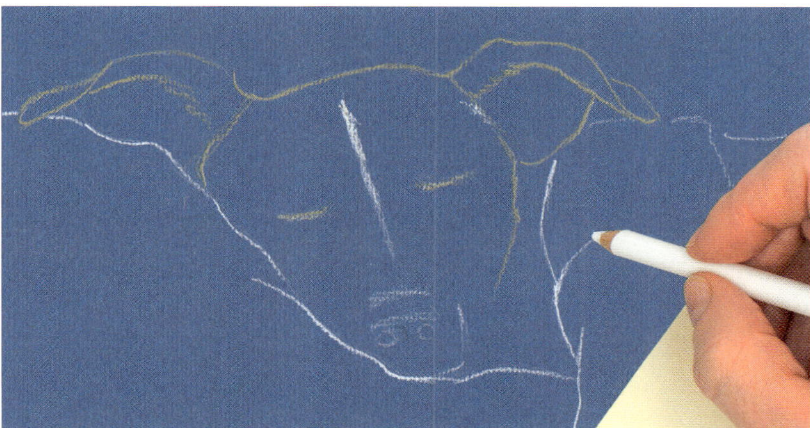

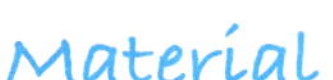

Material

- Tonpapier, blau, A4
- Packpapier, A4
- Pastellstifte (siehe Seitenrand)
- Fixierspray

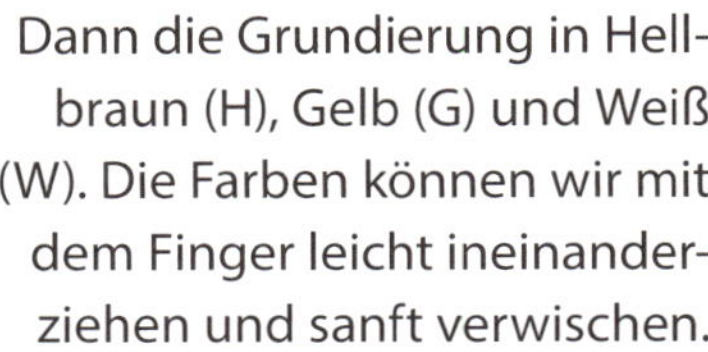

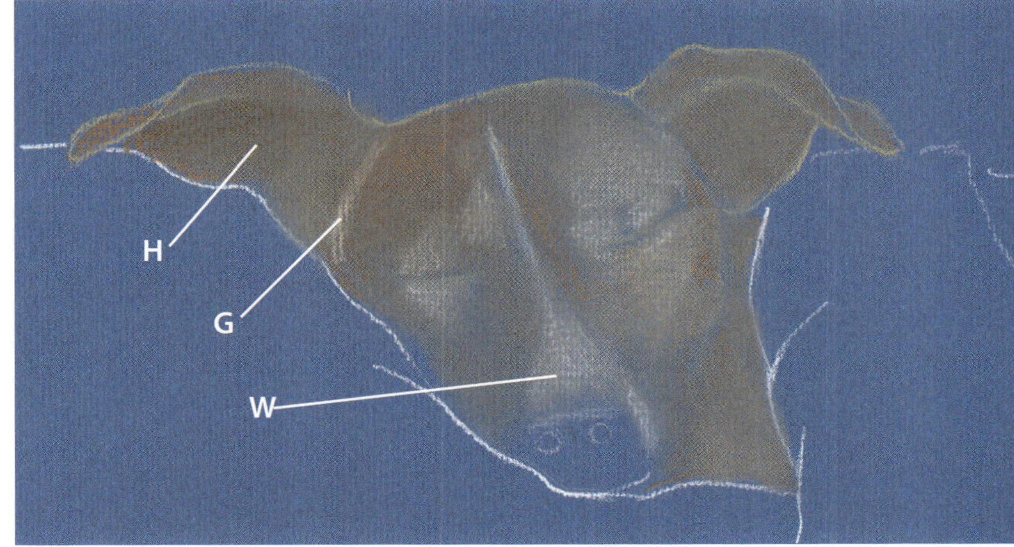

Dann die Grundierung in Hellbraun (H), Gelb (G) und Weiß (W). Die Farben können wir mit dem Finger leicht ineinanderziehen und sanft verwischen.

Weißes Durchpauspapier siehe auch S. 13 (Tipp)

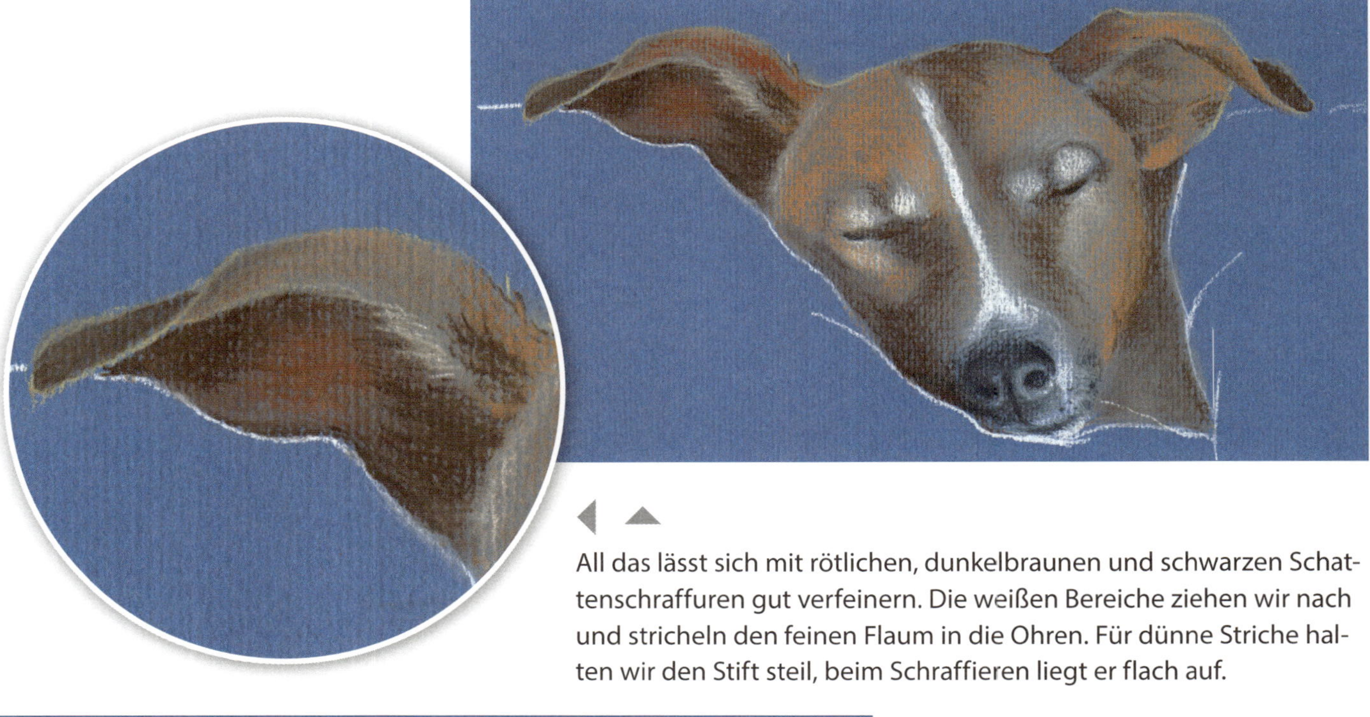

◀ ▲

All das lässt sich mit rötlichen, dunkelbraunen und schwarzen Schattenschraffuren gut verfeinern. Die weißen Bereiche ziehen wir nach und stricheln den feinen Flaum in die Ohren. Für dünne Striche halten wir den Stift steil, beim Schraffieren liegt er flach auf.

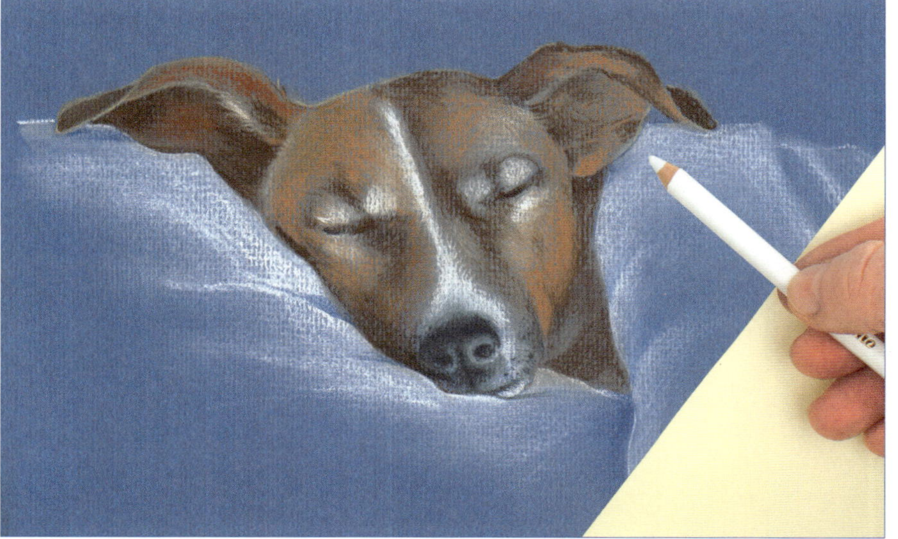

Zum Aufplustern von Decke und Kissen reicht es, vom Rand weg weiße Schraffurstriche nach außen zu ziehen und dann mit dem Finger zu verwischen. Zuletzt trennt der dunkelblaue Schattenstrich Kissen und Decke.

Tipp

Pastellkreide haftet schlecht auf dem Papier. Deshalb darf die Hand beim Zeichnen nicht direkt aufliegen. Also immer ein Blatt Papier dazwischenlegen. Und nicht vergessen: Die Zeichnung zuletzt mit Fixierspray besprühen. Nur dann hält die Farbe!

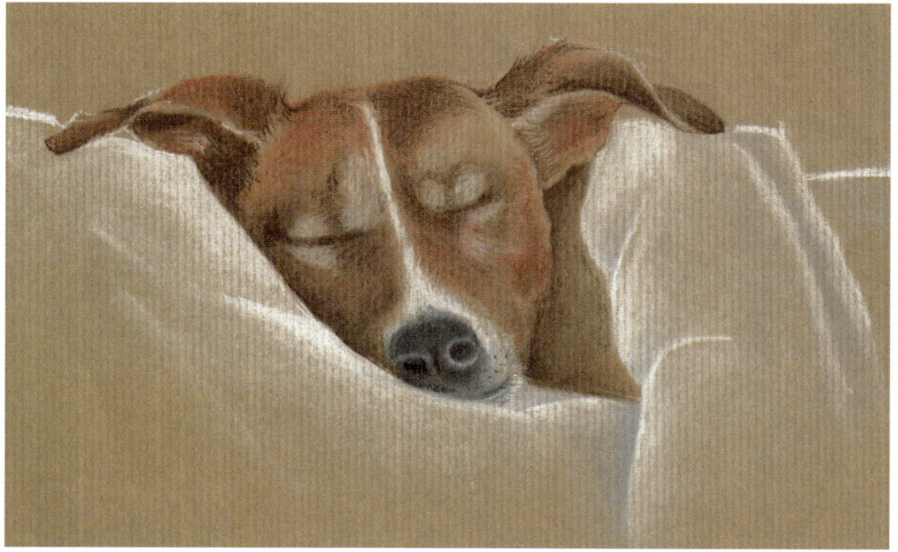

Gut verpackt …

Packpapier als Zeichengrund? Eine interessante Alternative, nicht nur wegen des Brauntons. Denn hier spielt die Textur auf der rauen Seite effektvoll mit und gibt der Pastellzeichnung eine kraftvolle, robuste Note.

Verwischen siehe auch S. 17, 19, 21

Tempo!

Das stürmische Gegenstück zur beschaulichen Siesta von vorhin: lebendige Dynamik in freier Natur statt kuscheligen Schlummers in farblicher Harmonie. Da passt der Bleistift!

Material

- Zeichenpapier, leichte Körnung
- Bleistifte 2B und 3B
- Anspitzer
- Knetgummiradierer

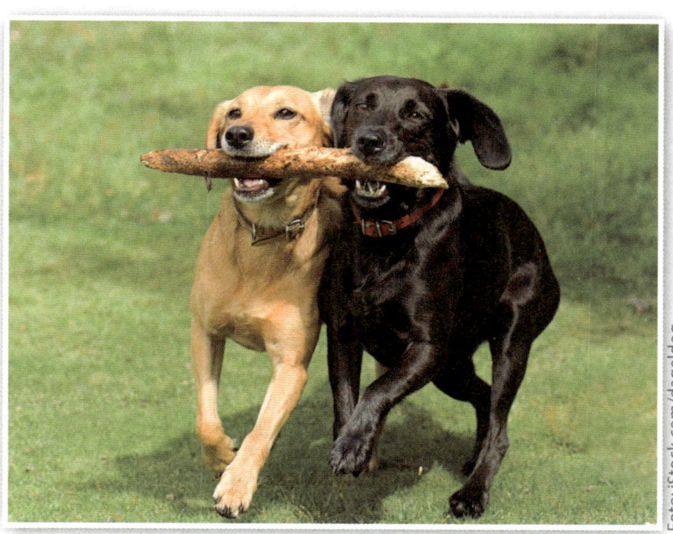

Foto: iStock.com/dageldog

So wie sich die beiden Hunde ihr Stöckchen gemeinsam schnappen und synchron über die Wiese galoppieren, das ist schon einen Schnappschuss wert. Solche voll aus dem Hundeleben gegriffenen Szenen lassen sich nicht konstruieren. Da muss man schon dem Zufall eine Chance geben, nämlich mit dem griffbereiten Fotoapparat oder Smartphone.
Hier bietet die Vorlage, was wir für eine gelungene Zeichnung brauchen: eine spannende Perspektive, Tempo und Lebensfreude. Die strahlende Sonne zeigt uns nicht nur die Konturen deutlich, sondern verteilt auch Licht und Schatten gut sichtbar. All dies können wir direkt übernehmen, um unsere beiden Freunde kraftvoll dahinstürmen zu lassen. Ob der eine Hund hellbraun oder bloß hell ist, spielt keine Rolle; auch die grüne Wiese ist unwichtig. Also lieber in Schwarz-Weiß und mit Bleistift.

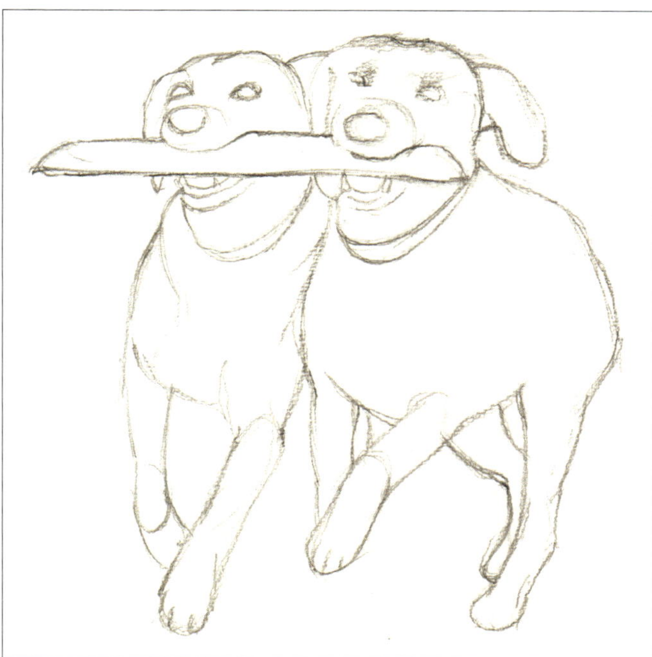

Die vom Foto abgenommene Vorzeichnung (Bleistift 2B). Die Konturen müssen nicht ganz präzise sein, sie verschwinden später unter den Schraffuren.

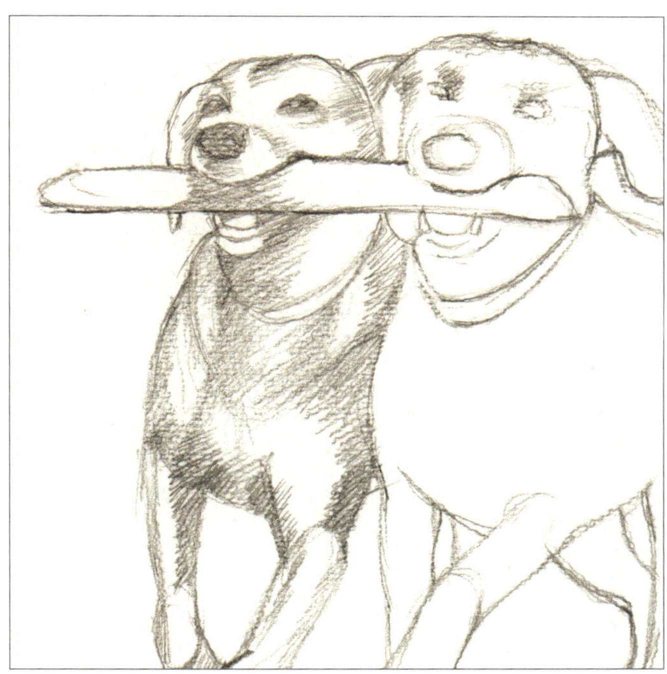

Aus dem hellen Braun im Foto wird ein helles, in den dunklen Schatten mittleres Grau. Die hellsten, weil voll im Licht liegenden Partien bleiben weiß. Das Fell ist kurz und glatt. Deshalb schraffieren wir es mit parallelen Schattenstrichen und nicht in Richtung des Fellverlaufs.

Fotovorlagen siehe auch S. 10

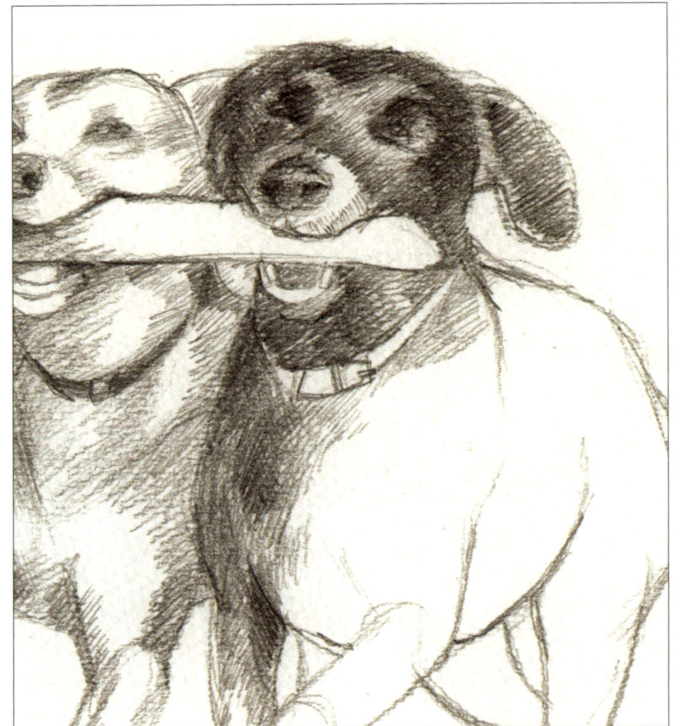

Die Schraffuren haben eine doppelte Rolle: Sie verteilen zum einen Licht und Schatten und bilden zum anderen die Tonwerte der Fellfarben ab. Demnach sind die Schatten im schwarzen Hund dunkler als beim anderen. Für die tiefen Schatten drücken wir stärker an und schraffieren entsprechend dichter.

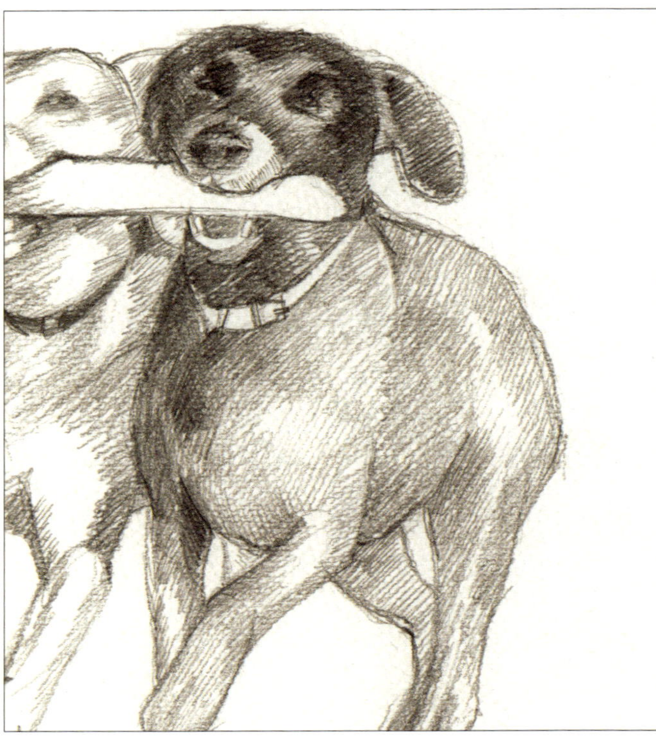

Mit Ausnahme der weißen Partien stricheln wir den Rest vom schwarzen Hund zuerst einmal schwach. Über diese Grundierung, gut zu sehen noch am Körper, kommen die kurzen schwarzen Schraffuren.

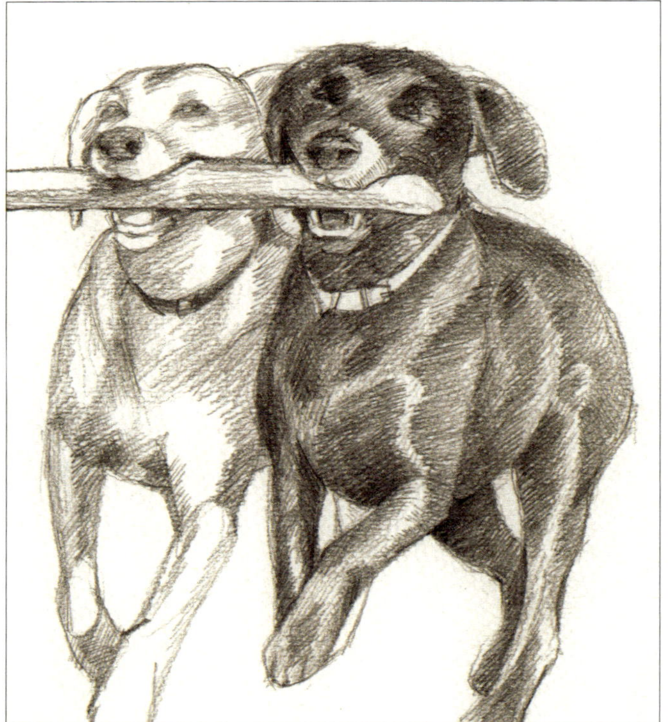

Die schmal ausgesparten Lichtstreifen geben dem Fell seinen Glanz. Beim hellen Hund sind die Kontraste schwächer und die weißen Partien größer.

Tipp

Beim Schraffieren lassen wir den Bleistift ohne abzusetzen auf dem Papier und ziehen die Linien hin und her.

Glanzlichter im Fell siehe auch S. 24

Auf einen Blick

Im hellen Fell bleiben die im Licht liegenden Bereiche weiß. Die Schattenpartien sind hell- bis mittelgrau.

Im schwarzen Fell sind die Schatten dunkelgrau bis schwarz. Die Lichtstreifen und Glanzlichter sind nur stellenweise weiß, meistens aber locker und hell gestrichelt. Das sieht natürlicher aus und gibt dem Fell genug Glanz.

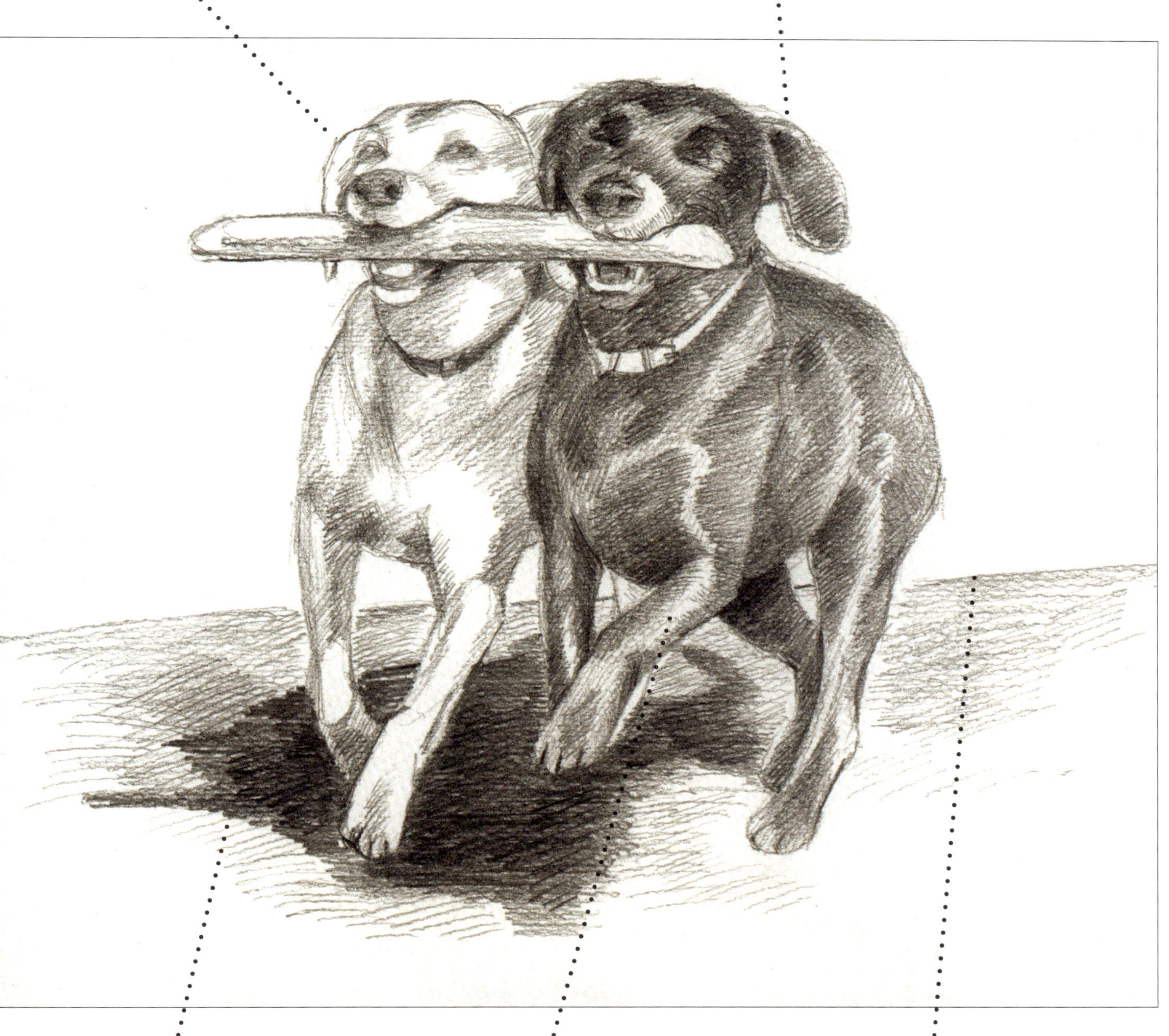

Je heller die Sonne vom Himmel strahlt, desto dunkler und schärfer grenzen sich die Schatten ab: hier mit kräftigen Kreuzschaffuren gegen den schwach gestrichelten, im Licht liegenden Boden.

Die Schraffuren (parallel und kreuzweise) zeigen, wie hell oder dunkel das Fell im Licht und im Schatten erscheint. Das Fell ist bei beiden Hunden glatt, echte Fellstriche sollen nicht zu sehen sein.

Himmel und Erde trennen wir einfach mit einer schrägen Linie. Vor dem weißen Hintergrund kommen die Hunde gut zur Geltung. Und die Schräge lässt beide sogar noch einen Hang hinunterjagen …

Kreuzschraffur siehe auch S. 15 • **Schlagschatten** S. 11, 16, 39

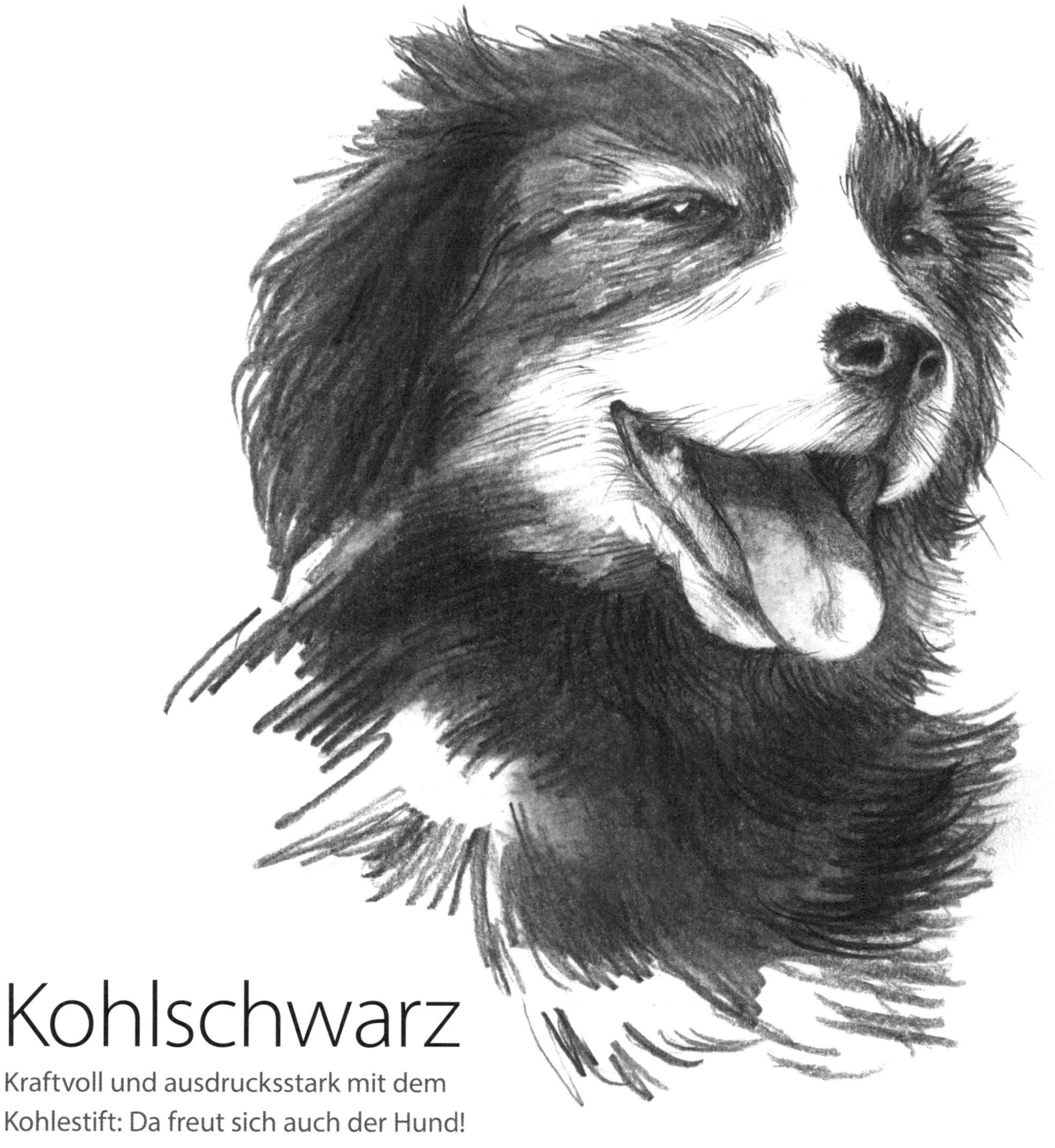

Kohlschwarz

Kraftvoll und ausdrucksstark mit dem Kohlestift: Da freut sich auch der Hund!

Zeichenkohle ist nur etwas für Könner? Das Vorurteil erledigt sich schnell, sobald wir entdecken, wie uns der Kohlestift beim Zeichnen beflügeln kann. Locker, flink und kräftig im Strich, weich und zart beim Schattieren. Mit ihm zeichnen wir nicht viel anders als mit sehr weichen Bleistiften. Hier wie dort haben wir eine stumpfe Mine, die schon beim sanften Andrücken kräftige Striche hinterlässt. Das verleitet zum schwungvollen, dynamischen Zeichnen.

Kohlestift siehe auch S. 6

Kohlestifte gibt es in verschiedenen Härtegraden und in zwei Sorten. Bei den üblichen **fettfreien** Stiften haftet der Strich – also der Kohlestaub – nur schwach auf dem Papier und lässt sich beim Verwischen komplett verteilen. Dagegen ist die Mine der **fetthaltigen** Kohlestifte mit Öl gebunden. Der Strich verbindet sich viel besser mit dem Papier. So kann man Schraffuren einfach und effektvoll verwischen, ohne sie ganz aufzulösen: Die Striche bleiben abgeschwächt sichtbar, der verwischte Abrieb färbt die Zwischenräume.

Mit den fetthaltigen Kohlestiften können wir also kraftvoll draufloszeichnen, ohne das Fell zuvor grau grundiert zu haben. Wo das Weiß des Papiers zu stark durchblitzt, wischen wir anschließend darüber.

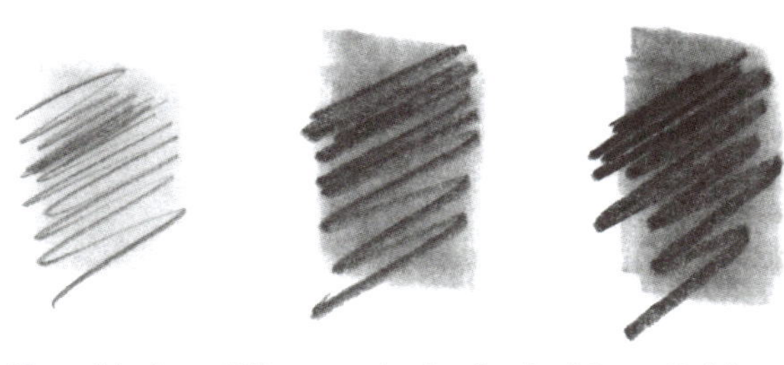

Verschiedene Härtegrade des fetthaltigen Kohlestifts. Zuerst schraffiert und anschließend mit dem Papierwischer verwischt.

Tipp

So wie bei Bleistiften gibt es Kohlestifte auch in unterschiedlichen Härtegraden; empfehlenswert sind weiche (soft) und sehr weiche (extrasoft) Härten.

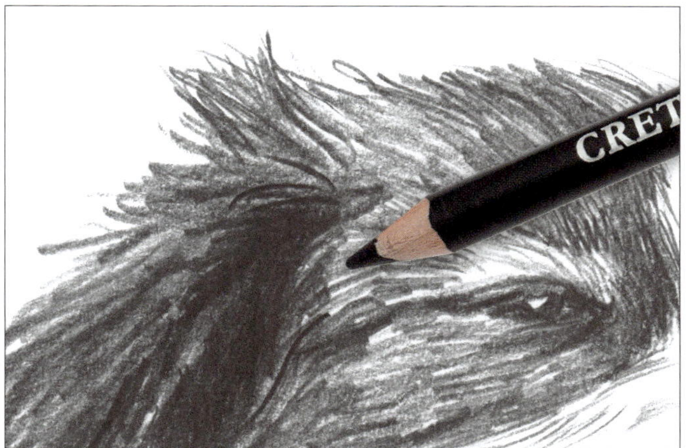

Erst zeichnen wir die einzelnen Fellstriche. Durch den starken Schwarz-Weiß-Kontrast wirkt das Fell struppig.

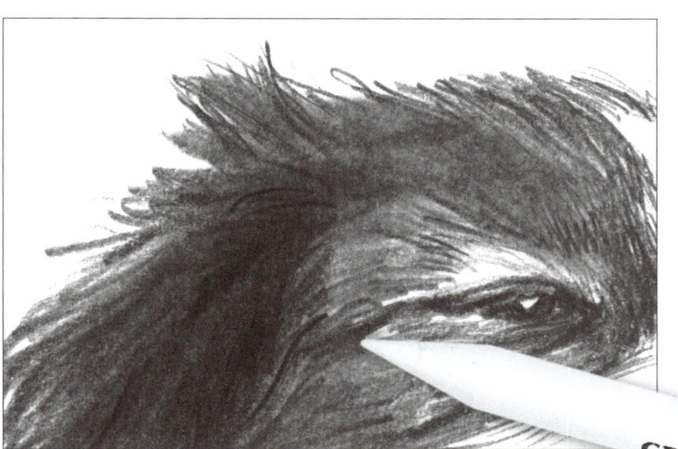

Beim Verwischen mit dem Papierwischer nehmen wir Farbe mit und schließen damit die weißen Lücken. Das Fell wird homogen, so als hätten wir es zuvor grau grundiert.

Grundieren mit dem Papierwischer

Das ist eine einfache und effektive Methode, um kleinere Bildbereiche präzise einzufärben: Wir reiben die Zeichenkohle auf ein anderes Blatt Papier auf und wischen hier mit dem Papierwischer darüber. Er nimmt dabei Farbe auf, die wir auf das Zeichenblatt übertragen und dort verreiben: flächig mit der Breitseite des Kegels, exakt bis zu einem Rand mit der Spitze. Bei Bleistiftzeichnungen funktioniert diese Technik genauso.

Abrieb des Kohlestifts auf separatem Papier

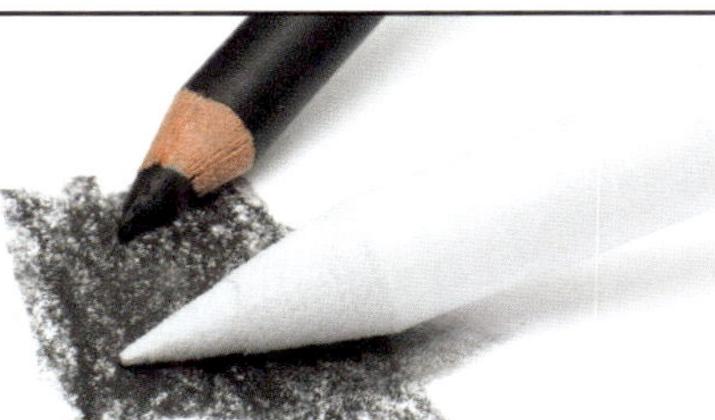

Kohlestaub mit dem Papierwischer aufnehmen

Papierwischer mit aufgenommenem Kohlestaub und Abrieb

Fotos: Andreas Springer

Papierwischer siehe auch S. 6, 17, 21, 22

Jugendlich

Abwechselnd verwischen und stricheln: Mit dem fetthaltigen Kohlestift geht das besonders gut. Das Fell erhält eine schöne Fülle. Die glatten Partien lassen sich fein und weich schattieren. In diesem Beispiel ist das Ergebnis ein jugendliches Hundeporträt mit kraftvoll künstlerischer Note.

Die Vorzeichnung grundieren wir in den dunklen Fellpartien hellgrau und gleichmäßig mit dem eingefärbten Papierwischer (siehe S. 35).

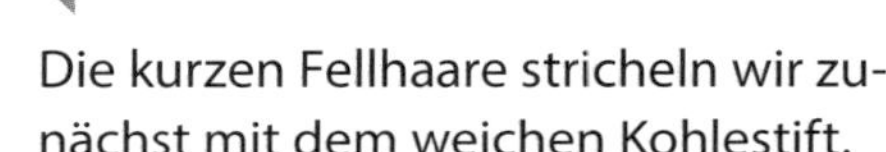

Die kurzen Fellhaare stricheln wir zunächst mit dem weichen Kohlestift.

Die Schraffurstriche folgen der Kopfform und modellieren diese zugleich heraus. Die Augen werden, das Glanzlicht ausgenommen, schwach grundiert; die Pupillen sind schwarze Ovale.

Kohlestift siehe auch S. 6, 35

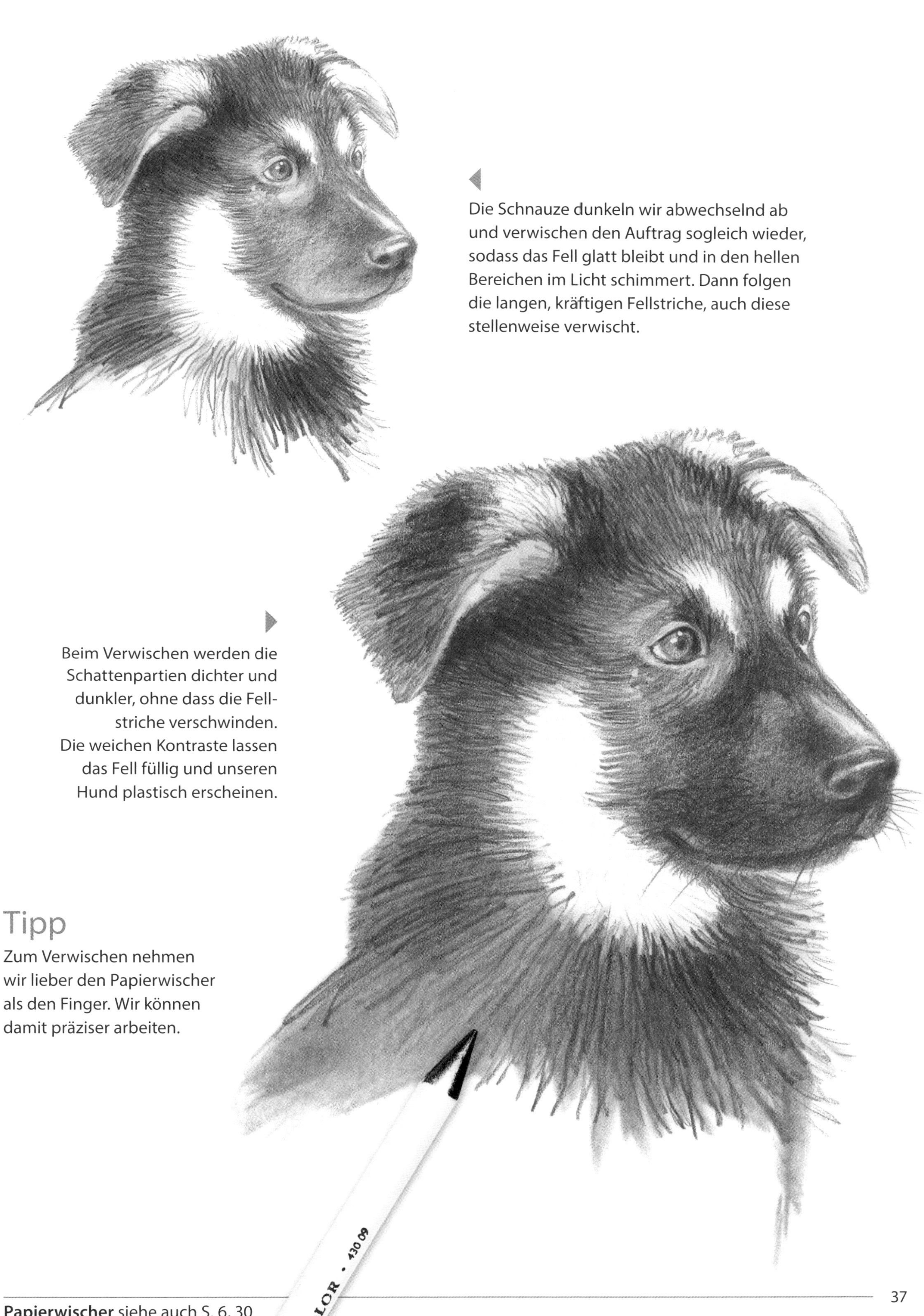

Die Schnauze dunkeln wir abwechselnd ab und verwischen den Auftrag sogleich wieder, sodass das Fell glatt bleibt und in den hellen Bereichen im Licht schimmert. Dann folgen die langen, kräftigen Fellstriche, auch diese stellenweise verwischt.

Beim Verwischen werden die Schattenpartien dichter und dunkler, ohne dass die Fellstriche verschwinden. Die weichen Kontraste lassen das Fell füllig und unseren Hund plastisch erscheinen.

Tipp

Zum Verwischen nehmen wir lieber den Papierwischer als den Finger. Wir können damit präziser arbeiten.

Papierwischer siehe auch S. 6, 30

Wie mit dem Farbstift zeichnen?

Farbstifte sind lasierend. Das heißt, dass der Untergrund (das Papier oder eine darunterliegende Farbe) unter dem Strich und der Schraffur mehr oder weniger durchscheint. Das macht das Zeichnen mit Farbstift so effektvoll. Für Anfänger hier ein paar Übungsbeispiele zum besseren Kennenlernen.

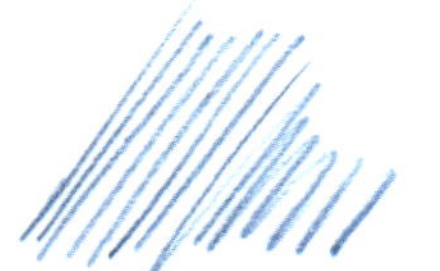

Ein gut angespitzter, steil gehaltener Stift erzeugt feine Striche.

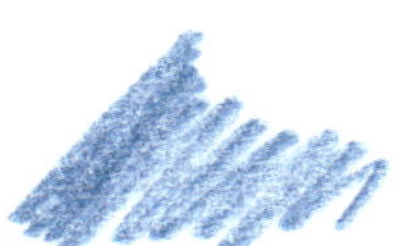

Ein stumpfer (Mitte) oder flach gehaltener Stift (rechts) hinterlässt eine breite Spur.

Striche und Flächen

Anders als bei Bleistiften gibt es bei Farbstiften keine Härtegrade. Es gibt nur leichte Unterschiede von Hersteller zu Hersteller. Die Farbkraft steuern wir durch stärkeres oder schwächeres Andrücken.

Schraffurschichten

Mehrere gleichfarbige Schraffuren übereinander bringen satte Farben, verschiedenfarbige bringen Zwischentöne. Dabei beginnen wir mit den hellsten Farben und zeichnen jeweils dunkler darüber. Was einmal zu dunkel ist, kann man mit hellen Farben nur schwer aufhellen. Auch lassen sich Farbstriche nicht so gut radieren wie der Bleistift; ganz weiß wird da nichts mehr.

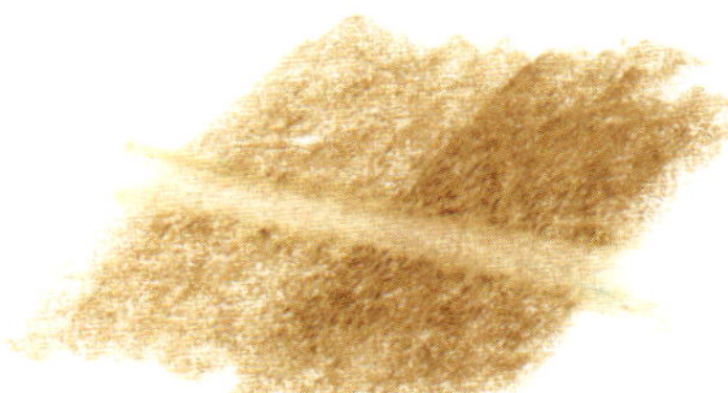

Einfache und zweifache Schraffur mit Radierstrich

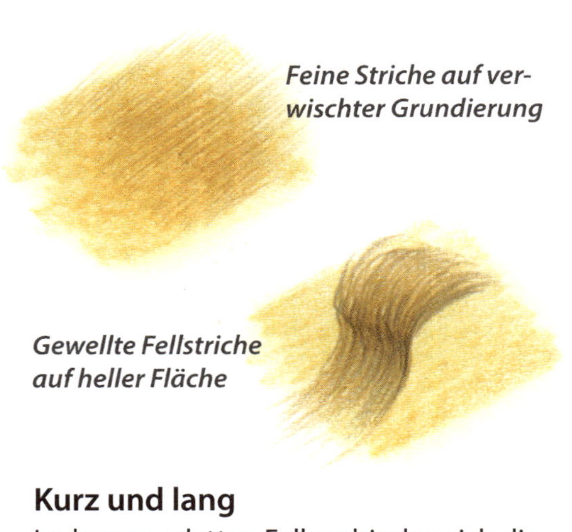

Feine Striche auf verwischter Grundierung

Gewellte Fellstriche auf heller Fläche

Kurz und lang

Im kurzen, glatten Fell verbinden sich die Striche zur einheitlichen Fläche. Im langhaarigen oder struppigen Fell zeichnen wir zugleich die Struktur und Wuchsrichtung. In beiden Fällen stricheln wir das Fell in mehreren Schichten.

Wasserfest und wasserlöslich

Farbstifte gibt es in wasserfesten und wasserlöslichen Sorten, auch Aquarellstifte genannt. Beim Zeichnen verhalten sie sich ähnlich, nur dass die wasserfesten Stifte schwächer abfärben, sich dafür aber besser radieren lassen. Der ganze Unterschied zeigt sich, wenn wir den Strich des Aquarellstiftes mit dem Pinsel befeuchten. Dann löst das Wasser die Pigmente an. Sparsam eingesetzt wie rechts beim Sennenhund, ist das ein schöner malerischer Effekt, den wir zuletzt nutzen – oder aber auch lassen können.

Wasserfester Stift: leichter zu radieren

Kräftiger Aquarellstift (rechts oben vermalt): schwerer zu radieren

Schraffurschichten siehe auch S. 63

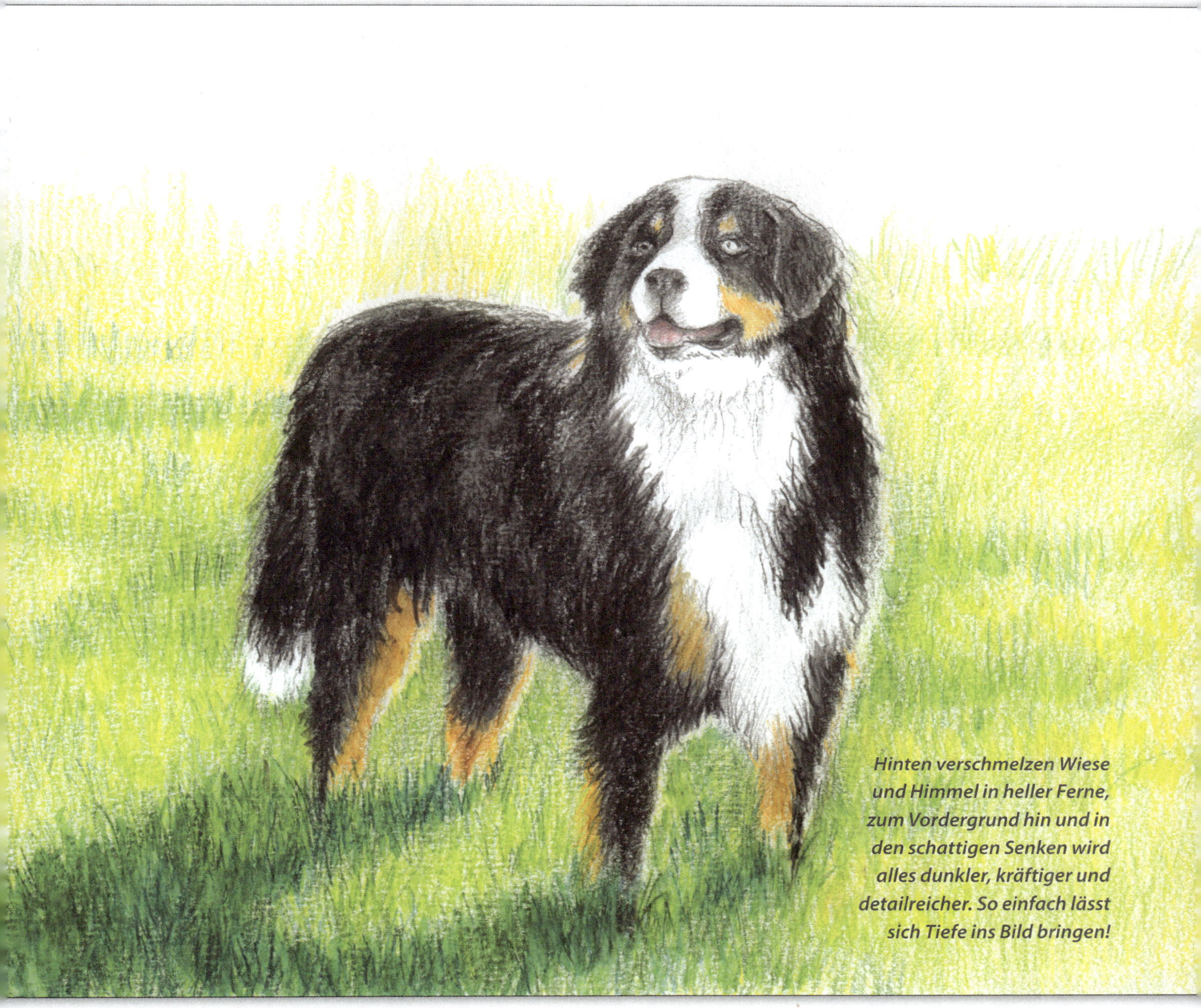

Hinten verschmelzen Wiese und Himmel in heller Ferne, zum Vordergrund hin und in den schattigen Senken wird alles dunkler, kräftiger und detailreicher. So einfach lässt sich Tiefe ins Bild bringen!

In Position

Eine weite, lebendig gestrichelte Wiese: Mehr Landschaft braucht unser Sennenhund nicht, um sozusagen naturnah Modell zu stehen – und gespannt auf den Zuruf zu warten. Das gekörnte Papier unterstützt die rustikale Note dieser Farbstiftzeichnung.

Material

- Zeichenpapier, rau (leichte Körnung)
- Bleistift HB
- Farbstifte, wasserlöslich, siehe links
- Kosmetiktuch
- Aquarellpinsel

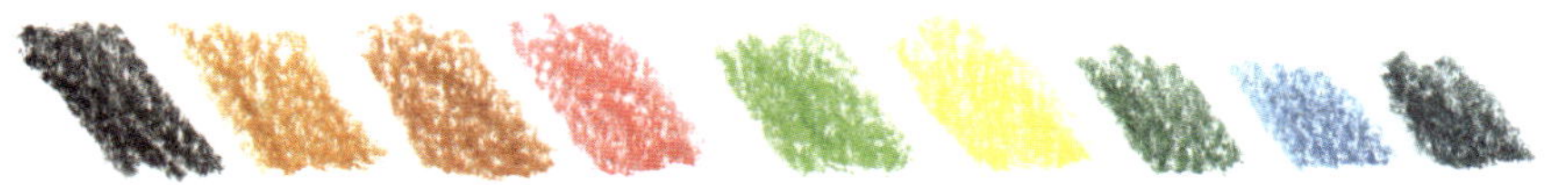

Zeichenpapier leichte Körnung siehe auch S. 75 • **Schlagschatten** S. 11, 16, 33

Glattes Papier ist sozusagen neutral. Dagegen spielt raues (gekörntes) Papier beim Zeichnen sichtbar mit. Die winzigen Erhebungen nehmen mehr Farbe an als die Poren. Das Ergebnis sind helle Sprenkel. Hier passt das prima zur groben Fellstruktur und zur gestrichelten Wiese. Zwar füllen wir die Vertiefungen teilweise nach und nach mit dunkleren und kräftigeren Schraffuren, doch die rustikale Wirkung bleibt erhalten. Wenn, wie in diesem Beispiel, mit wasserlöslichen Farbstiften gezeichnet wird, kann zuletzt noch ein weiterer malerischer Effekt hinzukommen. Beim Übermalen einzelner Partien verschwimmen die Zeichenstriche, sie werden dunkler und satter – und an diesen Stellen sprenkelfrei.

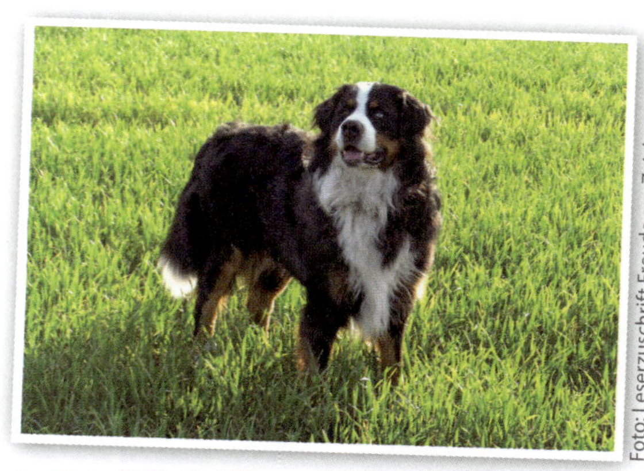

Foto: Leserzuschrift Freude am Zeichnen

Im Foto füllt die Wiese alles aus, in der Zeichnung verschmilzt sie mit dem Himmel. Das bringt dann Weite und Tiefe ins Bild.

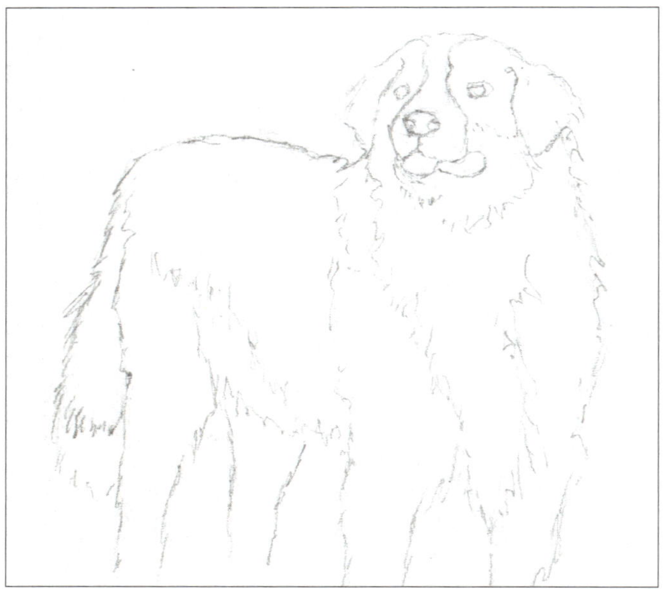

▲

Die vom Foto abgenommene Vorzeichnung (Bleistift): gestrichelte Linien für fransige Konturen …

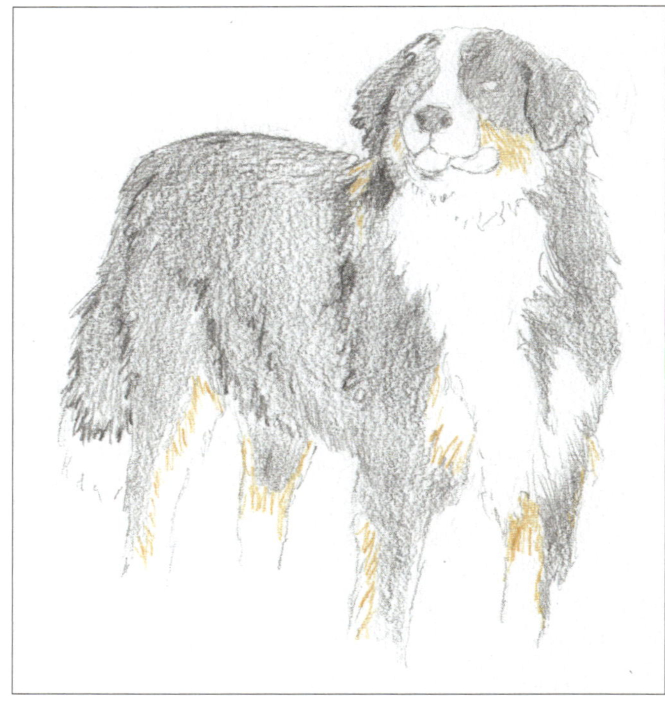

▲

Mit dem schwarzen und ockerfarbenen Farbstift grundieren wir alles außerhalb der weißen Partien recht schwach und einheitlich. Also den Stift flach halten und schwach andrücken, dann sieht das auf dem rauen Papier schon ein wenig nach einem Fell aus.

◀

Darüber entstehen mit etwas mehr Druck die dunkleren Fellstriche. Auch das Ocker zeichnen wir kräftig nach.

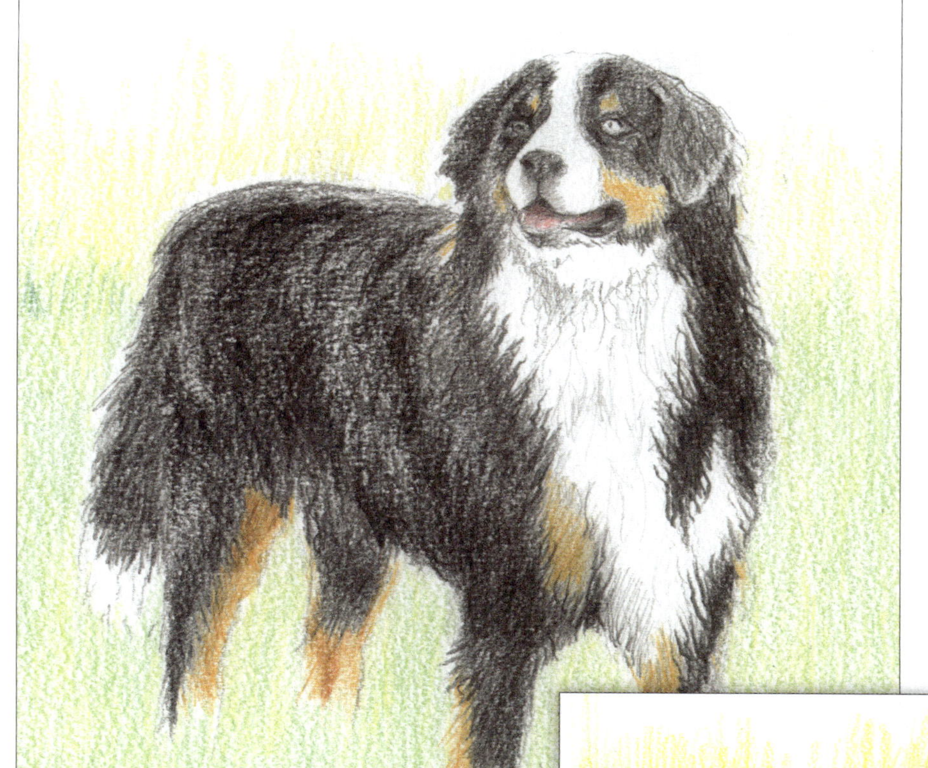

Nach und nach wirkt der Hund immer plastischer. Die schwarzen Striche ziehen wir auch in die ockerfarbenen und weißen Partien hinein. Diese erhalten mit Bleistift einen hellgrauen Schatten. Augen, Schnauze und Zunge arbeiten wir mit den gut angespitzten Farbstiften fein aus. Die Wiese wird zunächst hellgrün und gelb gestrichelt und dann mit dem Kosmetiktuch verrieben, …

… auf der nun mit kurzen Strichen auch Gras wächst: nach oben hin gelb und immer schwächer, bis es sich im Himmel verliert, weiter unten kräftiger, in den Senken dunkelgrün und am sattesten und dunkelsten im Schlagschatten.

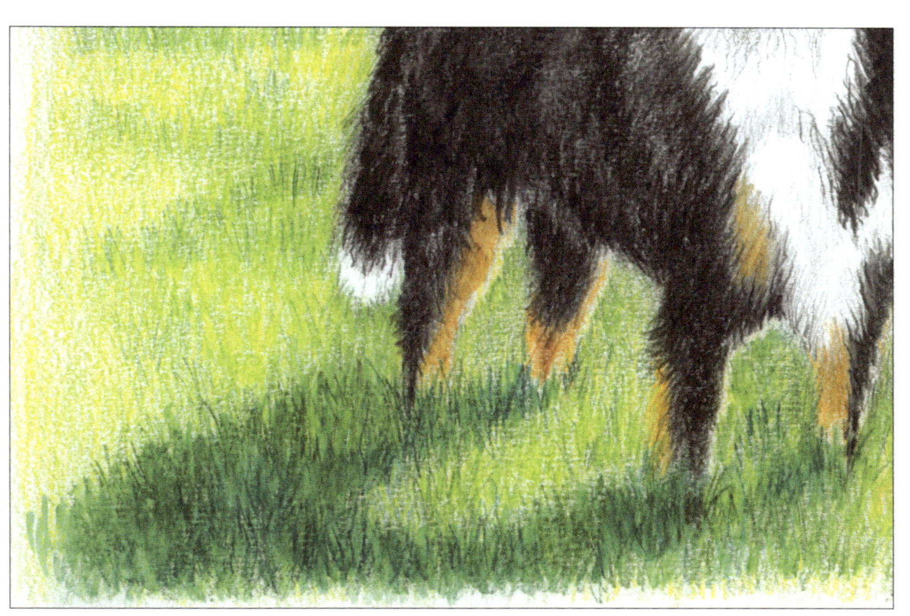

Malerische Effekte

Die wasserlöslichen Farbstifte (Aquarellstifte) erlauben es, den Schatten auf der Wiese und die dunklen Fellpartien zu vermalen. Hier tupfen wir mit dem kleinen Aquarellpinsel einfach ein bisschen Wasser auf. Das reicht, um die Pigmente anzulösen. Die Farbe färbt nun auch die bisher noch hellen Poren. Hier verschwinden die Sprenkel. Das Gras wird richtig saftig dunkelgrün, die Fellpartien tiefschwarz.

Mit Wasser vermalen siehe auch S. 38

Haargenau ...

Jeder Strich ein Haar: Auf diese Weise können wir das Fell und damit unser ganzes Modell plastisch und realistisch, sozusagen haargenau, ausarbeiten. In diesem Beispiel macht der Terrier eine richtig gute Männchen-Figur – mit Bleistift ebenso wie mit dem Fineliner.

Das erinnert etwas an einen antiken Kupferstich oder an eine Federzeichnung. Dieser graphische Effekt zeigt sich mit dem dünnen Fineliner noch deutlicher als mit dem spitzen Bleistift. In dieser Technik brauchen wir keine Grundierung, sondern lassen das Papier zwischen den Fellstrichen weiß durchblitzen. Das gibt harte Kontraste, wie sie für Graphiken typisch sind. Beim Stricheln gibt es kaum Unterschiede zwischen Bleistift und Fineliner. Bis auf Nase und Augen ist alles Schraffur.

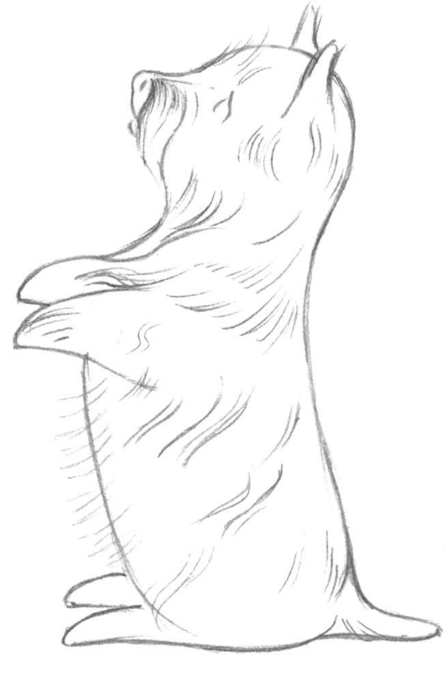

Vorzeichnung
Mach Männchen: Jedenfalls in der Zeichnung folgt unser Terrier aufs Wort. Ein und dieselbe Vorzeichnung (Bleistift HB) kann Anhalt für die Ausarbeitung mit Bleistift oder Fineliner liefern.

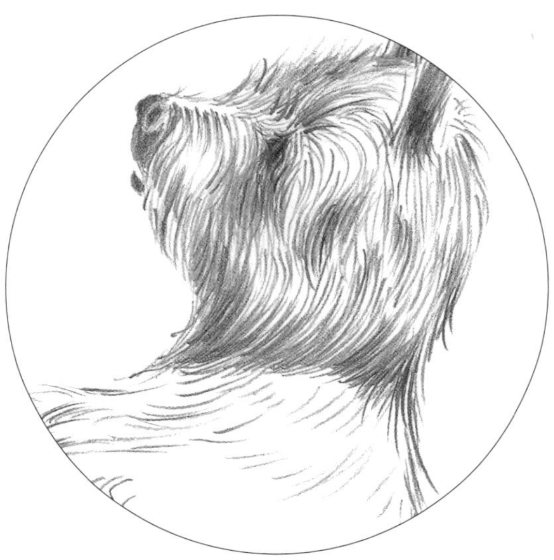

Bleistift

Für den Bleistift schwächen wir die Konturen mit dem Knetgummiradierer deutlich ab, sodass sie unter den Bleistiftstrichen verschwinden. Wir beginnen, wie üblich, mit lockeren Strichen und „kämmen" das Fell nach und nach in sanften Schwüngen von oben nach unten durch.

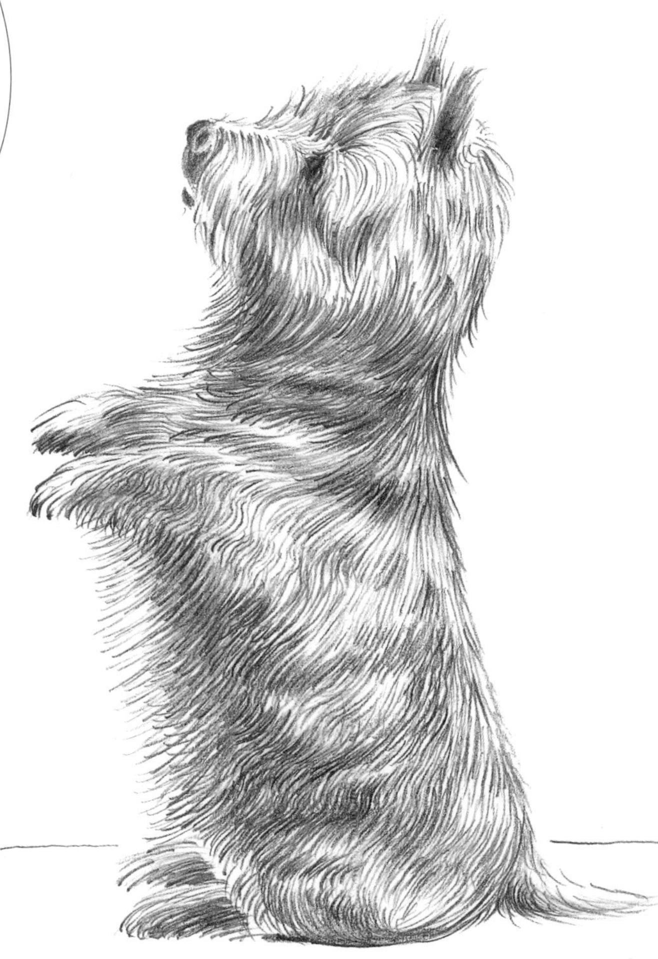

In den Schattenpartien stricheln wir das Fell dichter. Beides zusammen – Strichrichtung und Schattierungen – bringt das Modell in plastische Form. Die Männchen-Haltung ist ungewöhlich. Um sich bei der Fellrichtung nicht zu vertun, hilft es, das Blatt gelegentlich zu drehen. Zuletzt reicht ein Querstrich, damit der Hund Boden unter die Füße, genauer, unter das Hinterteil bekommt.

Langes Fell siehe auch S. 11, 23

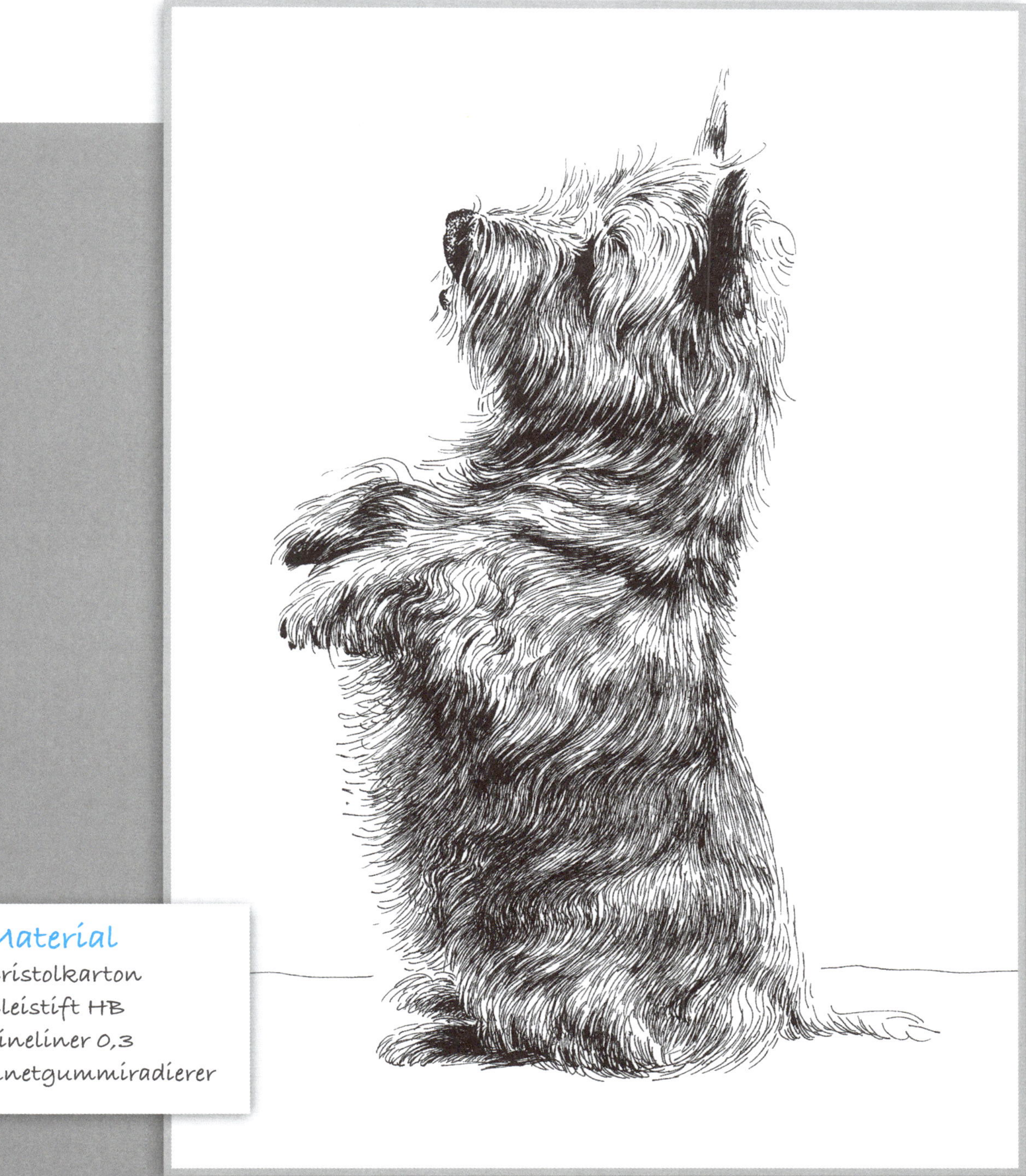

Fineliner

Mit dem Fineliner wirkt der graphische Effekt noch deutlicher als mit dem Bleistift. Erstens hebt sich der immer gleich schwarze, gleich breite Tuschestrich stärker vom weißen Papier ab. Hier gibt es keine Kompromisse wie beim Bleistiftstrich, dessen Stärke und Helligkeit davon abhängt, wie stark wir andrücken. Hier sitzt jeder Strich ein für alle Mal. Die Farbe dringt ins Papier ein und kann deshalb nicht mehr radiert werden. Wir können kaum etwas falsch stricheln, solange wir uns – besonders am Kopf mit Ohren, Nase und Augen – an die Bleistiftvorzeichnung halten (die wir zuletzt einfach ausradieren. Schließlich versteckt sich der eigentliche Terrier unter einem langen, lockeren Fell. Ob also die Haarstriche oder dichteren Schattierungen mehr oder weniger schwungvoll in die eine oder andere Richtung laufen, tut nichts zur Sache.

Knetgummiradierer siehe auch S. 7

Bully

Auch glattes Fell ist eine feine Sache für den Fineliner. Kurz und prägnant gestrichelt, blickt die junge Bulldogge mit großen Augen in die Welt.

Je kürzer die Fellhaare, desto deutlicher die charakteristische Kopfform und desto wichtiger ist eine klare Vorzeichnung; auch hier natürlich mit Bleistift. Denn anders als bei langhaarigen Tieren, unter deren Fell sich die Gestalt oft nur erahnen lässt, können wir hier nicht viel improvisieren (oder verstecken). Eine schöne Herausforderung an Sorgfalt und Geduld, die mit einem besonders ausdrucksstarken Porträt belohnt wird.

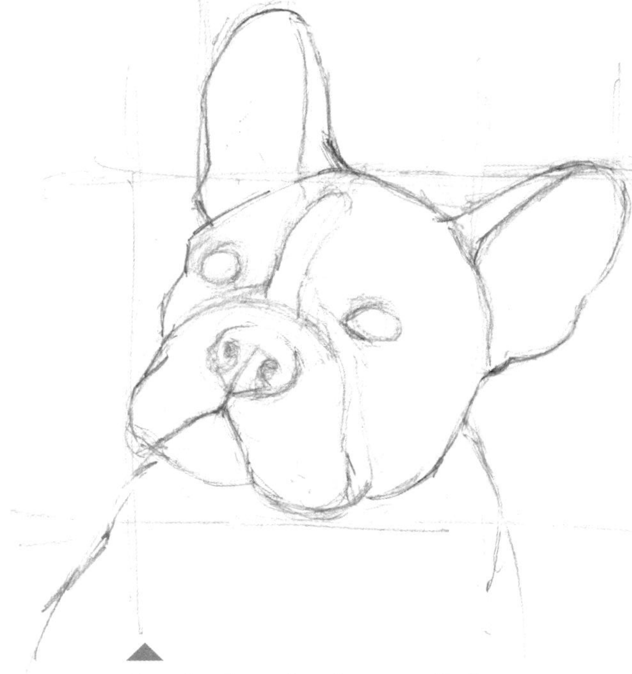

Von der Form her ist unser Bully, er möge den Ausdruck verzeihen, ein Quadratschädel. Mit diesen Hilfslinien lässt er sich gut in seine Grundform bringen, skizzieren und mitsamt den typischen Gesichtszügen vorzeichnen.

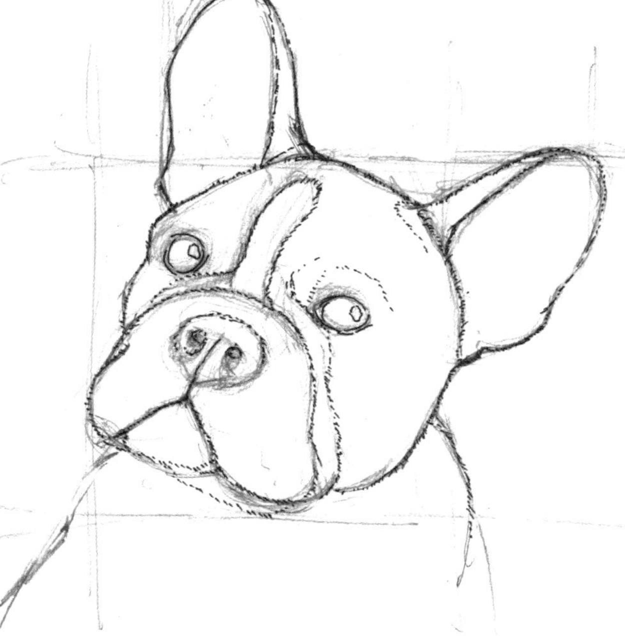

Die Bleistiftkonturen werden mit dem Fineliner gestrichelt überzeichnet und anschließend ausradiert.

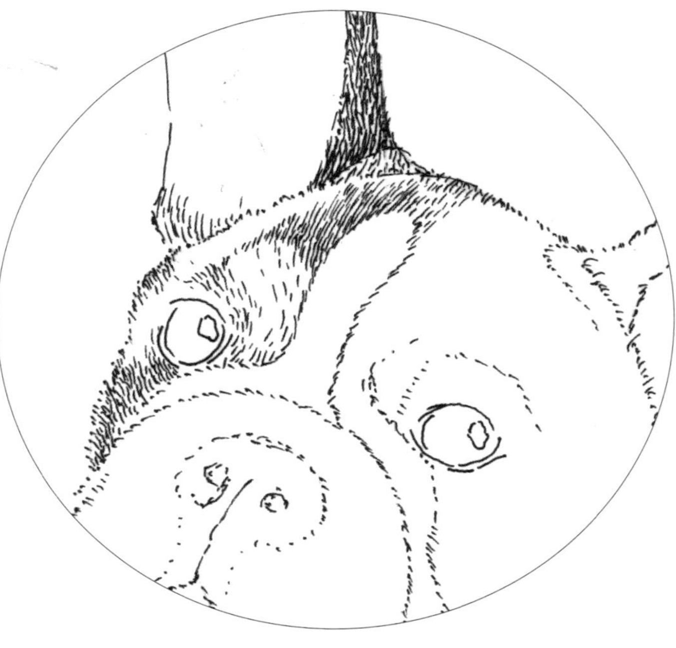

Die dunklen Fellpartien schraffieren wir mit kurzen Strichen, die sich an die Kopfform anschmiegen. Je dichter die Striche aneinandersitzen, desto dunkler wird das Fell.

Fineliner siehe auch S. 5, 43

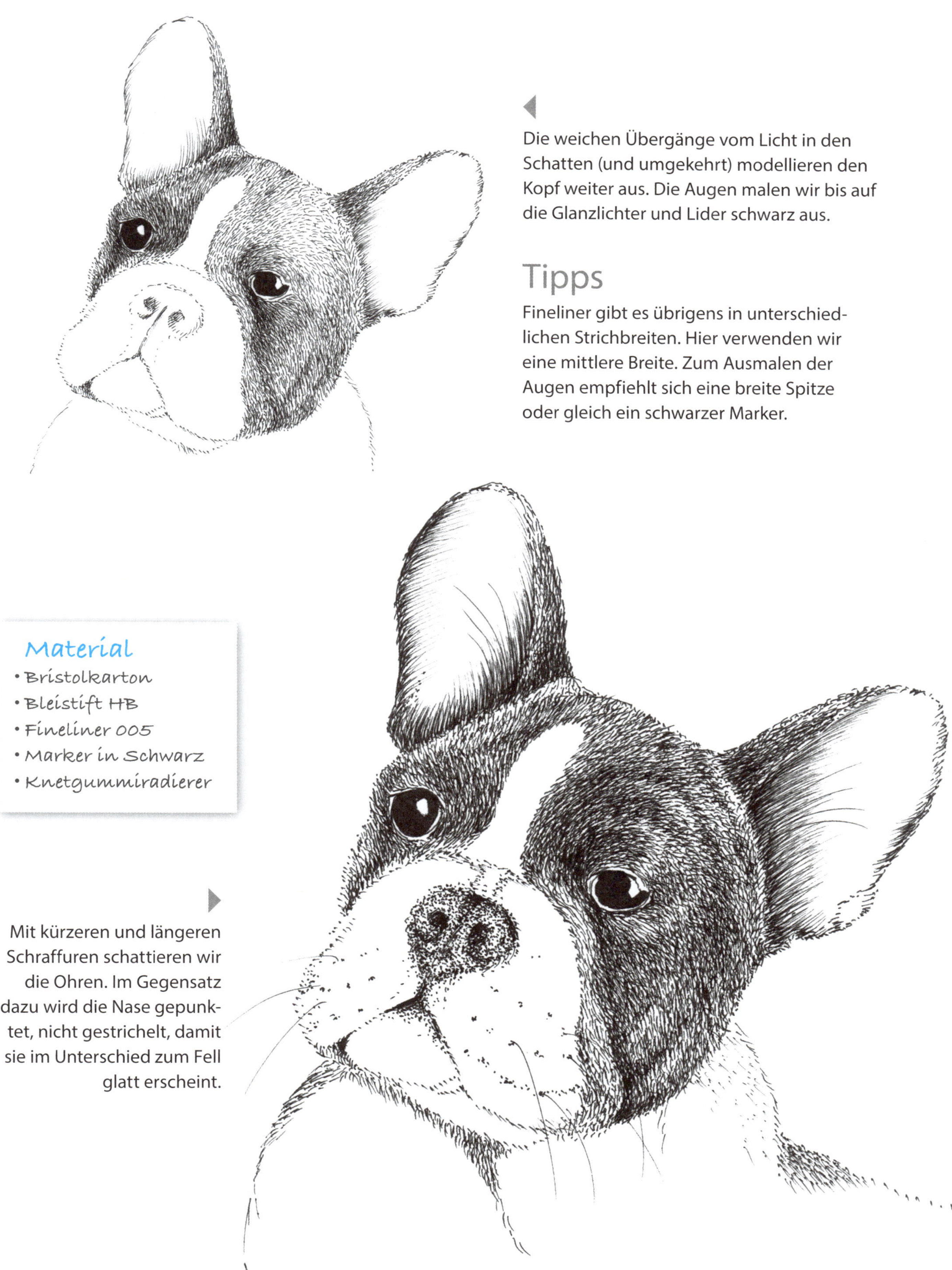

Die weichen Übergänge vom Licht in den Schatten (und umgekehrt) modellieren den Kopf weiter aus. Die Augen malen wir bis auf die Glanzlichter und Lider schwarz aus.

Tipps

Fineliner gibt es übrigens in unterschiedlichen Strichbreiten. Hier verwenden wir eine mittlere Breite. Zum Ausmalen der Augen empfiehlt sich eine breite Spitze oder gleich ein schwarzer Marker.

Material

- Bristolkarton
- Bleistift HB
- Fineliner 005
- Marker in Schwarz
- Knetgummiradierer

Mit kürzeren und längeren Schraffuren schattieren wir die Ohren. Im Gegensatz dazu wird die Nase gepunktet, nicht gestrichelt, damit sie im Unterschied zum Fell glatt erscheint.

Knetgummiradierer siehe auch S. 7, 43

Schutzhund

Besonders interessant sind Tierzeichnungen, wenn sie zugleich eine kleine Geschichte erzählen; zum Beispiel die vom großen Schutzhund und seinem kleinen Schützling. Wir zeichnen die beiden mit dem schwarzen und grauen Farbstift, was sofort farbiger wirkt als eine neutral graue Bleistiftzeichnung.

Foto: Horst Rothermel

Schnell ein Foto!

Material

- Zeichenpapier, glatt
- Bleistift HB
- Farbstifte in Grau (bläulich), Schwarz, Rot und Rosa

Die genaue Vorzeichnung mit dem Bleistift HB …

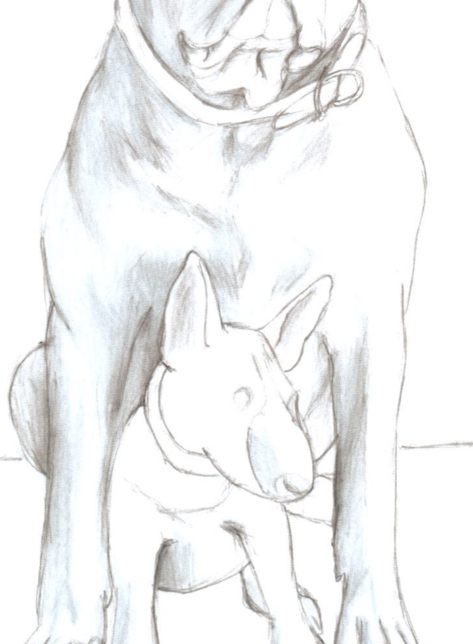

… schattieren wir mit dem grauen Farbstift und ziehen mit ihm auch die Konturen nach.

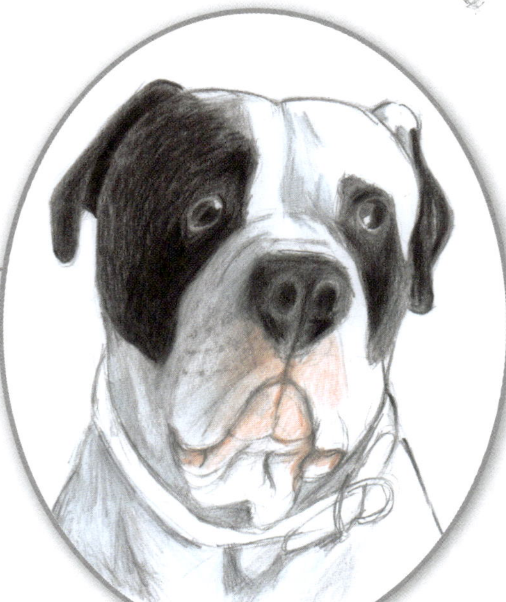

Der schwarze Farbstift für die schwarzen Fellpartien. Die Striche schmiegen sich dicht an dicht an die Körperformen an, in den Schattenpartien schraffieren wir noch einmal darüber.

Freies Nachzeichnen siehe auch S. 15

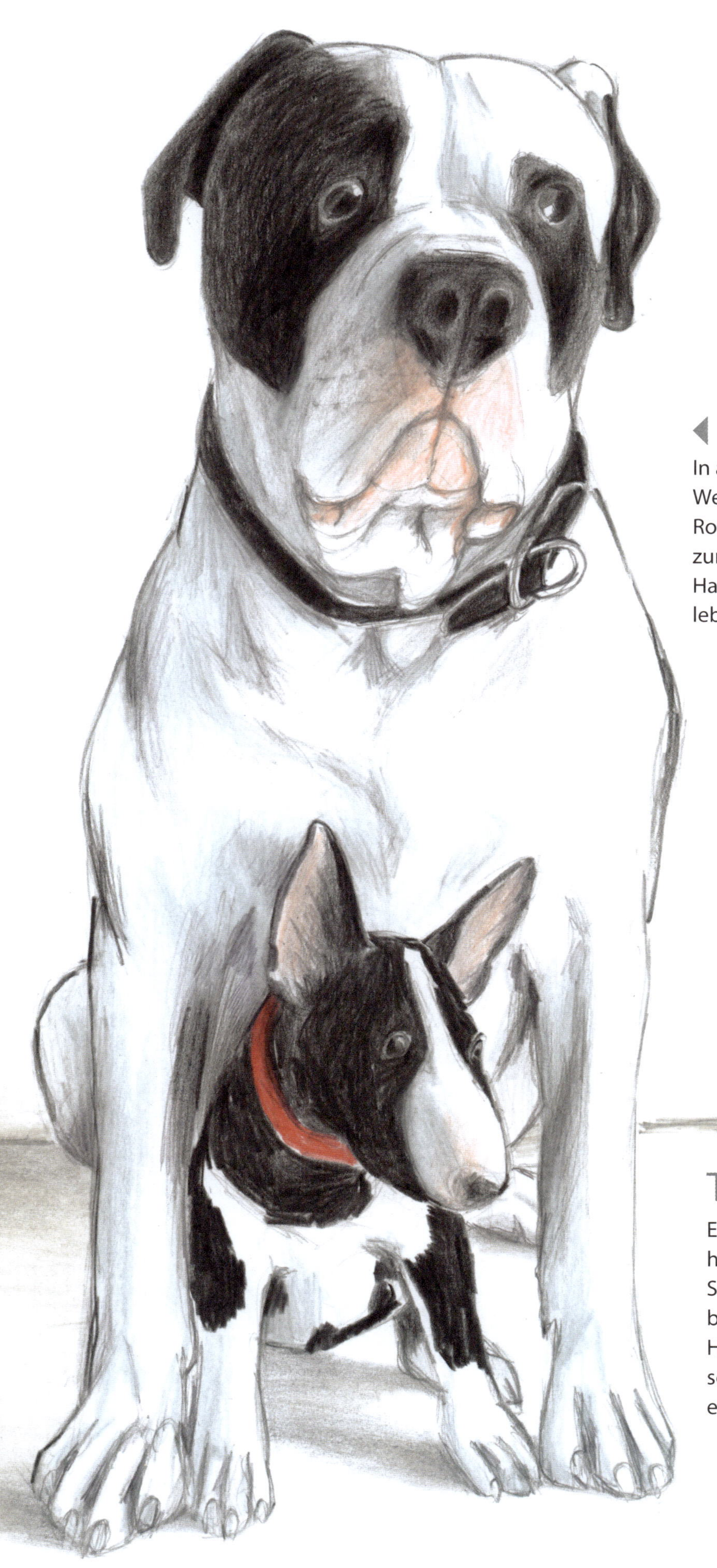

In all dem Schwarz, Grau und Weiß kommt das schwache Rosa an der Schnauze schön zur Geltung. Und das rote Halsband liefert einen belebenden Farbtupfer.

Tipp

Ein schattierter Querstrich hinter den Hunden und die Schatten unter ihnen: Mehr brauchen wir nicht, um die Hunde in den Raum zu setzen und der Zeichnung etwas Tiefe zu geben.

Kurzes Fell siehe auch S. 21 • **Emotionen** S.10

Im Rampenlicht

Weißer Pudel auf weißem Papier? Schwierig. Ohne starke Kontraste würde er sich weniger gut abheben. Erst ein dunkler Hintergrund setzt ihn effektvoll ins Licht. Mit Graphitpulver geht das besonders einfach …

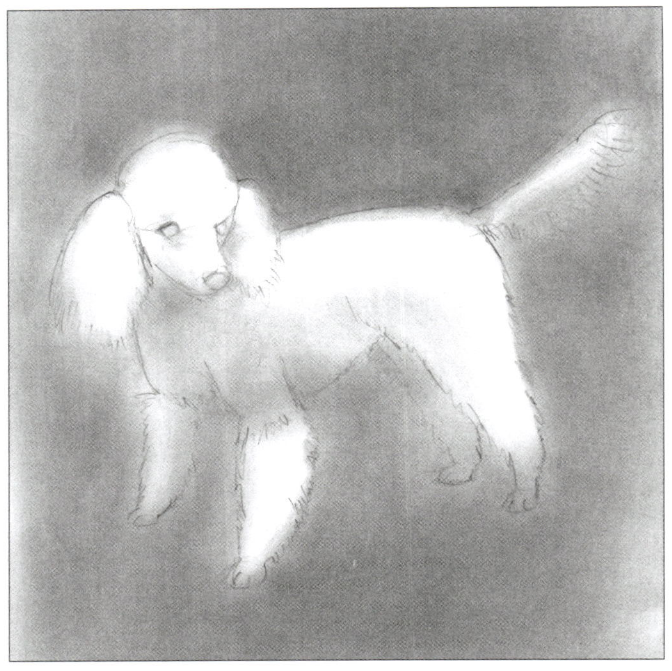

Die ersten drei Schritte:

- mit Bleistift vorzeichnen
- die Konturen locker mit dem fetthaltigen Kohlestift nachzeichnen
- ringsum Graphitpulver verwischen

Für dieses Beispiel brauchen wir neben dem Bleistift einen fetthaltigen Kohlestift, dessen Strich schwärzer ist als Bleistift und besser haftet als übliche Zeichenkohle. Dann Graphitpulver, vom Bleistift abgerieben und mit dem Kosmetiktuch im Hintergrund verwischt. Einen Kunststoffradierer, mit dem wir die Umrisse säubern. Und schließlich wiederum Graphitpulver und den Papierwischer, mit dem wir die Schatten locker ins Fell tupfen. All das zusammen sorgt für eine hübsche Inszenierung mit künstlerischer Note.

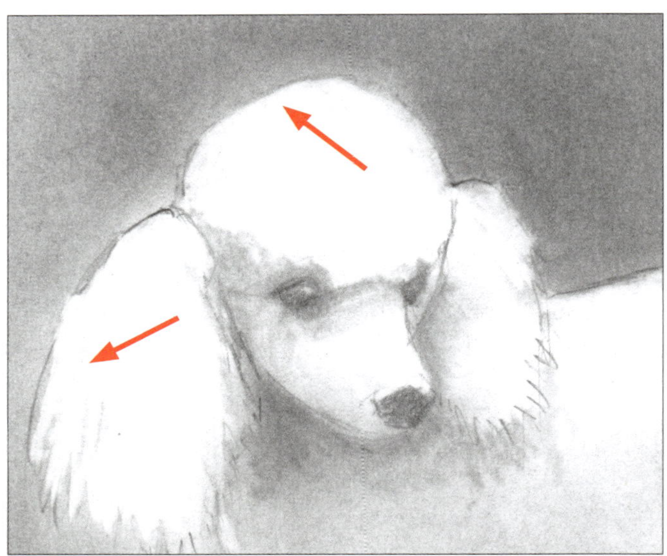

Das überstehende Graphitpulver radieren wir mit dem Kunststoffradierer weg. So säubern wir das Fell von den grauen Resten. Bis auf Augen und Schnauze haben wir eine weiße Fläche in Gestalt eines Pudels.

Fotos: Andreas Springer

In plastische Form kommt der Hund erst mit den Schattierungen. Dafür nehmen wir mit dem Papierwischer Graphitpulver auf und tupfen oder wischen es kurz in die Schattenpartien. Mit diesem kleinen Trick wirkt das Fell nach Pudelart lockig und flauschig.

Tipp

Graphitpulver staubt. Nehmen Sie möglichst wenig davon und pusten Sie den Überschuss nicht weg, sondern klopfen Sie die Zeichnung senkrecht auf einem Schmierpapier ab. So rutscht der Staub vom Zeichenpapier.

Fetthaltiger Kohlestift siehe auch S. 35

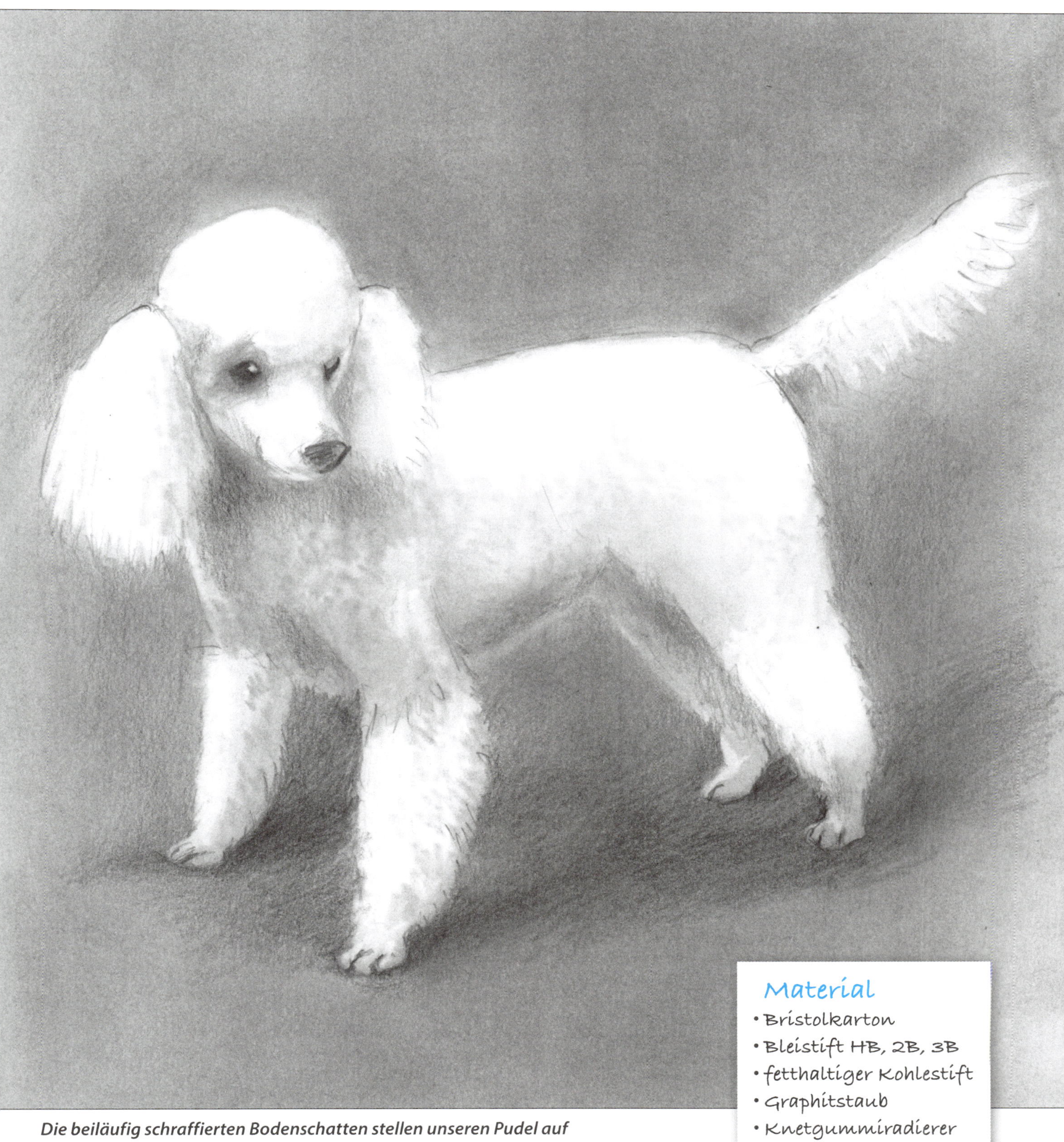

Die beiläufig schraffierten Bodenschatten stellen unseren Pudel auf feste Erde; ohne sie würde er haltlos im leeren Raum schweben.

Material

- Bristolkarton
- Bleistift HB, 2B, 3B
- fetthaltiger Kohlestift
- Graphitstaub
- Knetgummiradierer
- Kunststoffradierer
- Papierwischer
- Kosmetiktuch

Graphitpulver siehe auch S. 6

Hintergründe

Normalerweise zeigen Tierfotos auch mehr oder weniger von der Umgebung. Beim Zeichnen sind wir frei, diesen Vorder- und Hintergrund mitzunehmen, zu verändern oder ihn auszublenden. Soll die Zeichnung nur das Modell oder eine typische Situation zeigen?

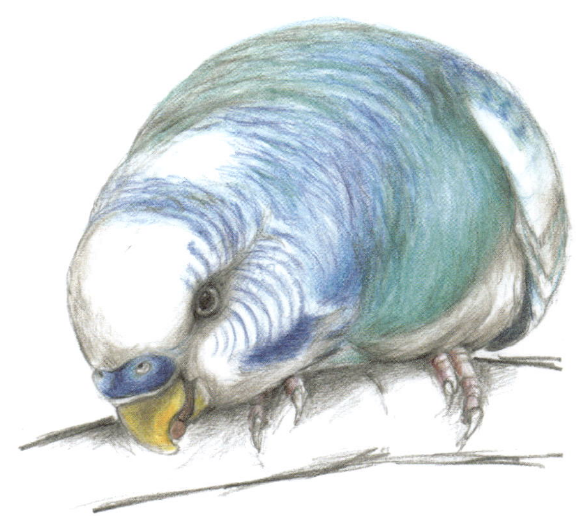

Im Foto sitzt unser Wellensittich auf dem Finger, was in der Zeichnung nicht ganz so gut wirken würde. Lieber setzen wir ihn auf einen mit Bleistift angedeuteten Ast. Ein hübscher Gegensatz zum farbigen, genau gezeichneten Federkleid und eine kleine künstlerische Note.

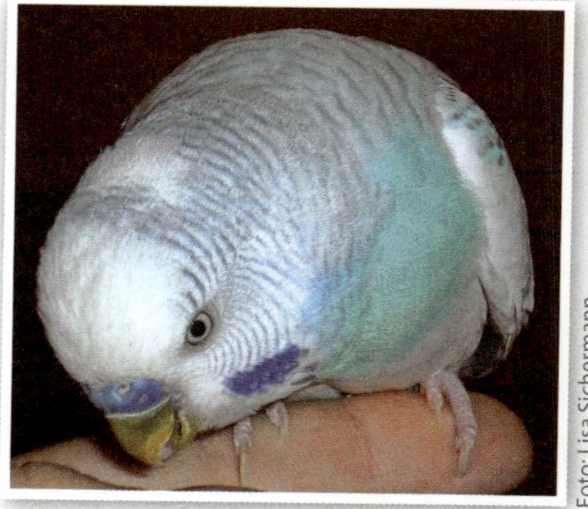

Foto: Lisa Sichermann

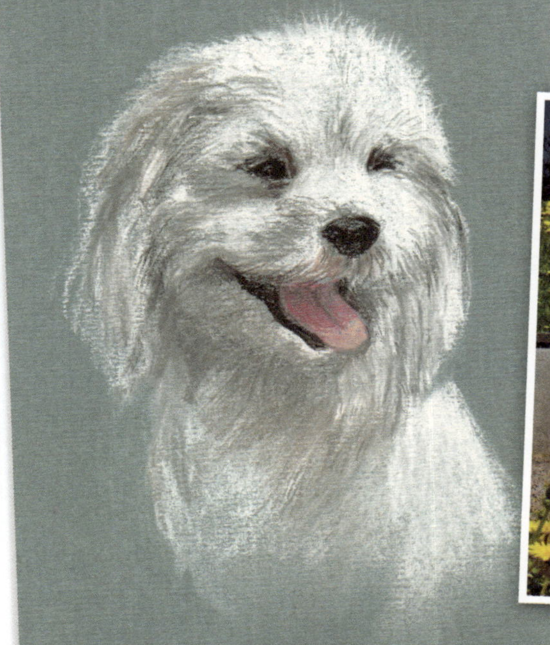

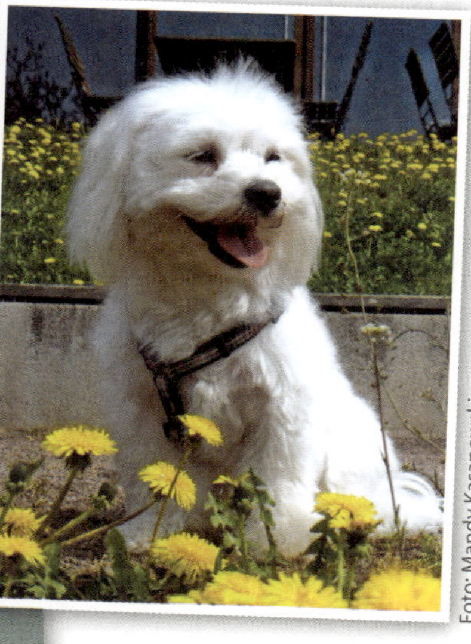

Foto: Mandy Kasanowski

Ein Sonderfall sind Tiere mit weißem Fell auf weißem Papier. Klar, wir könnten sie mit deutlichen Konturen zeichnen. Schöner jedoch wirkt z. B. bei einem weißen Hund ein dunkler Hintergrund.
Das können zum einen ein paar Schraffuren ringsum sein, die oben einen Raum, unten als Schatten den Boden andeuten. Oder wir nehmen gleich einen farbigen Hintergrund.

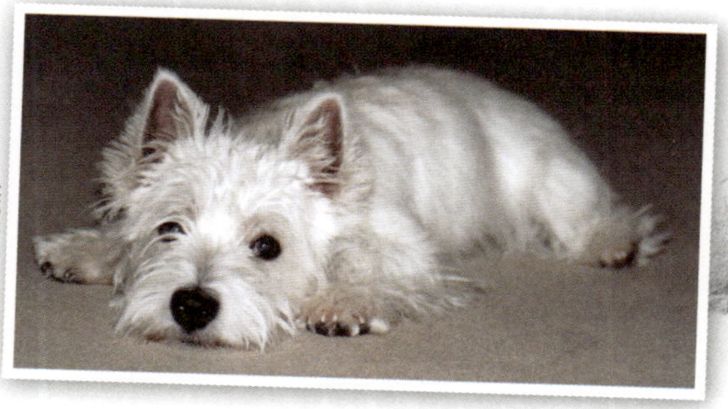

Foto: Claudia Wolff

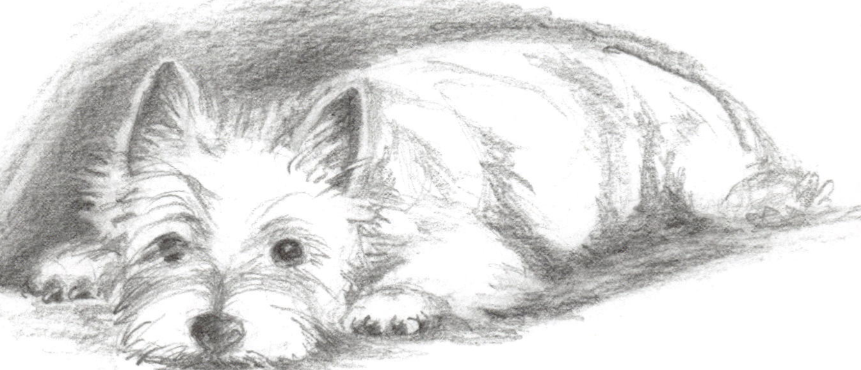

Farbiges Papier siehe auch S. 28, 57, 86

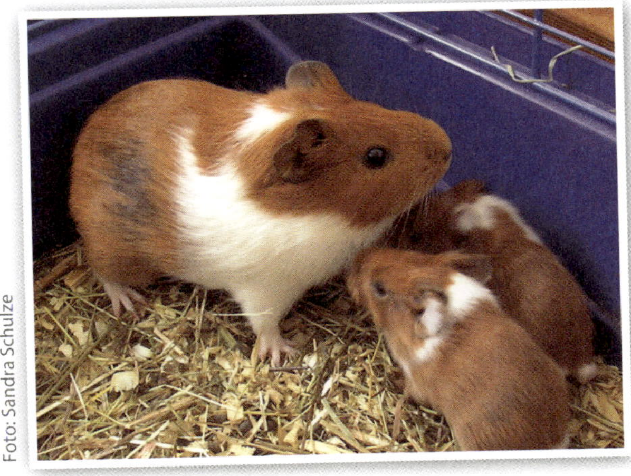
Foto: Sandra Schulze

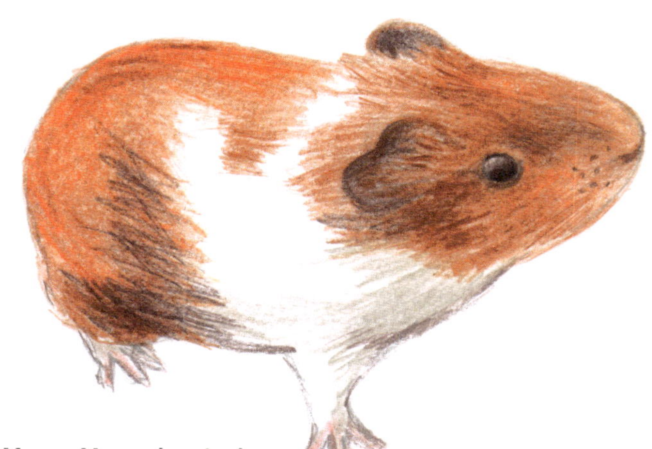

So putzig die ganze Familie ist: In diesem Porträt geht es um Mama Meerschweinchen alleine und ganz ohne Hintergrund. Die Gestalt ist einfach genug, um sie frei nachzuzeichnen und dann mit farbigen Fellstrichen in Form zu bringen.

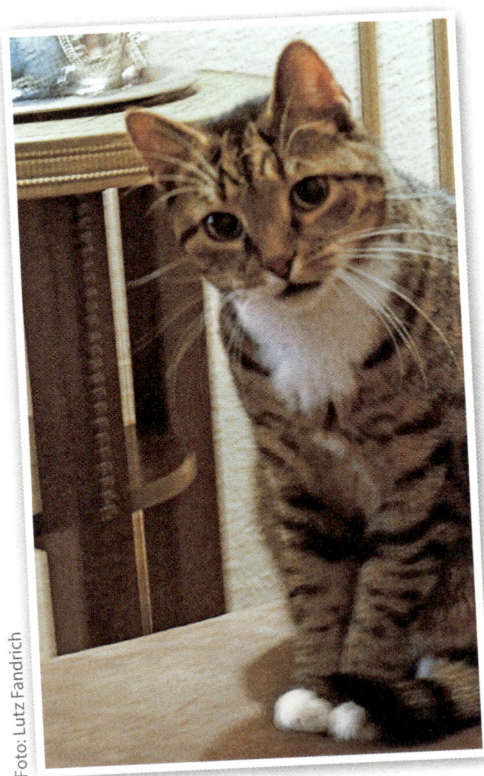
Foto: Lutz Fandrich

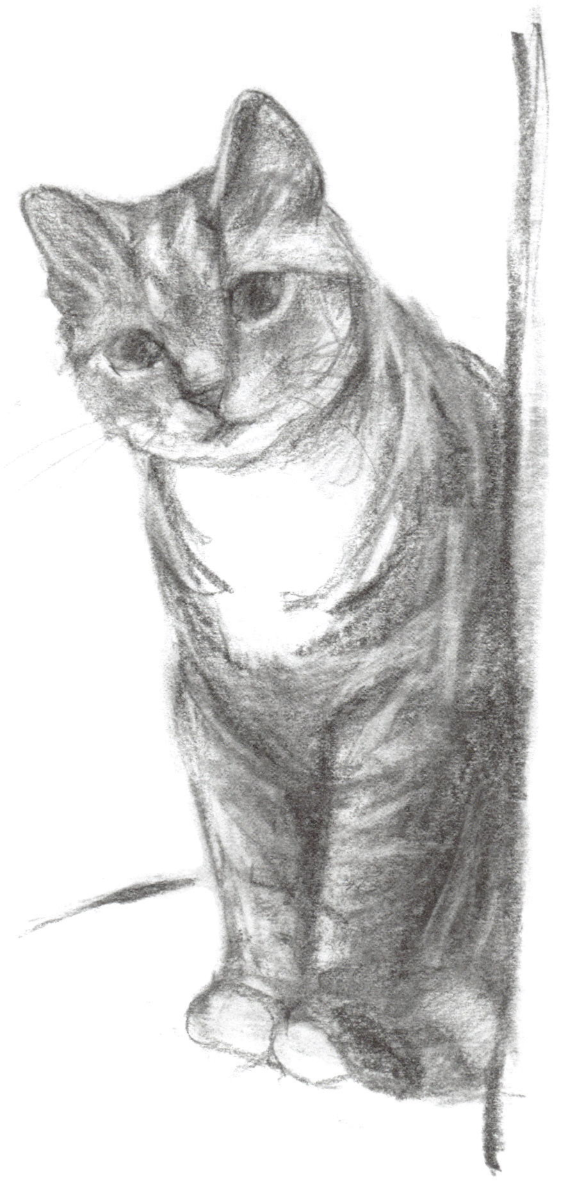

Eine besonders hübsche Pose, per Schnappschuss eingefangen. Die Möbel brauchen wir nicht. Das Drumherum würde eher stören. Hier also mein Vorschlag: Lassen wir die Katze einfach hinter einem kräftigen Strich hervorschauen. Links davon reicht ein Querstrich, um Boden und Wand anzudeuten.

Warum Fotovorlagen? siehe auch S. 8

Flugs skizziert

Mit etwas Übung und beschwingten Strichen erfassen wir die im Grunde einfache Gestalt unserer gefiederten Mitbewohner. Erstaunlich, wie viele interessante Posen sich in schnellen Skizzen zeigen lassen; anfangs mit Unterstützung durch Fotos, später dann immer freier …

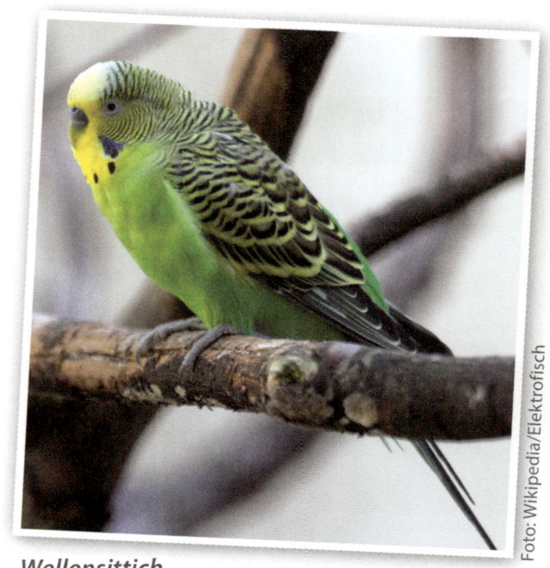

Foto: Wikipedia/Elektrofisch

Wellensittich

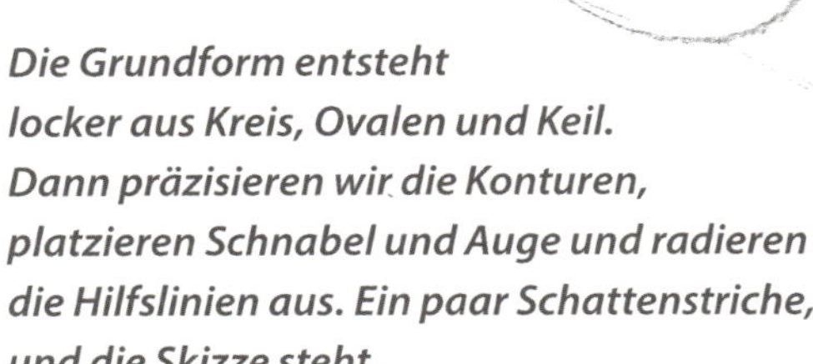

Die Grundform entsteht locker aus Kreis, Ovalen und Keil. Dann präzisieren wir die Konturen, platzieren Schnabel und Auge und radieren die Hilfslinien aus. Ein paar Schattenstriche, und die Skizze steht.

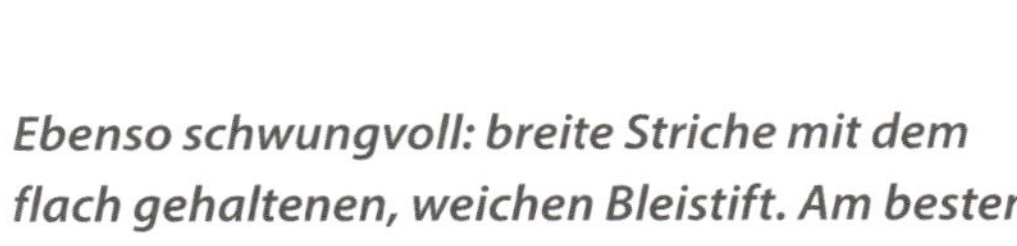

Ebenso schwungvoll: breite Striche mit dem flach gehaltenen, weichen Bleistift. Am besten skizzieren wir die gleiche Pose mehrmals.

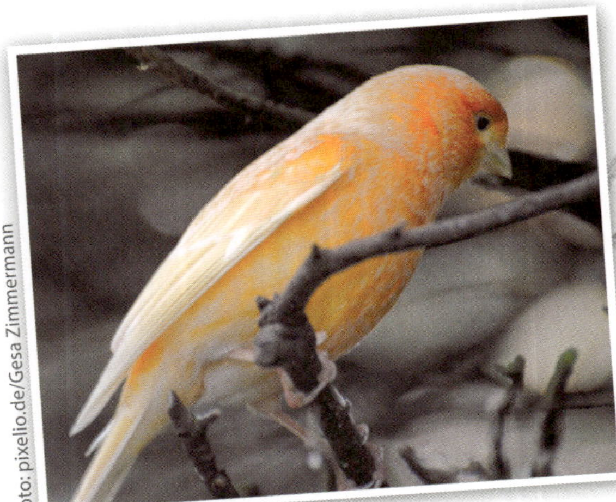

Foto: pixelio.de/Gesa Zimmermann

Kanarienvogel

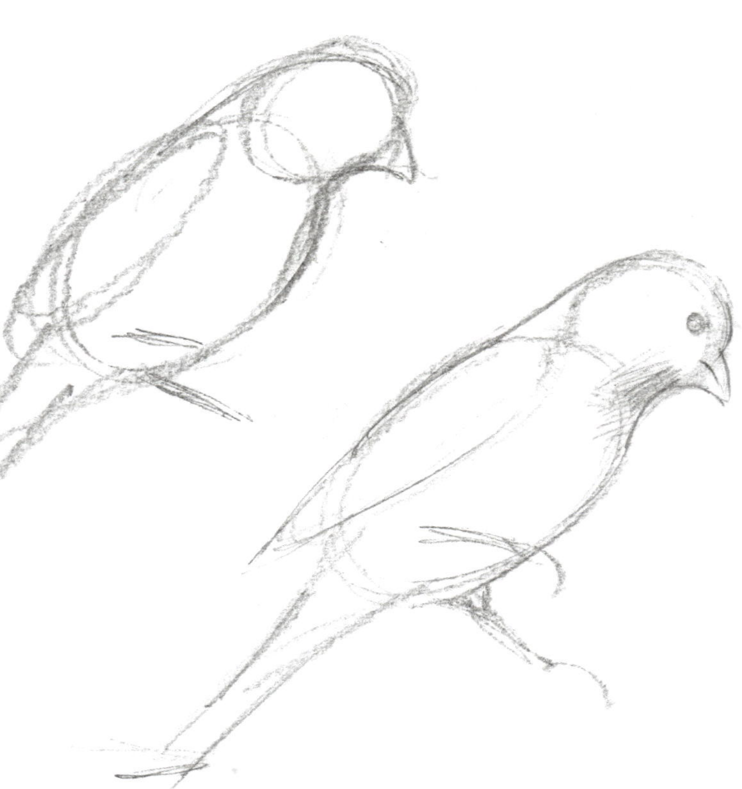

Skizzen siehe auch S. 18, 72

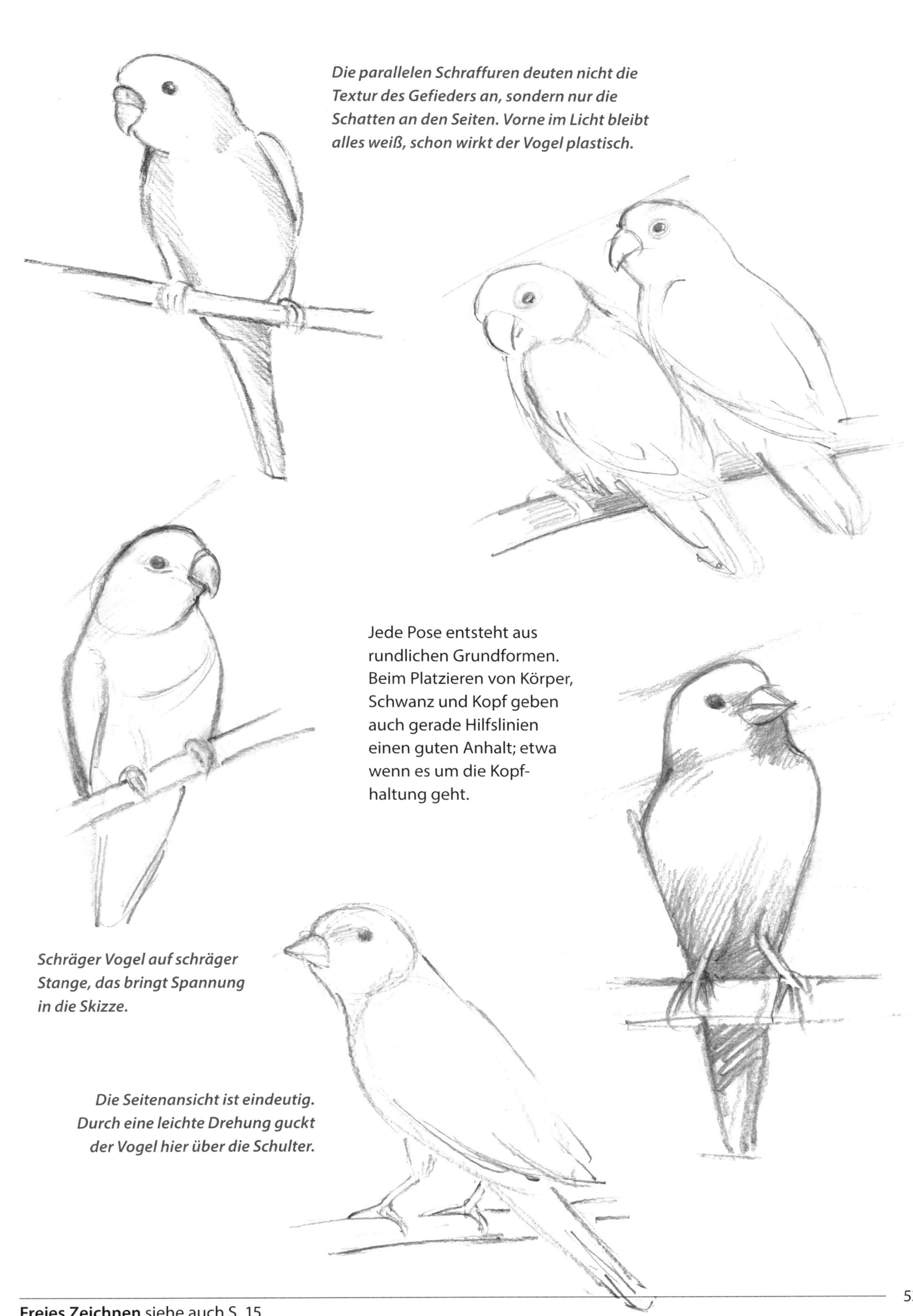

Die parallelen Schraffuren deuten nicht die Textur des Gefieders an, sondern nur die Schatten an den Seiten. Vorne im Licht bleibt alles weiß, schon wirkt der Vogel plastisch.

Jede Pose entsteht aus rundlichen Grundformen. Beim Platzieren von Körper, Schwanz und Kopf geben auch gerade Hilfslinien einen guten Anhalt; etwa wenn es um die Kopfhaltung geht.

Schräger Vogel auf schräger Stange, das bringt Spannung in die Skizze.

Die Seitenansicht ist eindeutig. Durch eine leichte Drehung guckt der Vogel hier über die Schulter.

Freies Zeichnen siehe auch S. 15

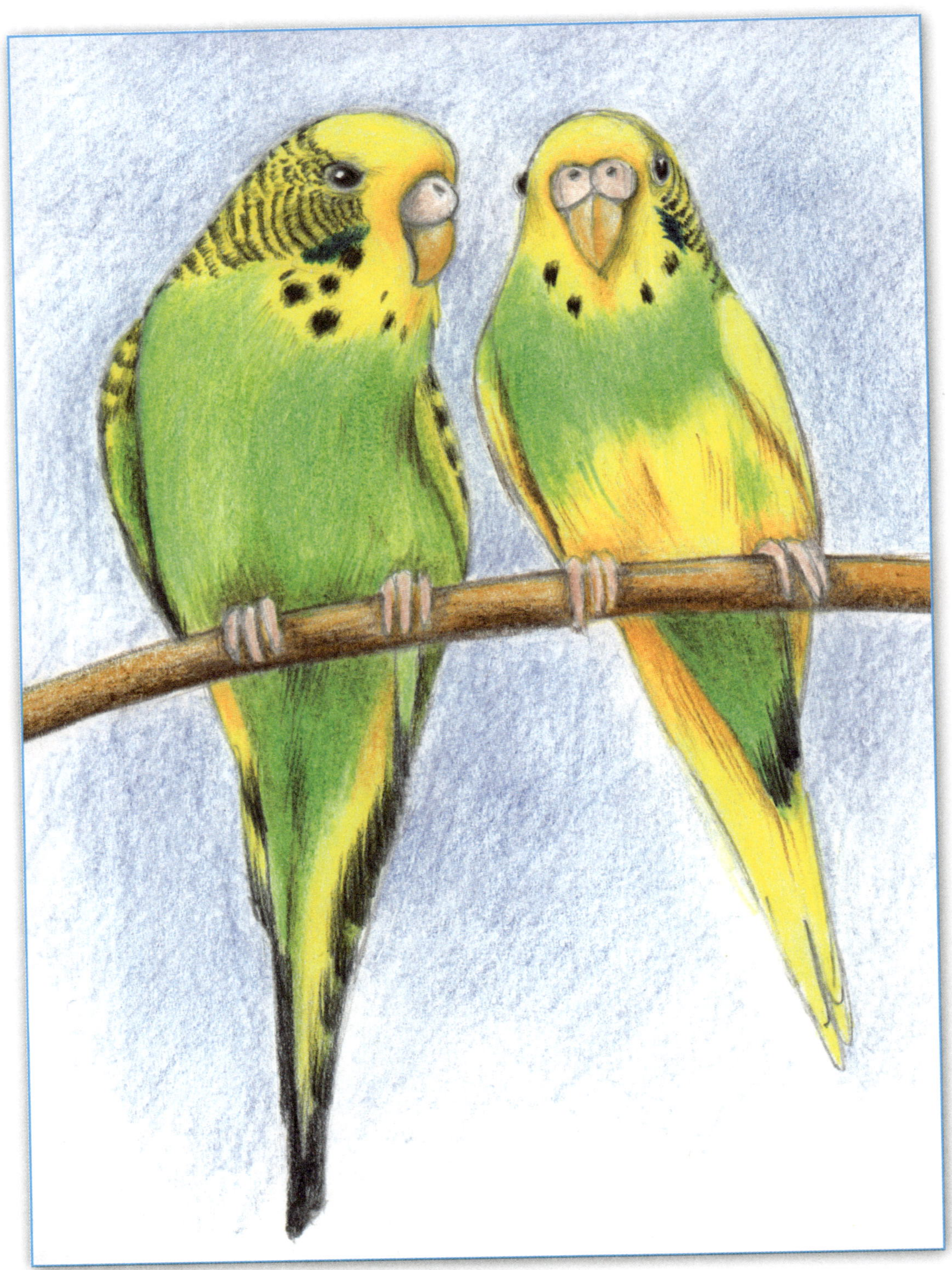

Zweisamkeit

Leuchtende Farben, feine Muster und sanfte Verläufe im zart modellierten Federkleid: In dieser naturalistischen Farbstiftzeichnung zeigen sich unsere Wellensittiche in himmlischer Zweisamkeit.

Schraffurschichten siehe auch S. 38, 63

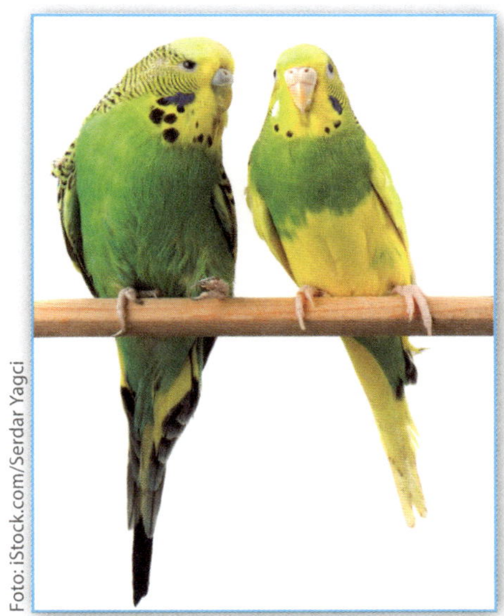

Foto: iStock.com/Serdar Yagci

Unser Pärchen als Vorbild

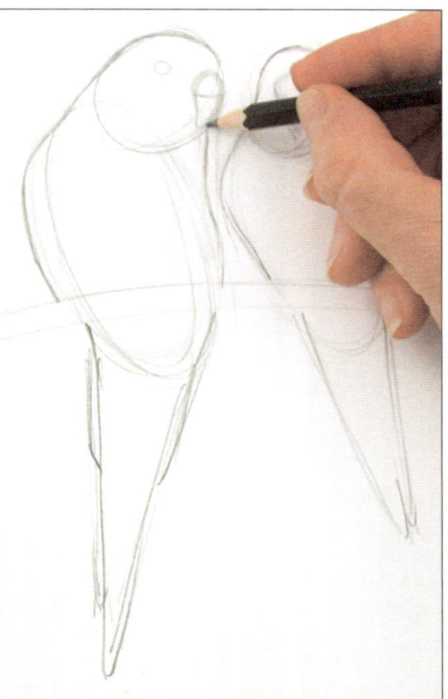

Hier beim Abzeichnen helfen Skizzen mit den Grundformen wie Ovale und Kreise. Dann sieht man gleich, ob die Proportionen stimmen.

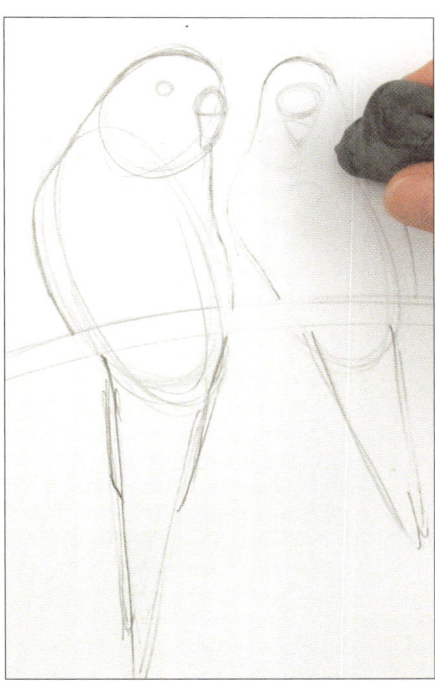

Mit dem Knetgummiradierer entfernen wir die Hilfslinien und schwächen die Linien ab, damit sie in der hellen Farbzeichnung nicht hervortreten.

Das alles ist einfacher, als es vielleicht aussieht. Doch zum einen sind die Formen so schlicht, dass die Vorzeichnung auch beim freien Zeichen gut gelingen kann. Zum anderen bauen wir das Federkleid Schritt für Schritt in lasierenden Schichten auf, wobei wir kaum Fehler machen können.
Die Effekte stellen sich von selbst ein, wenn wir die Flächen zunächst hell grundieren. Beim sanften Aufstricheln immer dunklerer Töne entstehen zarte Abstufungen und Übergänge von Licht zu Schatten. Dabei leuchtet der helle Untergrund durch, was den Farbauftrag lebendig und das Gefieder füllig wirken lässt.
Alles schön nach Vorbild; erfunden ist nur der Schwung in der Sitzstange und der himmelblaue Hintergrund.

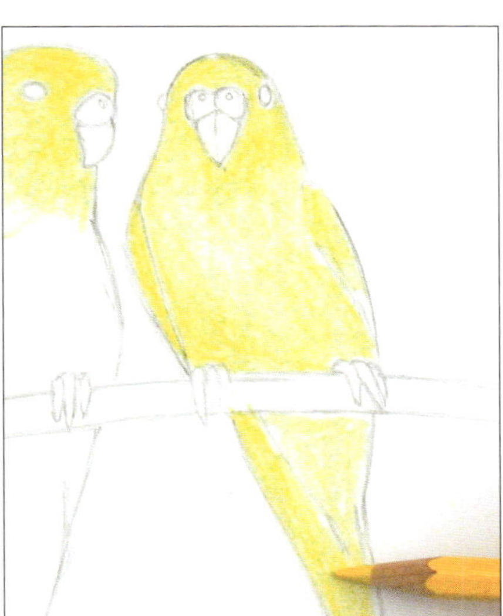

Krallen, Auge und Schnabel ausgenommen, grundieren wir alles mit dem flach gehaltenen gelben Farbstift.

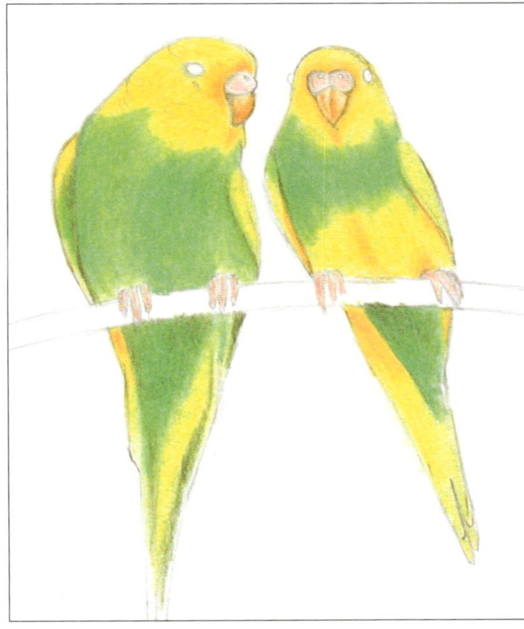

Die grünen flächigen Schraffuren decken die Grundierung nicht ganz ab, damit das Gelb durchschimmern kann. Mit dem Farbstift in Ocker ziehen wir einige Konturen nach. Sie wirken wie Schattenstriche und bringen unsere Sittiche schon ein wenig in plastische Form.

Material

- glattes Zeichenpapier
- Bleistift HB
- Knetgummiradierer
- Farbstifte (siehe Seitenrand)

Freies Zeichnen siehe auch S. 15

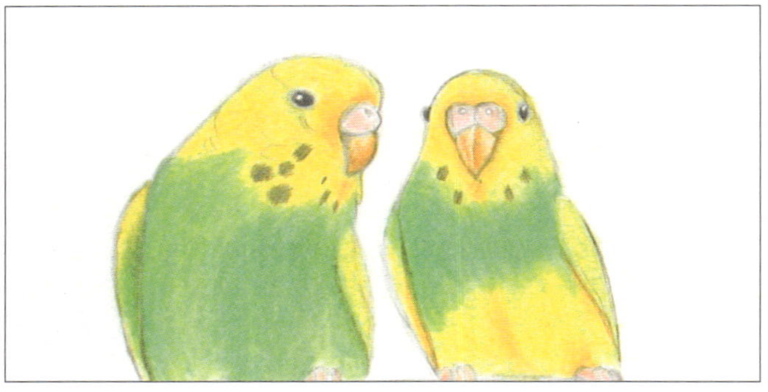

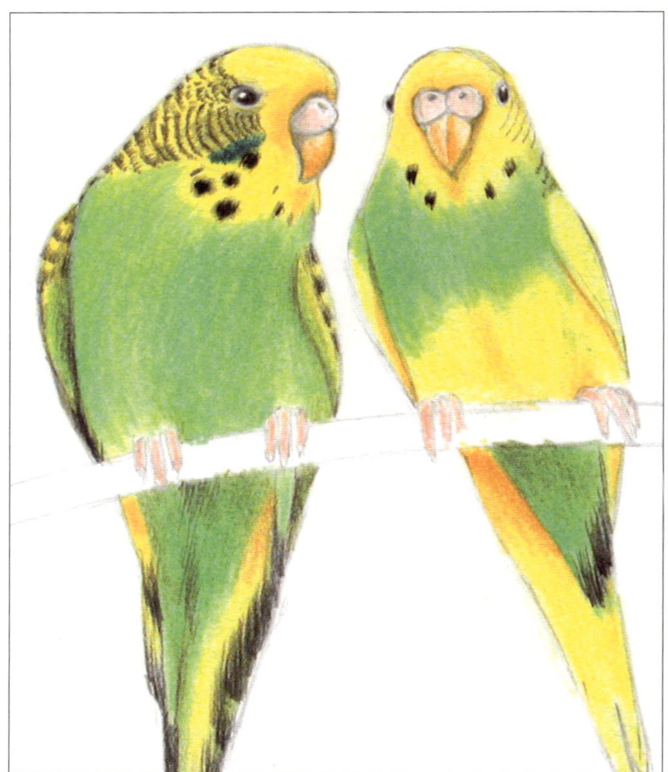

Die Augen zeichnen wir schwarz mit ausgespartem Glanzlicht. Für das Wellenmuster am Hinterkopf zeichnen wir zuerst Linien (siehe Vogel rechts) und stricheln entlang dieser die Federn. Das Muster schmiegt sich an den Kopf, modelliert ihn und lässt ihn schön plastisch erscheinen. Den Schnabel zeichnen wir in Ocker und Rosa. Zuletzt ergänzen wir die Federn mit dunklen Rändern. Dabei ziehen wir den Stift vom Rand nach innen ins Gelbe.

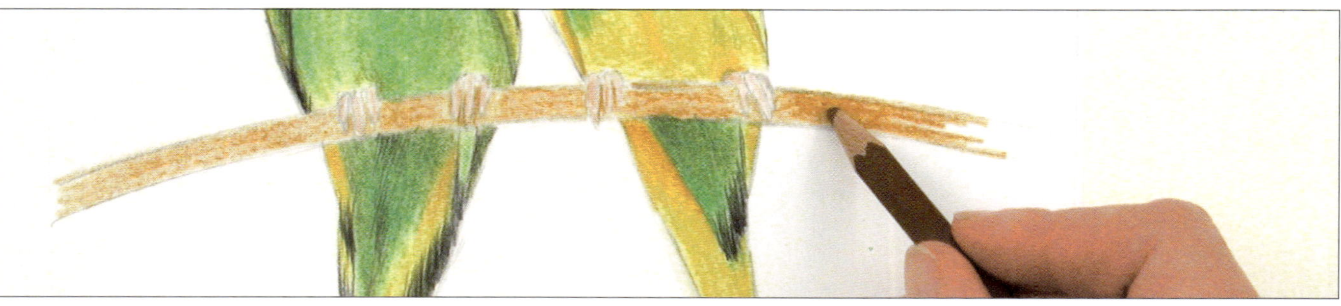

Nun zeichnen wir noch schwungvoll das Ästchen: hell grundieren, dunkel schattieren.

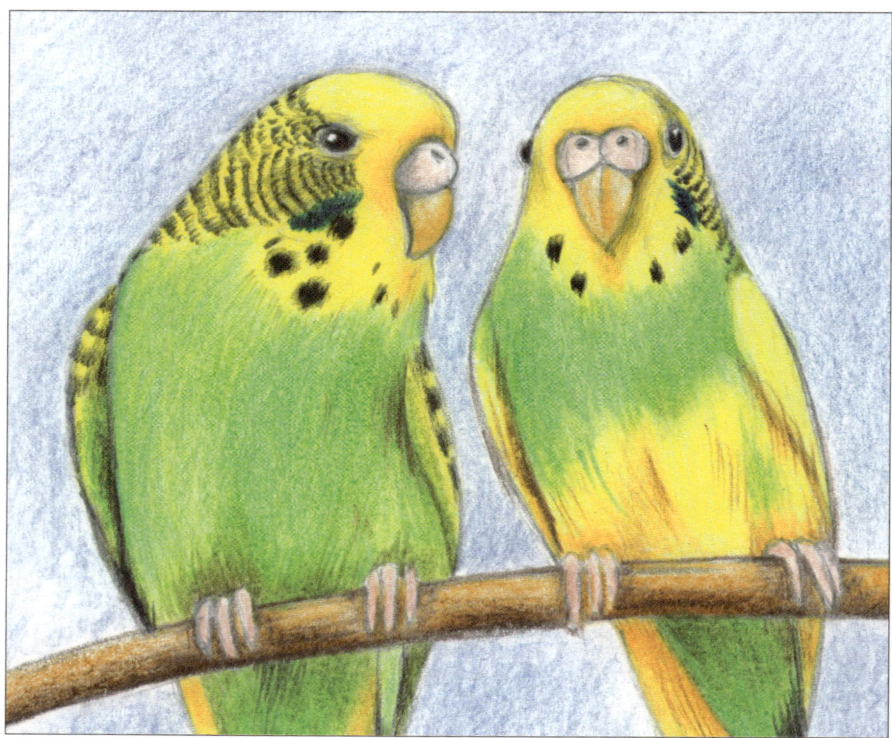

Den Hintergrund färben wir schwach himmelblau. Trautes Pärchen in luftiger Höhe!

Hintergrund andeuten siehe auch S. 78

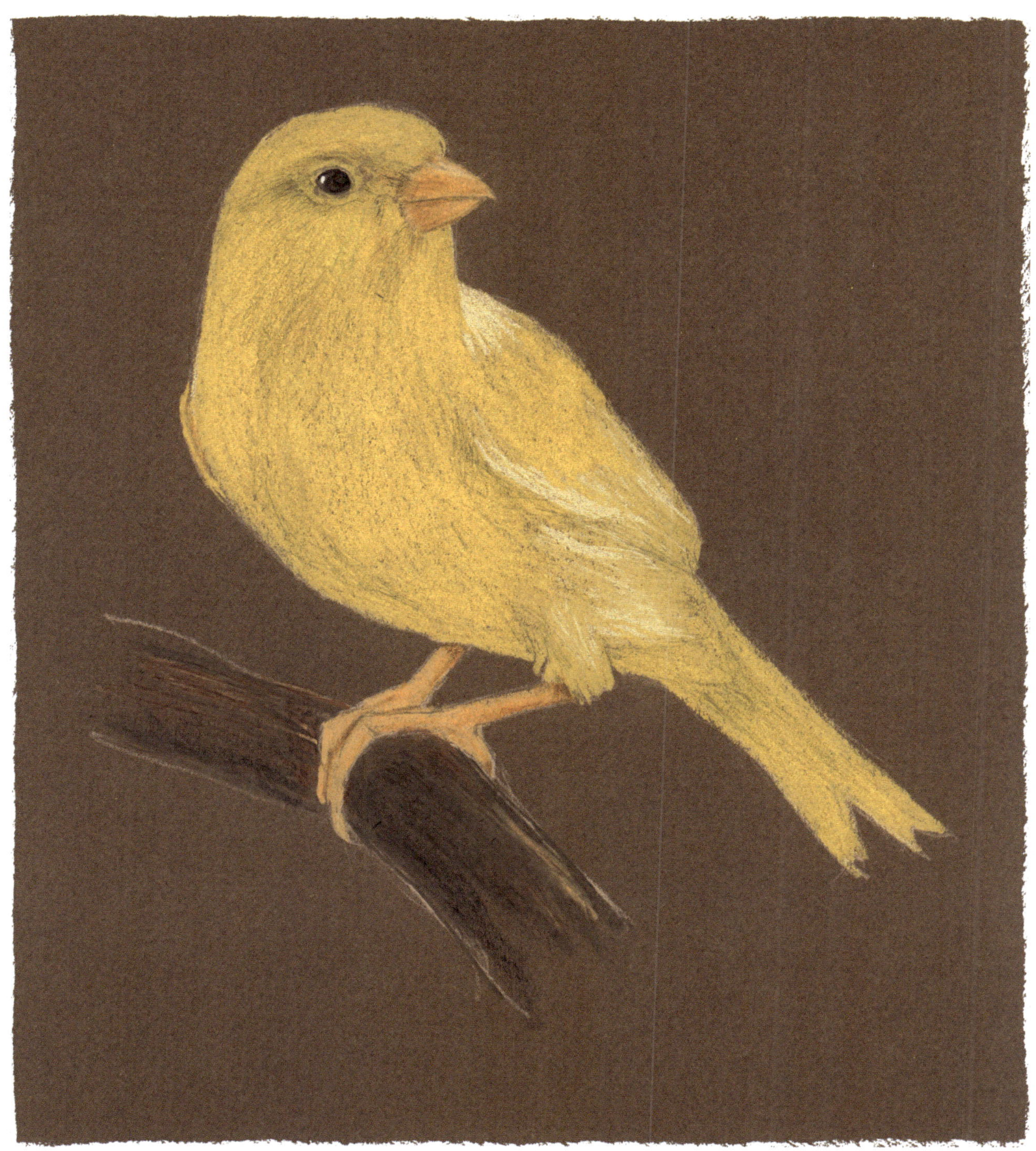

Kanarienvogel

Farbstift, ein wenig Bleistift und ein Tupfer Deckweiß, und all dies auf rustikalem Pastellpapier: Das bringt den hübschen Vogel auf ungewöhnliche Weise zur Geltung – und macht das Zeichnen recht einfach.

Material

- Pastellpapier in Braun
- Durchpauspapier, weiß
- Bleistift 2H
- Farbstifte (siehe Seitenrand nächste Seite)
- Deckweiß/Pinsel

Farbiges Papier siehe auch S. 29, 50, 86

Auf dunklem Papier lassen sich die Konturen nicht mit Transparentpapier und Graphit übertragen. Für diesen Zweck gibt es jedoch ein Spezialpapier mit einer Farbschicht auf der Rückseite, ähnlich wie das Blaupapier aus den Zeiten der Schreibmaschine. Man legt das Blatt zwischen Zeichenpapier und Fotovorlage und zeichnet die Konturen z. B. mit einem leeren, ausgeschriebenen Kugelschreiber oder einem ganz harten Bleistift nach. Die Linien drücken sich als Vorzeichnung auf das Zeichenpapier durch. Dieses Durchpauspapier gibt es in Grau, Weiß und auch in anderen Farben.

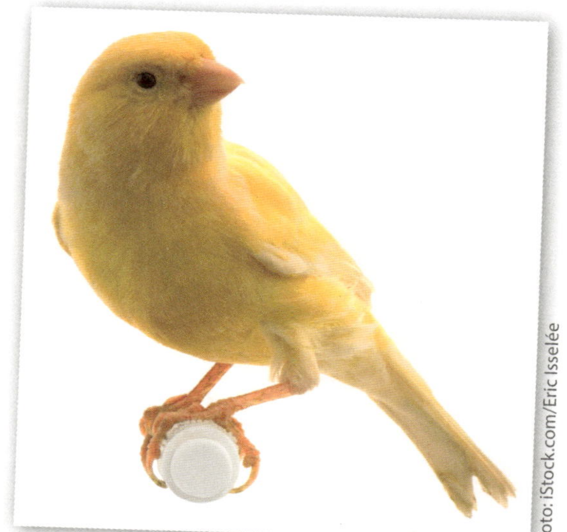

Foto: iStock.com/Eric Isselée

Im Foto sitzt der Kanarienvogel auf einer Plastikstange, in der Zeichnung auf einem Zweig. Das passt besser zu ihm.

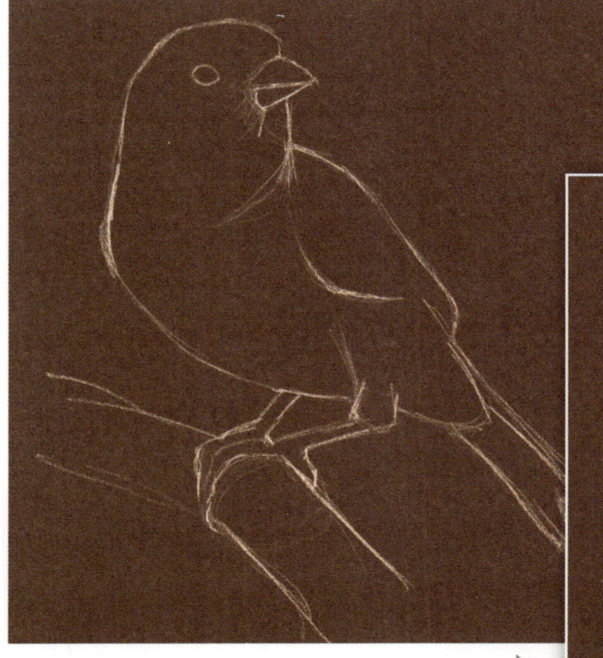

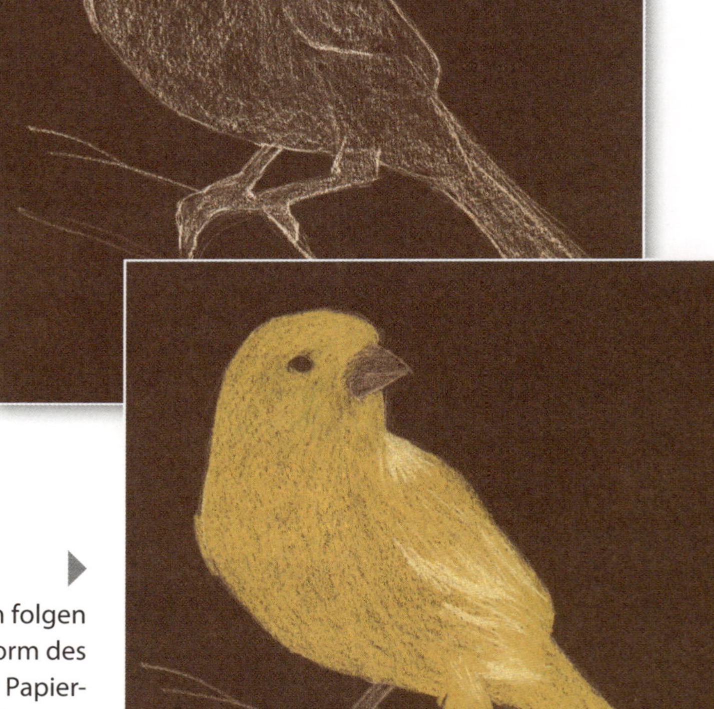

Die Vorzeichnung in Weiß auf Dunkelbraun: entweder direkt mit weißem Durchpauspapier durchgepaust oder frei mit dem weißen Farbstift gezeichnet. Den Vogel grundieren wir schwach mit dem weißen Farbstift.

Die lang gezogenen, gelben Schraffuren folgen der Richtung der Federn und damit der Form des Vogels. Hier scheint nun beides durch: die Papierfarbe ebenso wie die weiße Grundierung.

Weißes Durchpauspapier siehe auch S. 13 (Tipp)

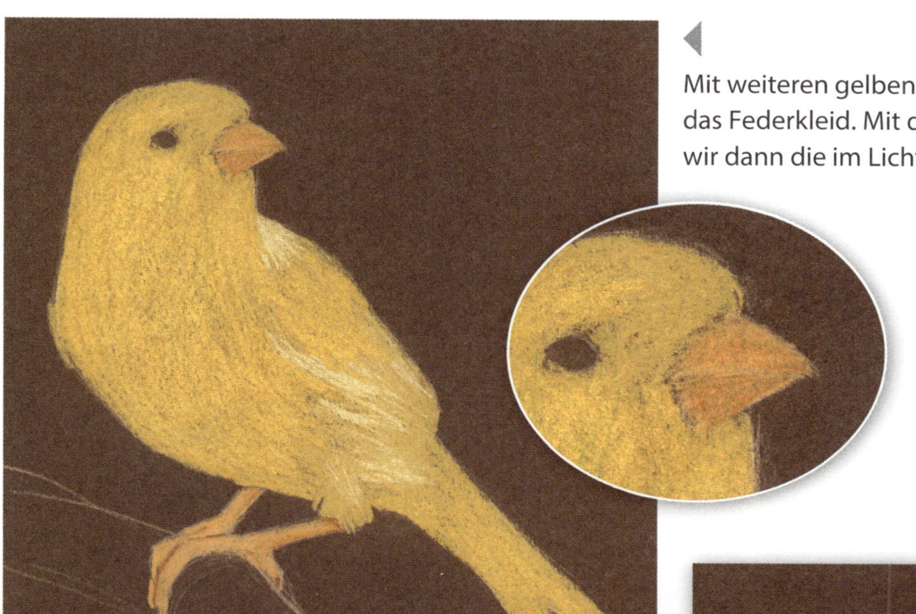

Mit weiteren gelben Schraffuren verdichten wir das Federkleid. Mit dem weißen Farbstift hellen wir dann die im Licht liegenden Partien auf.

Der orange gestrichelte Schnabel wird mit dem Papierwischer geglättet, ebenso die Krallen.

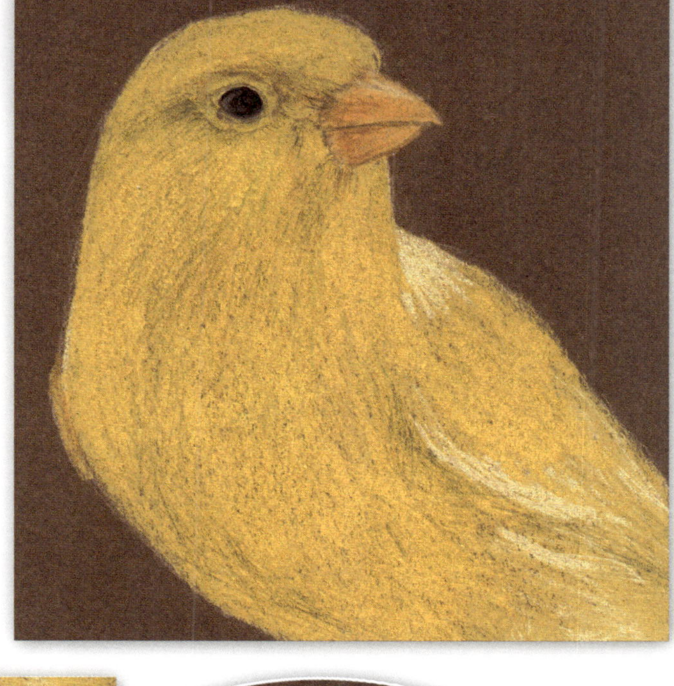

Die Schattenpartien der Federn dunkeln wir mit dem ockerfarbenen Farbstift sowie mit dem Bleistift 2H nach. Das Auge zeichnen wir schwarz.

Wir setzen unseren Vogel nicht auf einen Kunststoffstock wie im Foto, sondern sozusagen als Naturburschen auf einen Ast. Den Grundton dafür liefert ohnehin das Papier, und der Rest sind ein paar Licht- und Schattenstriche in Weiß, Ocker und Dunkelbraun.

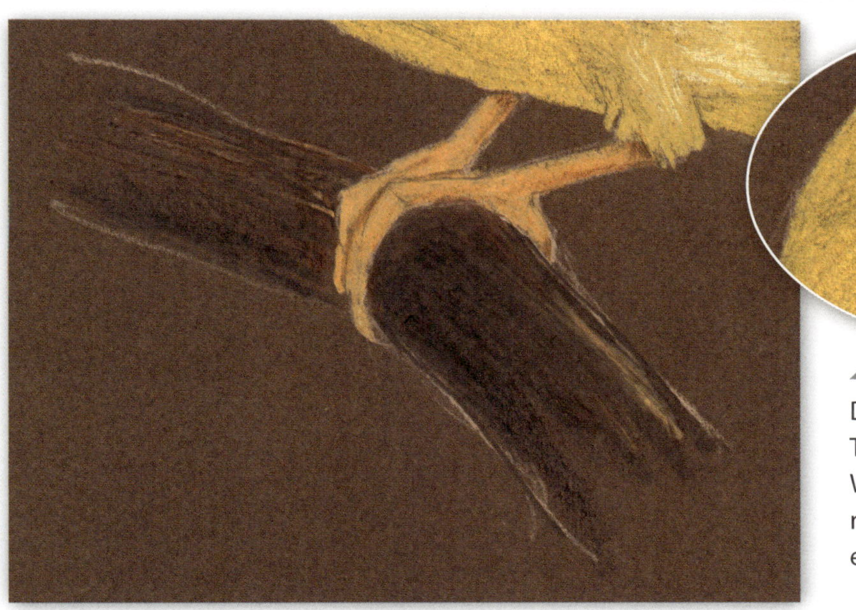

Das Glanzlicht braucht einen kleinen Trick. Aussparen geht ja nicht, und das Weiß vom Farbstift würde das Braun niemals so kraftvoll abdecken. Da hilft ein Pinseltupfer mit Deckweiß.

Bleistifthärten siehe auch S. 4

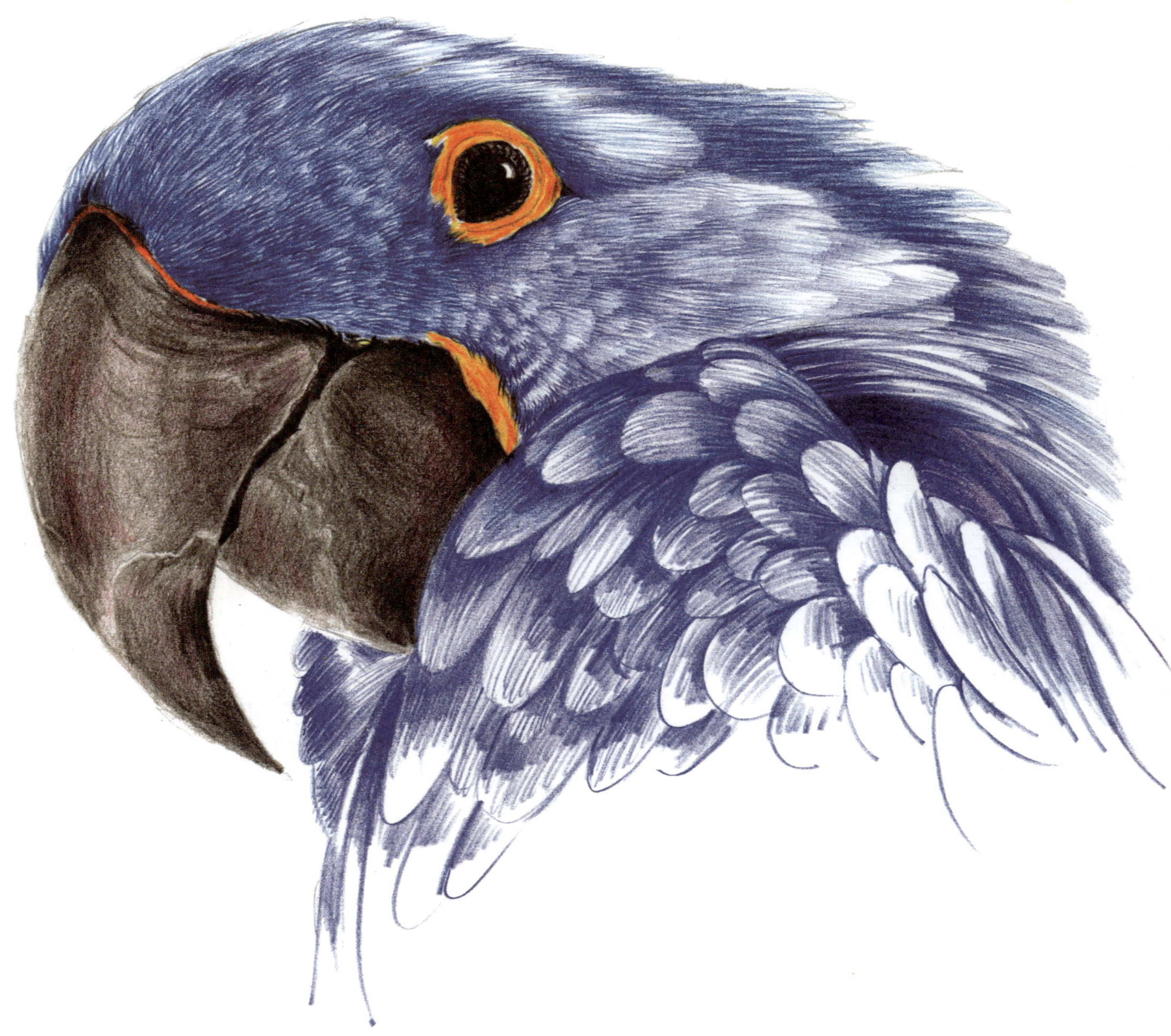

Papagei

Strich für (Feder-)Strich tritt uns der Papagei plastisch gefiedert entgegen: eine feine Sache für den Farbstift. Dabei nehmen wir uns die kreative Freiheit, ihn nicht ganz fertig zu zeichnen. So bekommt das Porträt auch einen künstlerischen Charakter.

Material

- Zeichenpapier, glatt
- Bleistift 2B, 3B
- Farbstifte (siehe Seitenrand)
- Knetgummiradierer

Schraffurschichten siehe auch S. 38, 63, 54

Das alles ist einfacher, als es vielleicht aussieht. Denn die Vorzeichnung zeigt ziemlich genau, wie und wo es mit den Farbstrichen sozusagen langgeht. Die Ausarbeitung ist eine Frage der Sorgfalt. Zwar ist unser Papagei nicht so farbenfroh wie andere seiner Art, doch gerade das einheitliche Blau zeigt schön, wie effektvoll Licht, Schatten und Federstrich den Charakterkopf modellieren. Das Orange bringt nicht nur von Natur aus fröhliche Farbtupfer ins Bild. Als Komplementärfarbe steigert es auch die Wirkung des Blautons.

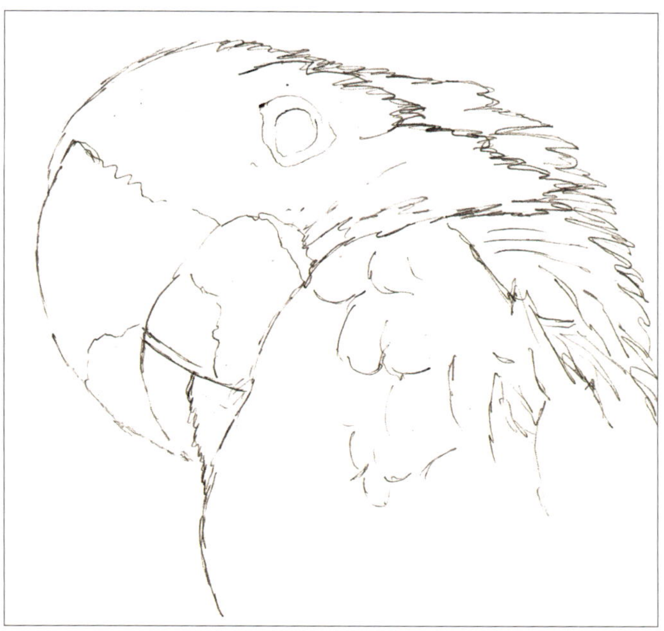

▲ Die Vorzeichnung mit dem Bleistift HB zeigt auch die Lage und Art der Federn: hinten ausgefranst, an der Schulter schuppenförmig, oben am Kopf glatt und kurz.

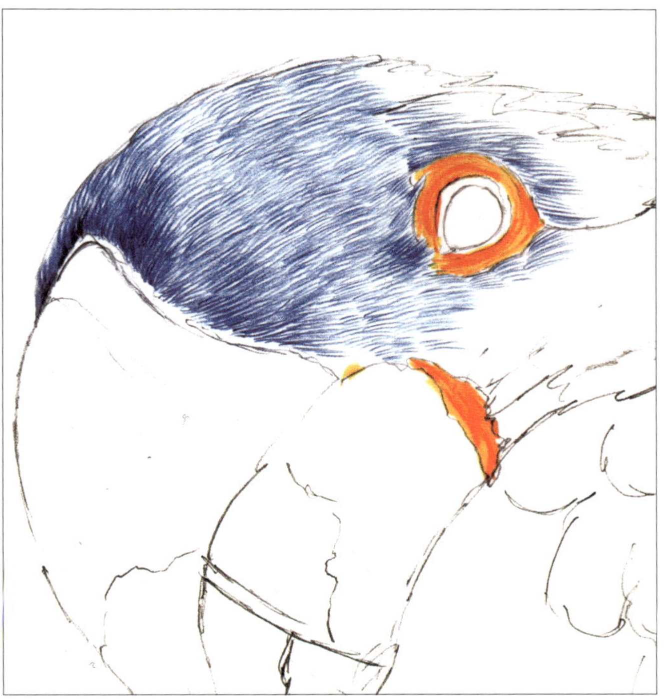

◀ Oben am Kopf stricheln wir die Federn mit kurzen, feinen Strichen von vorne nach hinten mit dem gut angespitzten Farbstift. Die Schatten werden mit dem stumpfen Stift überzeichnet und verdichtet. Die Augenringe und der Schnabelansatz leuchten in Orange hervor.

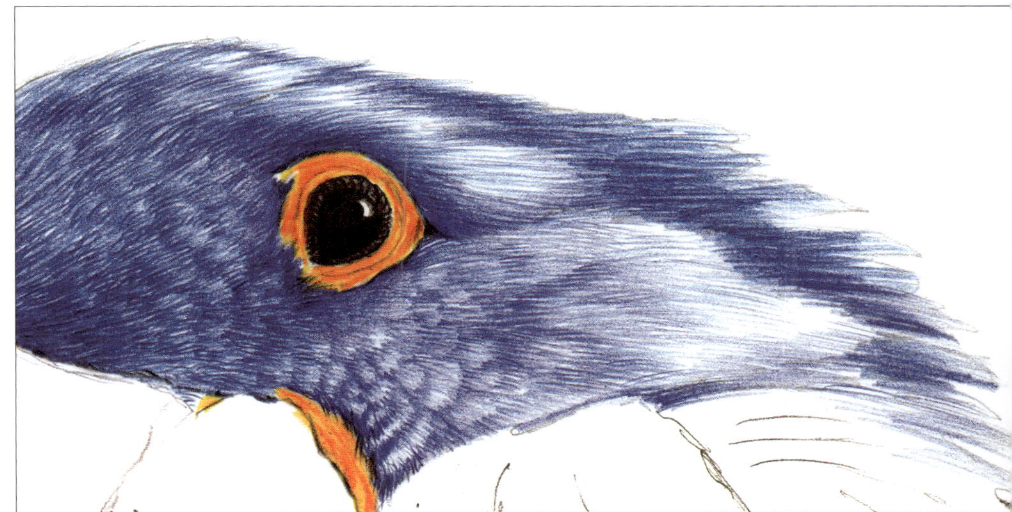

▶ Die Federstriche schmiegen sich an die Kopfform. Hinten fransen die Federn aus. Oben im Licht sind sie hell und locker, rings um das Auge dicht und dunkel und modellieren so die Augenhöhle. Zum Nacken hin liegen die Federn schon schuppenartig übereinander. Beim schwarzen Ausmalen des Auges bleibt das kleine Glanzlicht stehen.

Glanzlichter im Fell siehe auch S. 24, 33

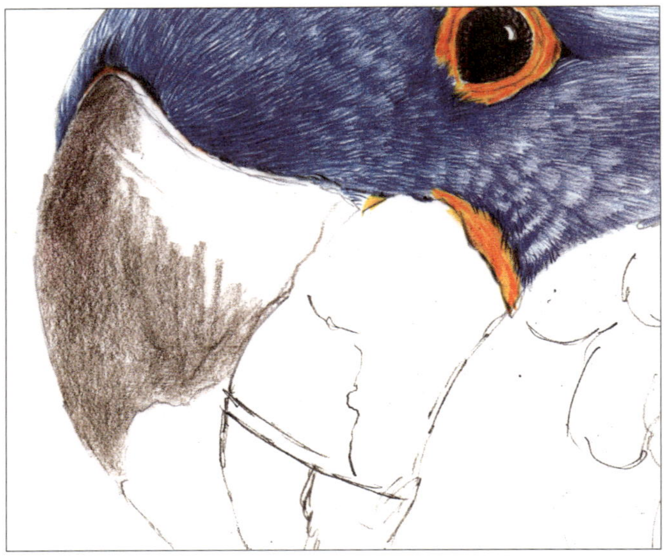

Anders als die Federn erhält der Schnabel mit breiten Schraffurstrichen (Mine flach anlegen) eine möglichst einheitliche Oberfläche, d. h. erst alles gleichmäßig grundieren …

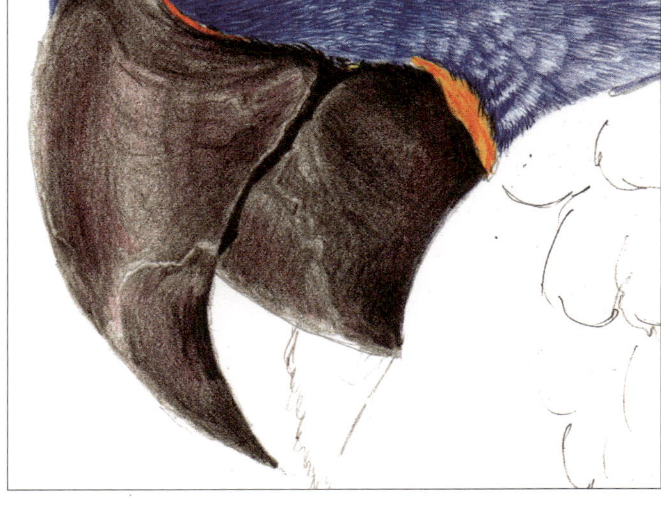

… und dann in den Schattenpartien kräftig überzeichnen. Die lichten Bereiche wölben den Schnabel, die hellen, unregelmäßigen Linien geben ihm eine natürliche Horntextur.

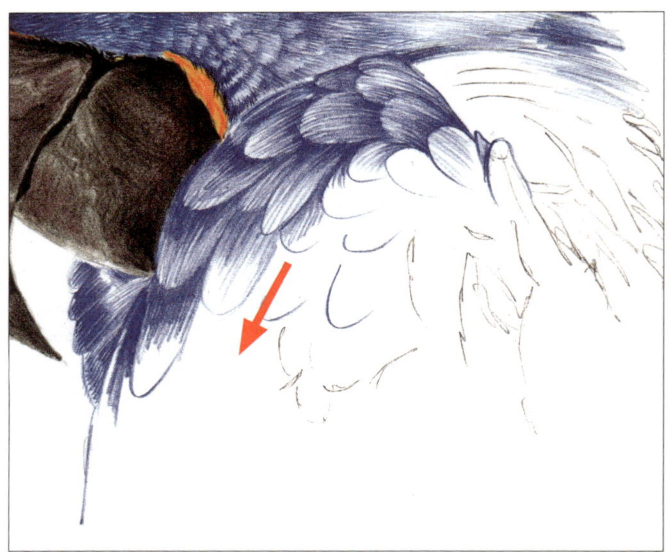

Die großen Federn arbeiten wir mit dem gespitzten Stift heraus. Wir ziehen die Bleistiftlinien der Vorzeichnung blau nach. Dann schraffieren wir die Federn in kurzen Schwüngen (siehe Pfeil). Vorne laufen die Striche hell aus.

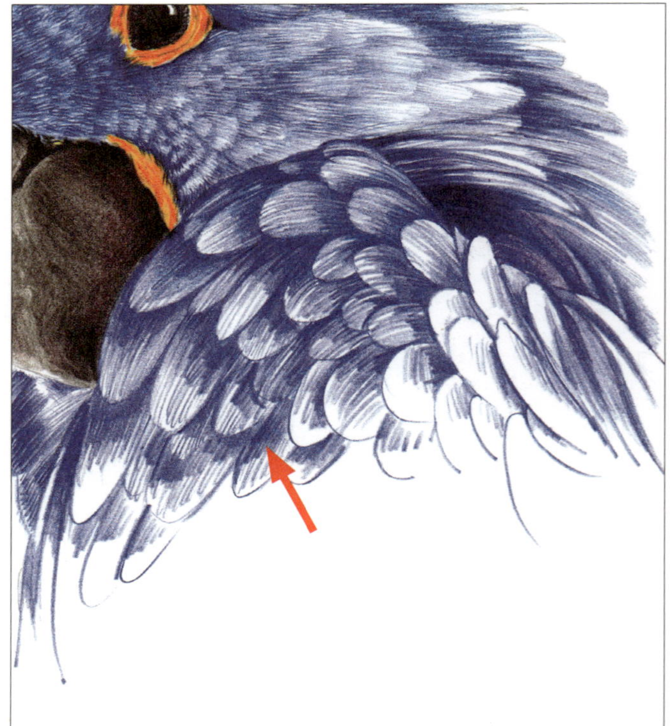

Durch die Schatten in den Federn (siehe Pfeil) liegen sie schön plastisch übereinander. Unten werden die Federn nur noch mit lockeren Konturen angedeutet.

Formschraffur siehe auch S. 42

Pfirsichköpfchen

Der Name ist für diesen Kleinpapagei durchaus Programm: flauschige, weiche Farbverläufe von Orange, Grün und Gelb. Eine kühne Kombination von Farben, die in der Natur erstaunlich harmonisch wirkt. Und hier in einer realistischen Farbstiftzeichnung.

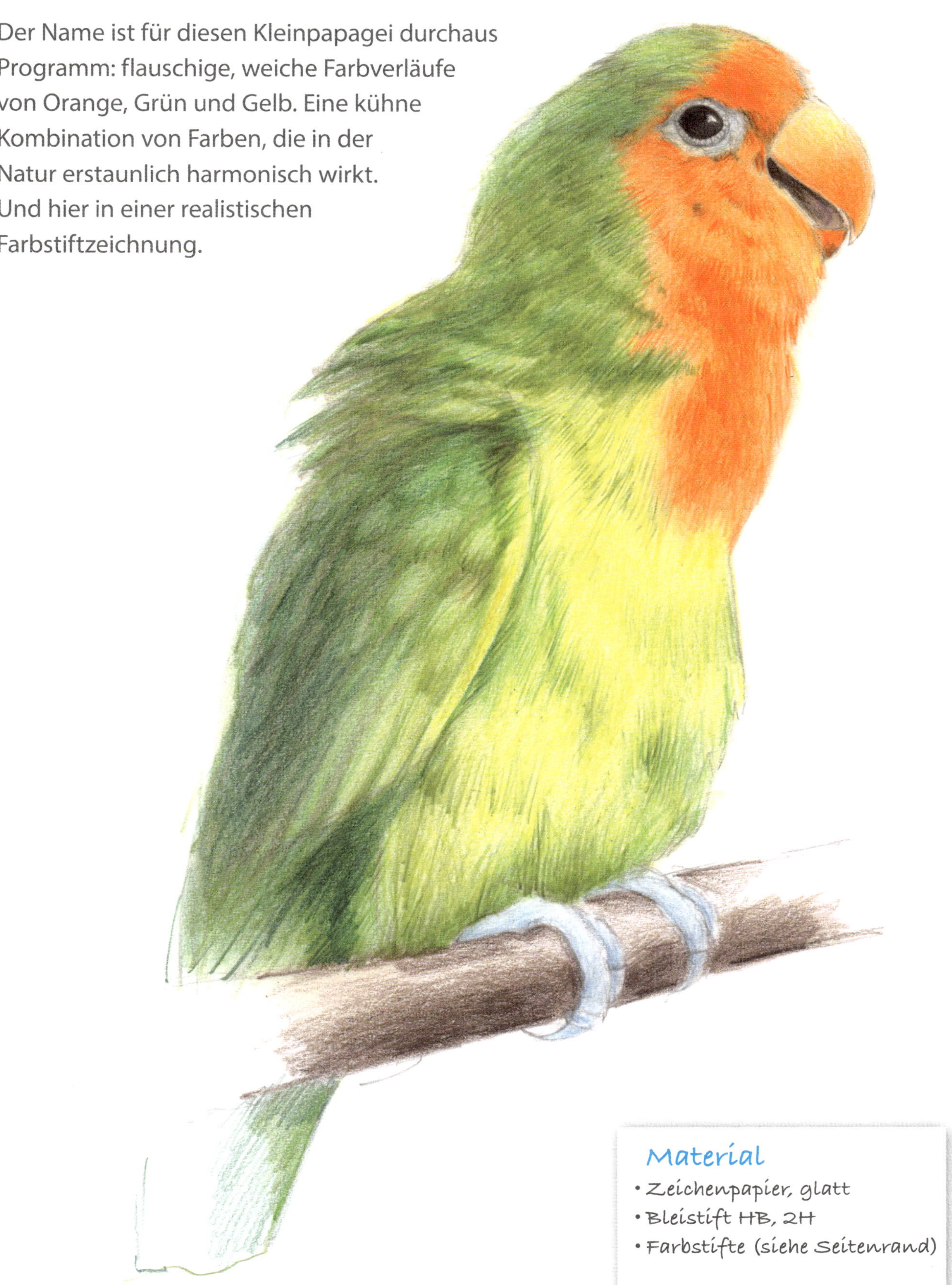

Augen

Schnabel innen

Schnabel und Gefieder

Material

- Zeichenpapier, glatt
- Bleistift HB, 2H
- Farbstifte (siehe Seitenrand)

Schraffurschichten siehe auch S. 38, 54

Das Geheimnis dieser Zeichnung liegt im schichtweisen Aufbau der Farbschraffuren von den hellsten zu den dunkelsten Tönen. Und das wiederum hat damit zu tun, dass der Farbstift, wenn man nicht allzu kräftig zu Werke geht, nur schwach deckt. So scheinen die unteren Farben immer auch etwas durch. Solche Farbstift-Lasuren bringen dem Gefieder mehr Leuchtkraft als ein einschichtiger Auftrag. Und die Töne „fließen" besonders weich ineinander.

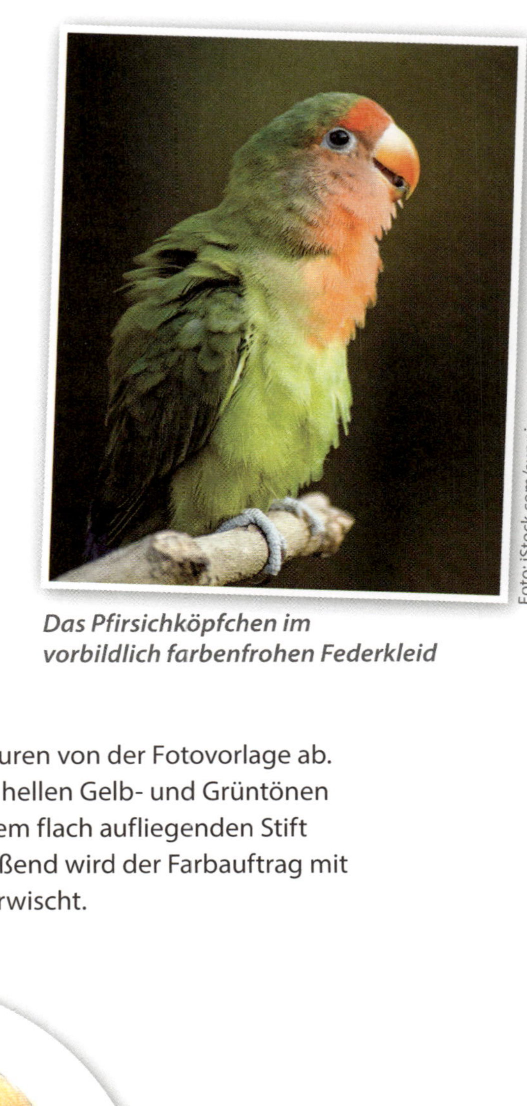

Foto: iStock.com/suppixz

Das Pfirsichköpfchen im vorbildlich farbenfrohen Federkleid

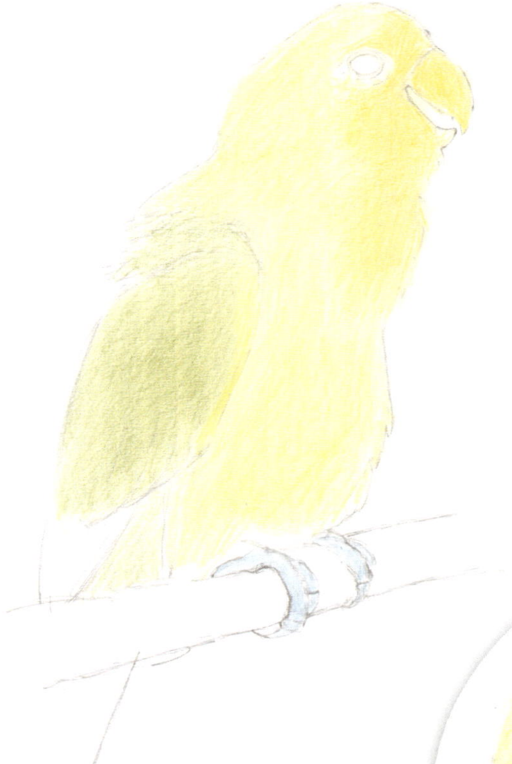

Wir zeichnen die Konturen von der Fotovorlage ab. Dann beginnen wir in hellen Gelb- und Grüntönen und grundieren mit dem flach aufliegenden Stift gleichmäßig. Anschließend wird der Farbauftrag mit dem Kosmetiktuch verwischt.

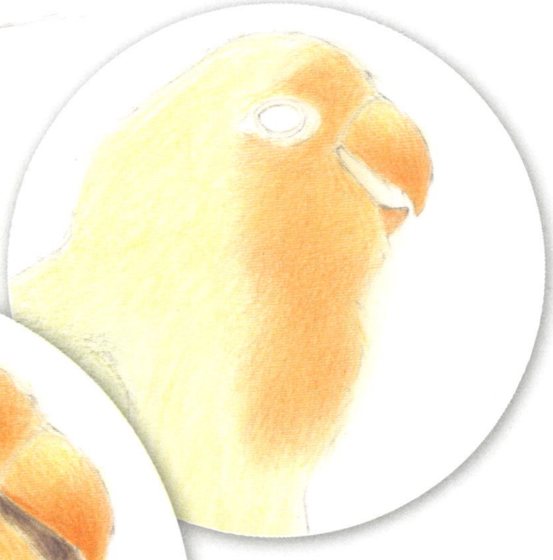

Am Kopf und Schnabel gehen wir mit Orange darüber und verwischen die Farbe wiederum.

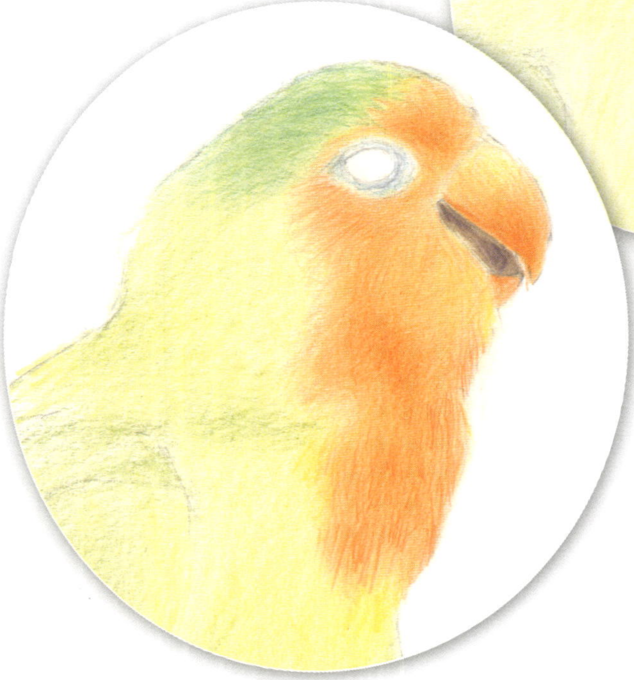

Wir verstärken die Farben mit einem kräftigen Orange und Grün – im Gefieder schon mit dem steilen, spitzen Stift in kurzen, sichtbaren Strichen. Vorne schattieren wir den Oberteil des Schnabels leicht. Darunter zeichnen wir die dunkle Öffnung.

Verwischen siehe auch S. 6

Der Kranz um das Auge wird hellblau grundiert. Erst dann kommt die schwarze Pupille, bei der wir das Glanzlicht aussparen. Die Schatten der kurzen Federn werden mit dem 2H gestrichelt.

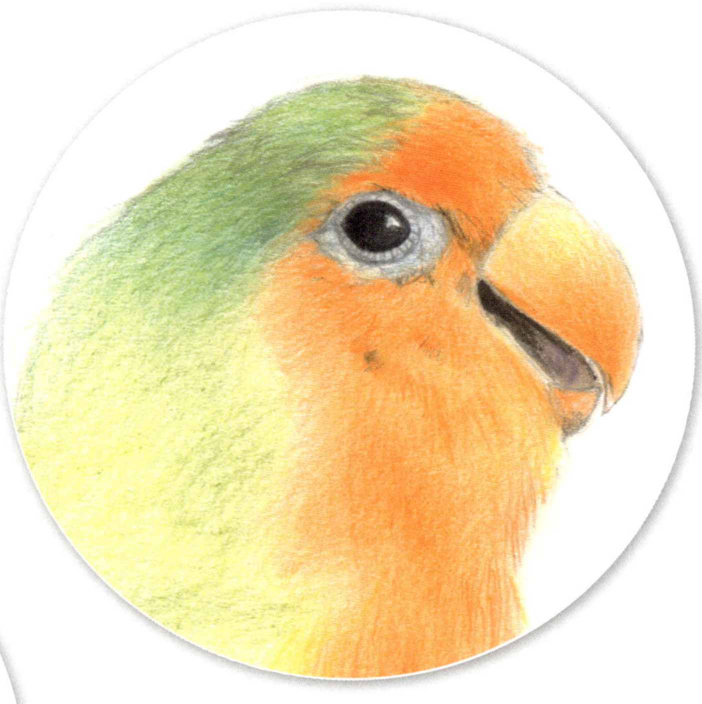

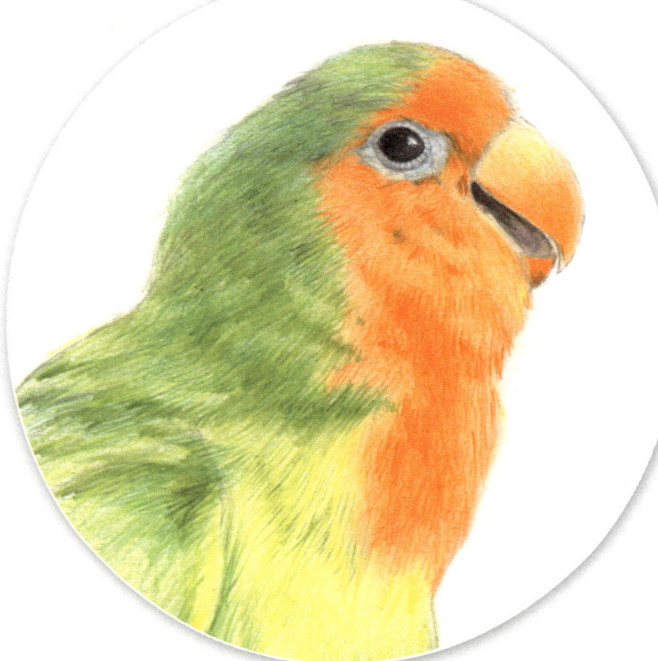

Dann verstärken wir die orangen und grünen Partien und stricheln von hier aus mit gespitztem Stift ins Helle. Das ergibt im Übergang einen besonders feinen Flaum und zugleich ein lebendiges Muster.

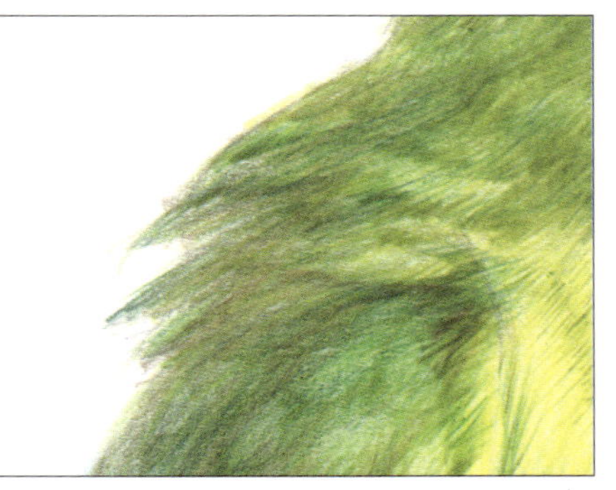

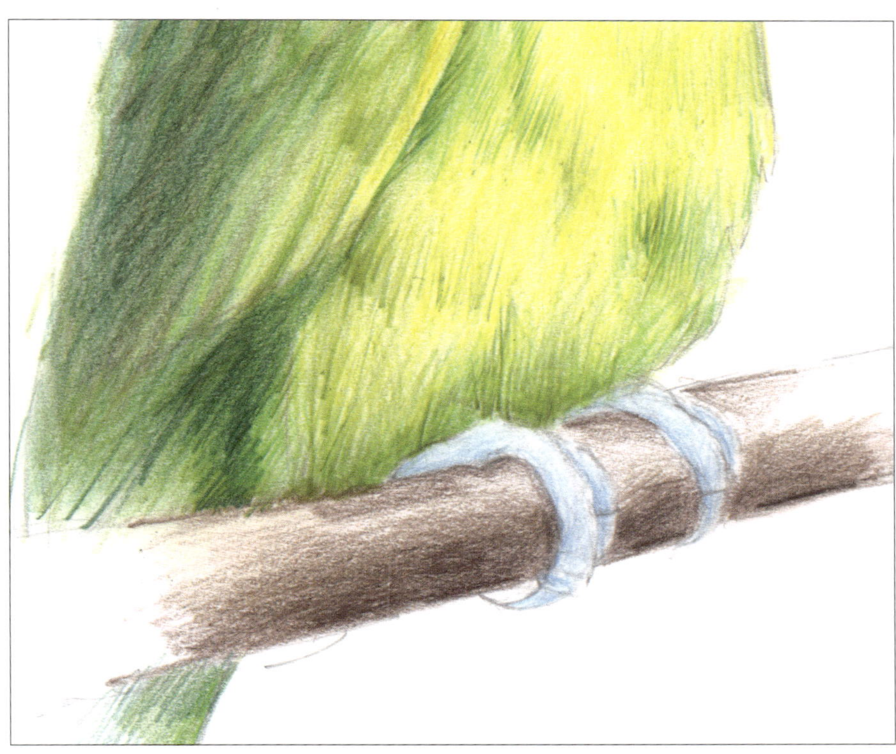

Am Rücken franst das Federkleid etwas aus. Am Bauch brauchen wir nur ein paar Grüppchen von dunkelgrünen Federstrichen, die unten im Schatten immer dunkler und dichter werden. Zuletzt noch der dunkelbraune Ast, den wir mit Licht und Schatten in Rundform bringen, sodass unser Pfirsichköpfchen schön fest zugreifen kann.

Bleistiftschraffur mit 2H siehe auch S. 59

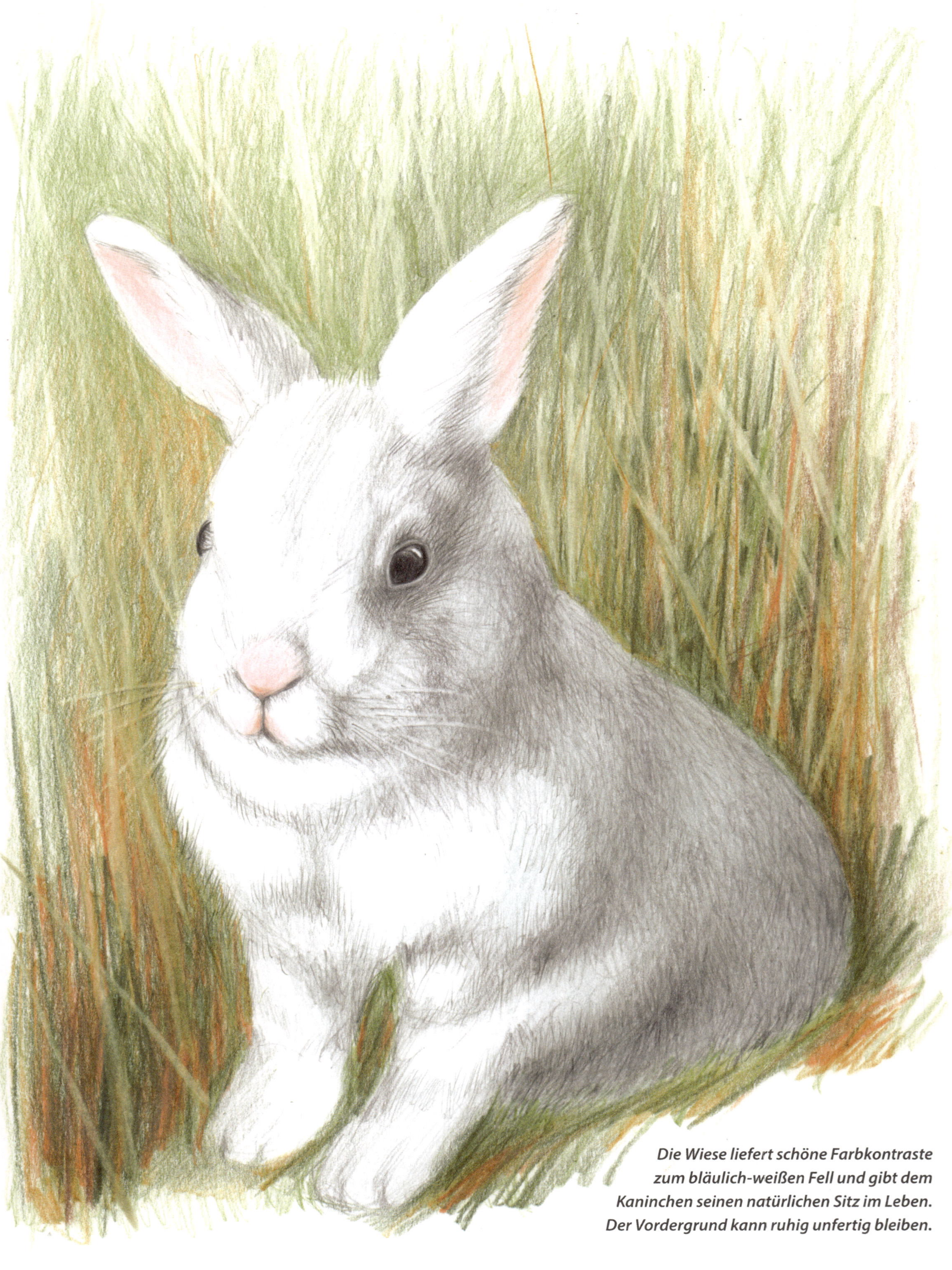

Die Wiese liefert schöne Farbkontraste zum bläulich-weißen Fell und gibt dem Kaninchen seinen natürlichen Sitz im Leben. Der Vordergrund kann ruhig unfertig bleiben.

Radieren siehe auch S. 7 • **Formschraffur** S. 17

Kaninchen

Für unser Kaninchen empfiehlt sich der graue Farbstift (wirkt als Schatten im weißen Fell bunter als der Bleistift) und zum Wohlfühlen ein hübsches Plätzchen in der Natur.

Für den Hintergrund liefert das Foto die Idee. In der Zeichnung soll das farblich etwas gefälliger aussehen und dem Kaninchen mehr Freiraum lassen. Unser Modell hingegen bilden wir möglichst genau so ab, wie es im Foto posiert. Beides eine schöne Aufgabe für schichtweise aufgetragene Farbschraffuren, die dem Fell Fülle und dem ganzen Bild Tiefe geben.

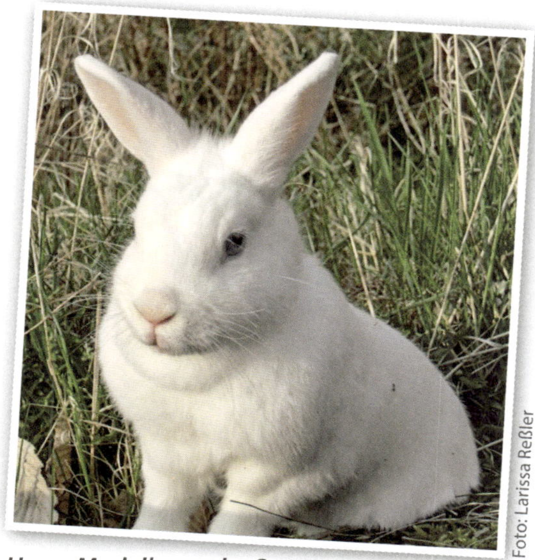
Foto: Larissa Reßler

Unser Modell, von der Sonne perfekt ausgeleuchtet

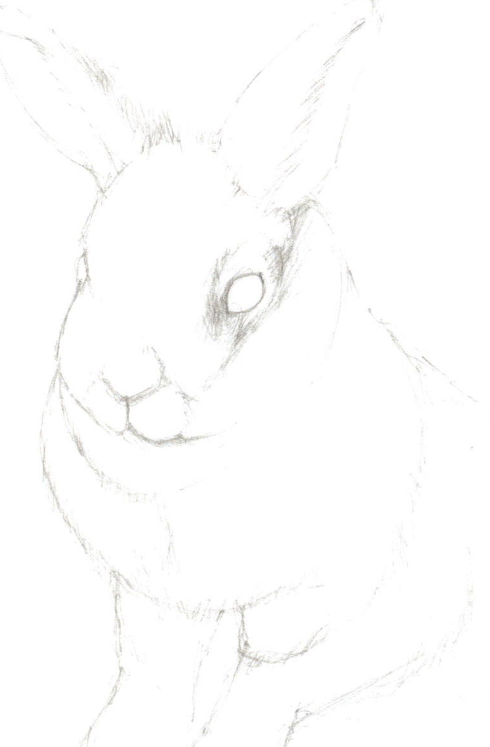

Hier die vom Foto abgenommene Vorzeichnung – wie üblich mit dem Bleistift HB.

Material
- Zeichenpapier, glatt
- Bleistift HB
- Farbstifte (siehe Seitenrand)
- Kunststoffradierer

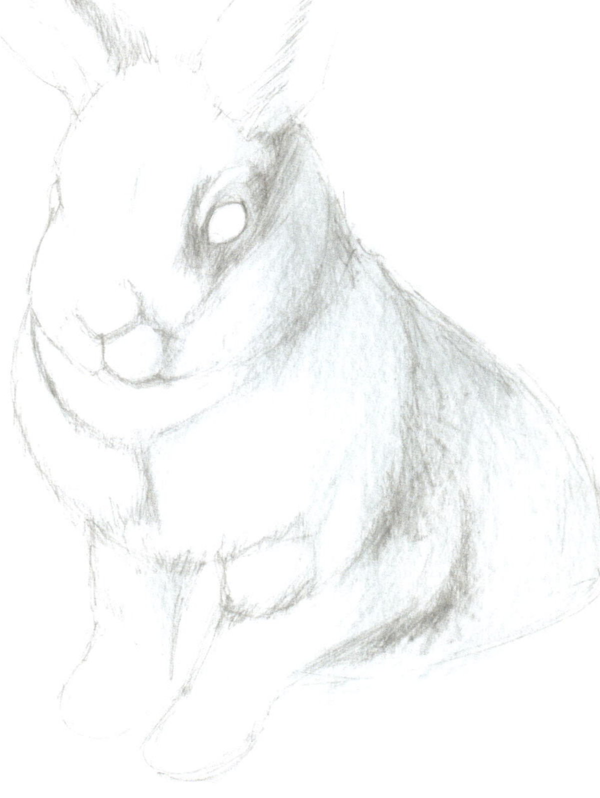

Schattiert wird mit dem graublauen Farbstift, der flach aufliegt und dank der breiten Auflage auch keine sichtbaren Einzelstriche hinterlässt. Graue Farbstifte gibt es in unterschiedlichen Tönungen, siehe Tipp auf der nächsten Seite.

Emotionen siehe auch S. 10

Die Augen sind schwarz, das rechte hat oben eine graue Sichel und darüber das ausgesparte Glanzlicht. Die Ohren und die Nase bekommen einen Hauch Rosa.

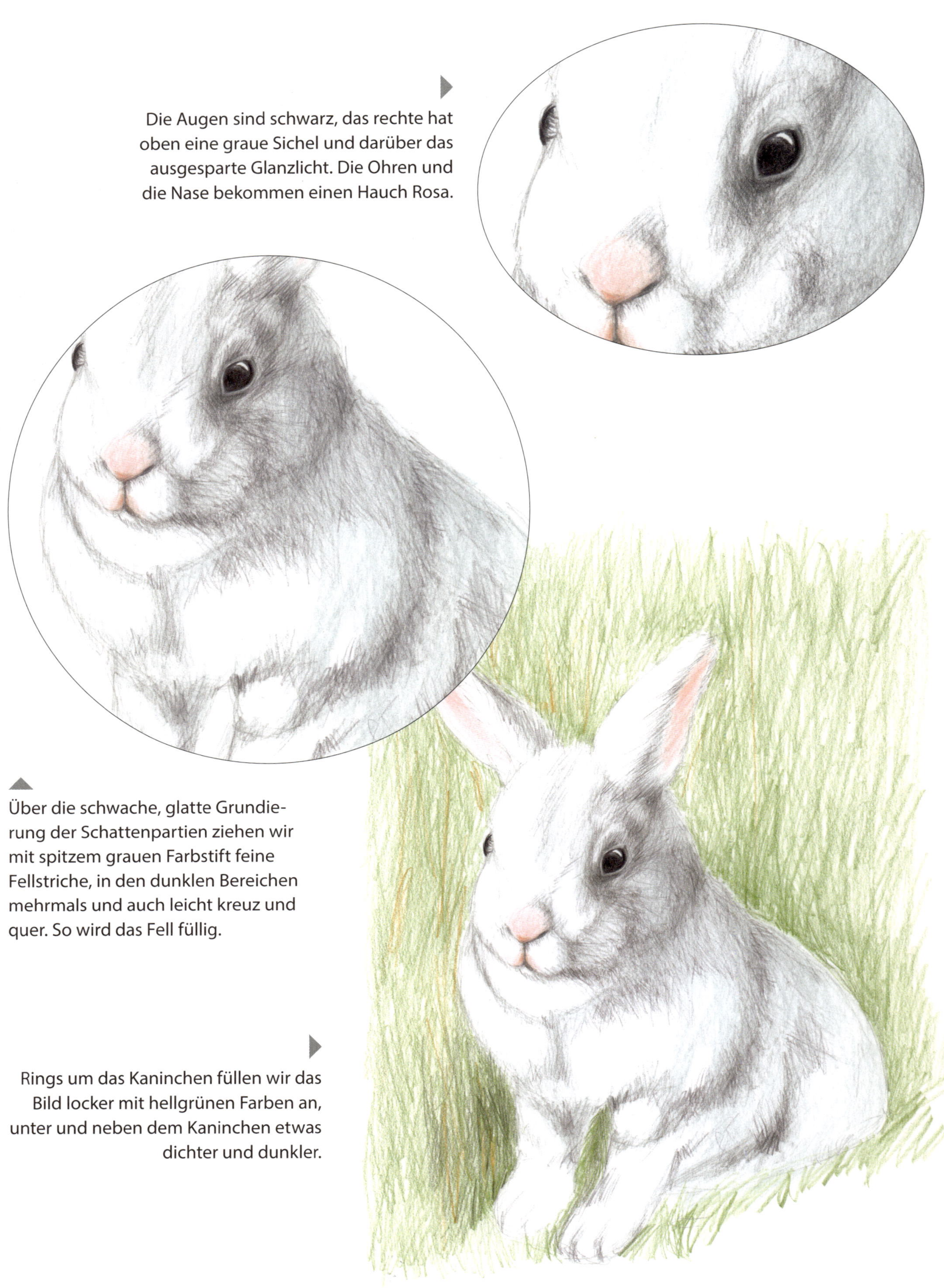

Über die schwache, glatte Grundierung der Schattenpartien ziehen wir mit spitzem grauen Farbstift feine Fellstriche, in den dunklen Bereichen mehrmals und auch leicht kreuz und quer. So wird das Fell füllig.

Rings um das Kaninchen füllen wir das Bild locker mit hellgrünen Farben an, unter und neben dem Kaninchen etwas dichter und dunkler.

Graue Farbstifte siehe auch S. 46

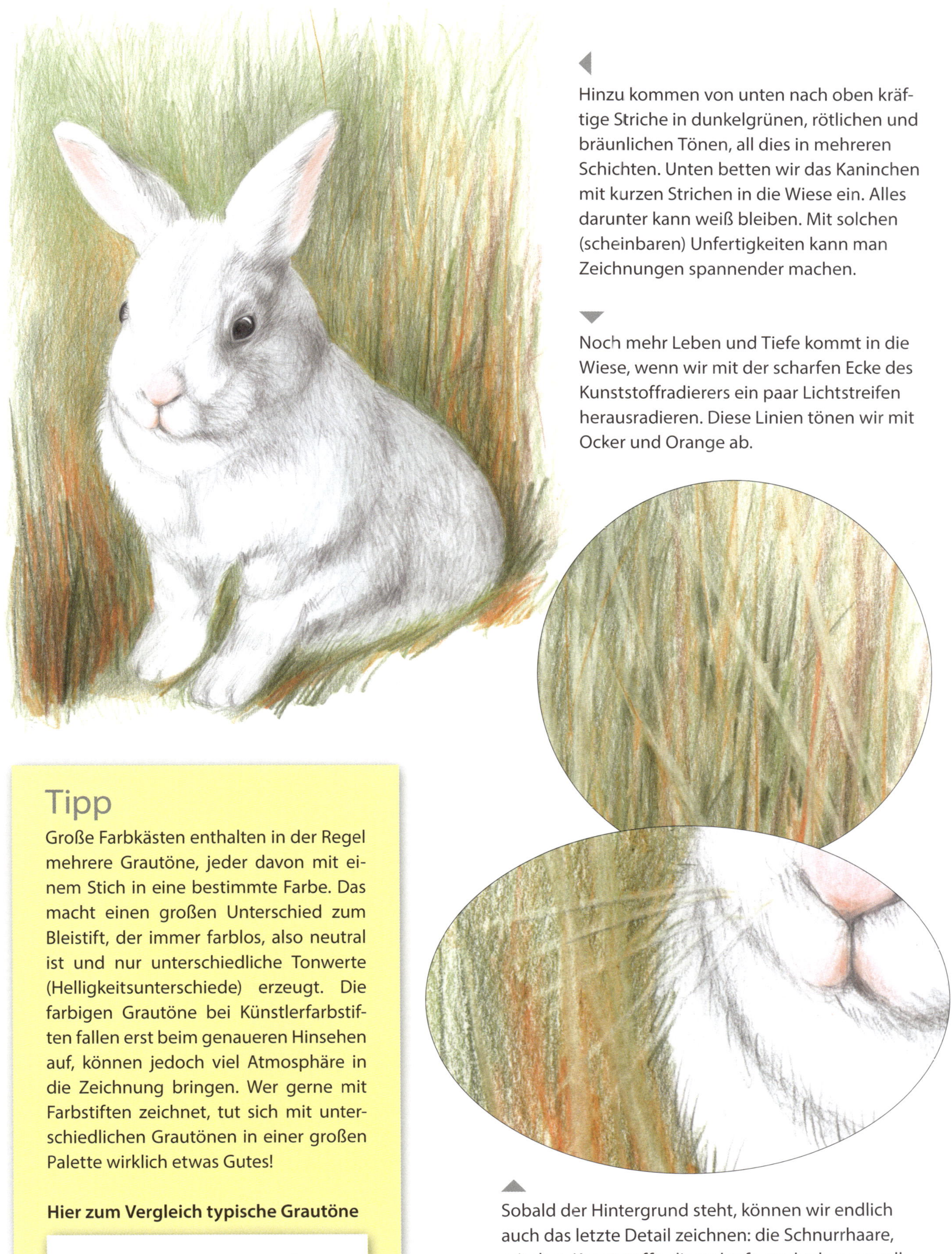

Hinzu kommen von unten nach oben kräftige Striche in dunkelgrünen, rötlichen und bräunlichen Tönen, all dies in mehreren Schichten. Unten betten wir das Kaninchen mit kurzen Strichen in die Wiese ein. Alles darunter kann weiß bleiben. Mit solchen (scheinbaren) Unfertigkeiten kann man Zeichnungen spannender machen.

Noch mehr Leben und Tiefe kommt in die Wiese, wenn wir mit der scharfen Ecke des Kunststoffradierers ein paar Lichtstreifen herausradieren. Diese Linien tönen wir mit Ocker und Orange ab.

Sobald der Hintergrund steht, können wir endlich auch das letzte Detail zeichnen: die Schnurrhaare, mit dem Kunststoffradierer kraft- und schwungvoll hinaus in die Wiese gezogen.

Tipp

Große Farbkästen enthalten in der Regel mehrere Grautöne, jeder davon mit einem Stich in eine bestimmte Farbe. Das macht einen großen Unterschied zum Bleistift, der immer farblos, also neutral ist und nur unterschiedliche Tonwerte (Helligkeitsunterschiede) erzeugt. Die farbigen Grautöne bei Künstlerfarbstiften fallen erst beim genaueren Hinsehen auf, können jedoch viel Atmosphäre in die Zeichnung bringen. Wer gerne mit Farbstiften zeichnet, tut sich mit unterschiedlichen Grautönen in einer großen Palette wirklich etwas Gutes!

Hier zum Vergleich typische Grautöne

Hamster

Der große Kopf und der rundliche Körper gehen ineinander über und nur die Pfoten ragen halbwegs heraus. Zu dieser rundum liebenswert knuffigen Erscheinung trägt auch das flauschige Fell bei, das sorgfältig gestrichelt und gestreichelt werden will …

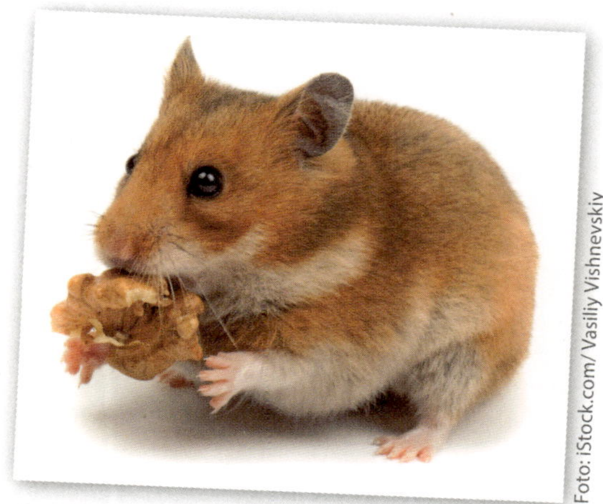

Foto: iStock.com/ Vasiliy Vishnevskiy

Der Hamster in typischer Pose

Dabei – nämlich beim Grundieren und Stricheln – leistet ein feinporiges Papier gute Dienste. Der flach gehaltene Farbstift färbt vor allem die winzigen Erhebungen. Umgekehrt bleiben die Papierporen hell bis weiß. So entstehen Sprenkel, die gut zur Textur des Fells passen. Je kräftiger man andrückt, desto mehr Farbe nehmen auch die Poren an. So werden die bisher hellen Sprenkel dunkler und damit die ganze Farbfläche. Ganz verschwinden die Sprenkel nur dort, wo man mehrfach darüberzeichnet. So werden z. B. die Augen schwarz und glatt.

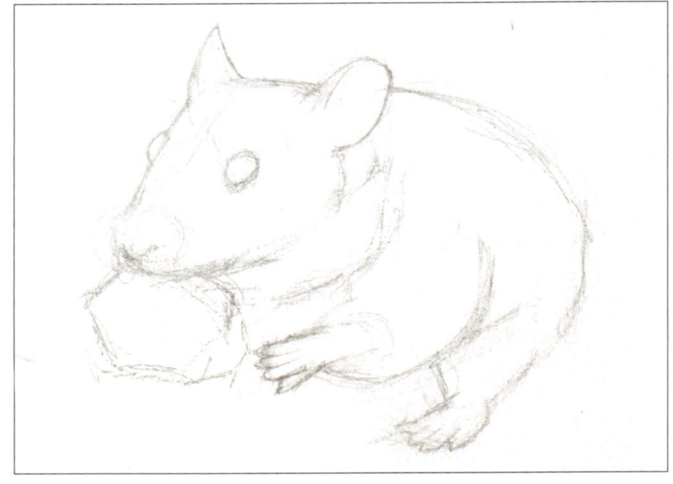

Die Vorzeichnung, hier noch als Bleistiftskizze nach dem Vorbild des Fotos. Die Umrisse schwächen wir mit dem Knetgummiradierer ab.

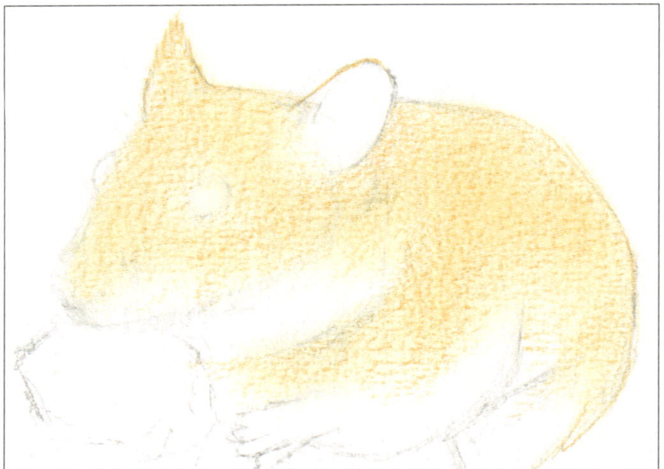

Die ockerfarbenen Fellpartien grundieren wir mit dem flach aufliegenden Farbstift und verwischen die Schraffuren mit dem Kosmetiktuch.

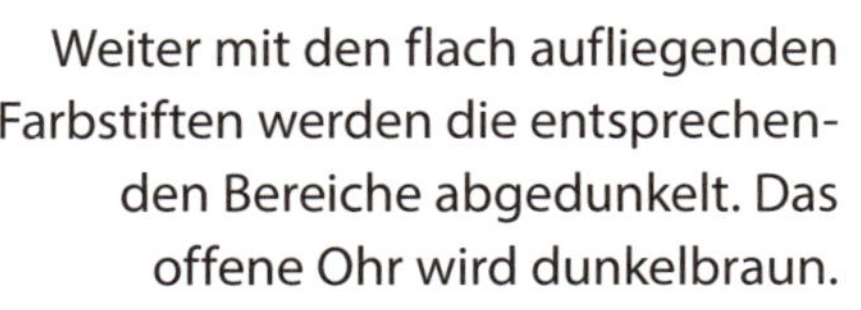

Weiter mit den flach aufliegenden Farbstiften werden die entsprechenden Bereiche abgedunkelt. Das offene Ohr wird dunkelbraun.

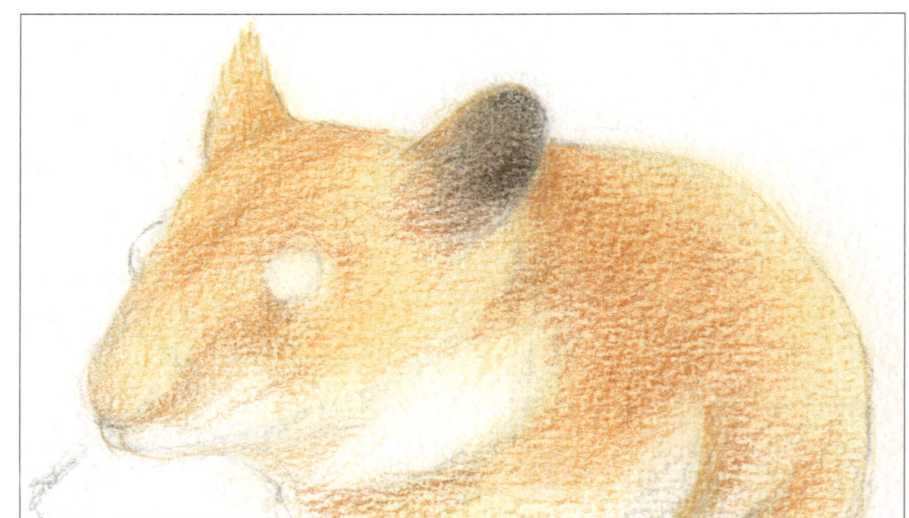

Material

- Zeichenpapier, leichte Körnung
- Bleistift HB
- Farbstifte (siehe Seitenrand)

Verwischen siehe auch S. 6 • **Zeichenpapier leichte Körnung** S.39, 75

Nun die kurzen Fellstriche mit den gut angespitzten Stiften, immer von vorne nach hinten und unten. Die dunklen Schraffuren haben drei Aufgaben: Textur, Schattierung und unterschiedliche Fellfarbe. Die Augen, die Glanzlichter ausgenommen, zeichnen wir schwarz.

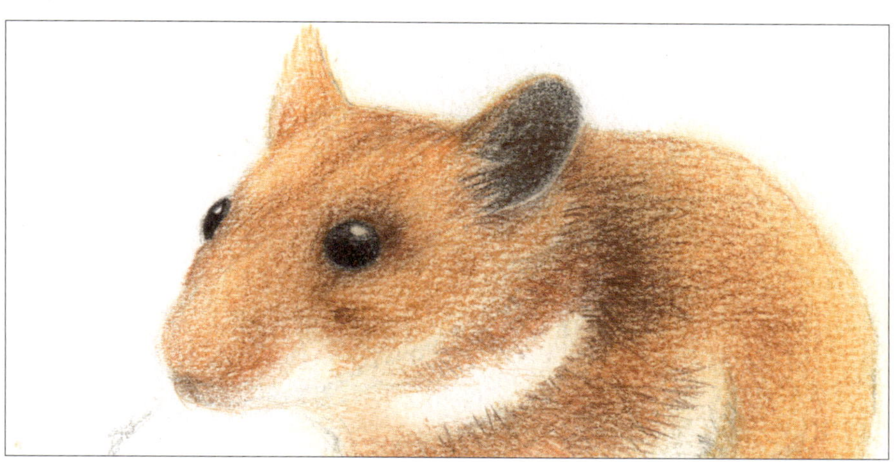

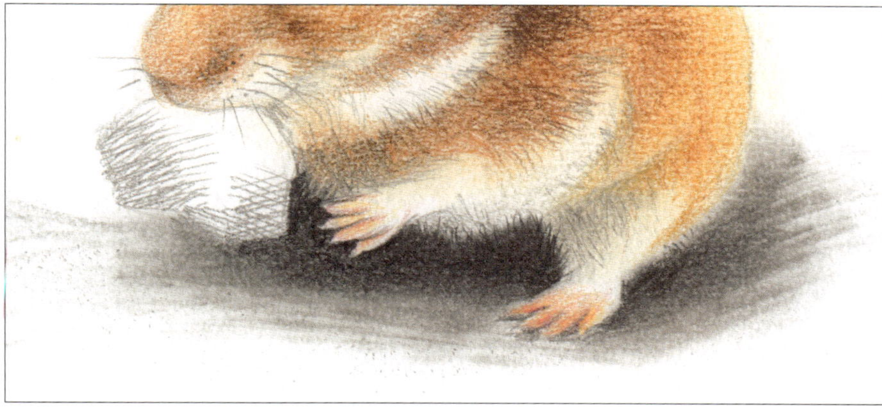

Bis auf die rosigen Pfötchen übernimmt alles Weitere der Bleistift HB. Mit ihm zeichnen wir die feinen Barthaare. Unten stricheln wir das feine weiße, im Schatten graue Fell. Auch den Bodenschatten schraffieren wir mit dem Bleistift und verwischen ihn.

Was immer unser Modell gerade hamstern mag, soll nicht von ihm ablenken; deshalb die „abstrakte" Bleistiftskizze.

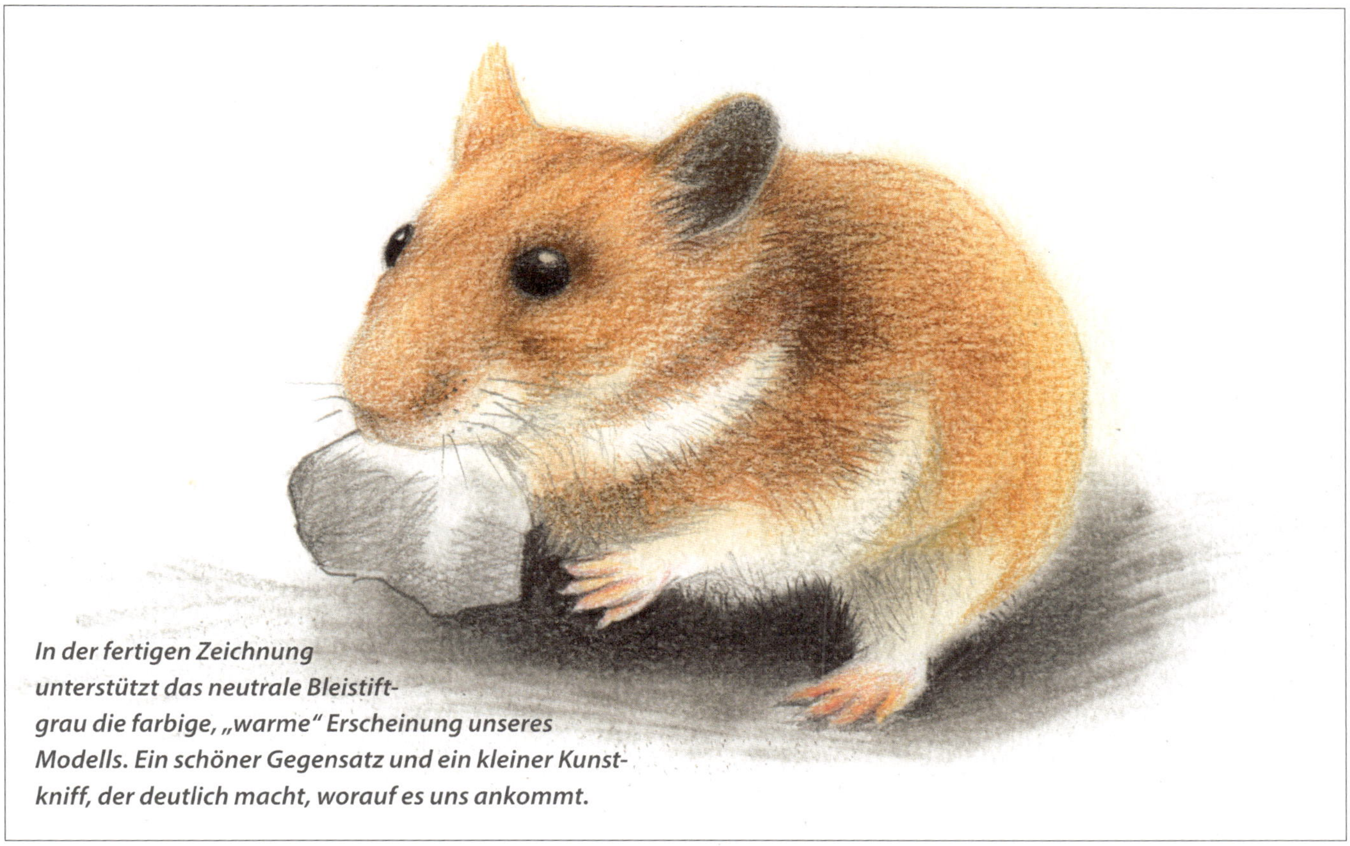

In der fertigen Zeichnung unterstützt das neutrale Bleistiftgrau die farbige, „warme" Erscheinung unseres Modells. Ein schöner Gegensatz und ein kleiner Kunstkniff, der deutlich macht, worauf es uns ankommt.

Schattenschraffur mit Bleistift siehe auch S. 41

Skizzenkatzen

So wenig Zeit, so viele spannende Motive. Doch erstens muss man ja nicht alles ausarbeiten, was einem vor die Kamera kommt. Zweitens macht es Spaß, verschiedene charakteristische Posen festzuhalten; Katzen haben da einiges zu bieten. Drittens lernen wir unsere Lieblinge mit zehn Skizzen besser kennen als mit einer genauen Zeichnung. Und schließlich wird dabei der Zeichenstrich immer sicherer; Übung macht die Katze besser.

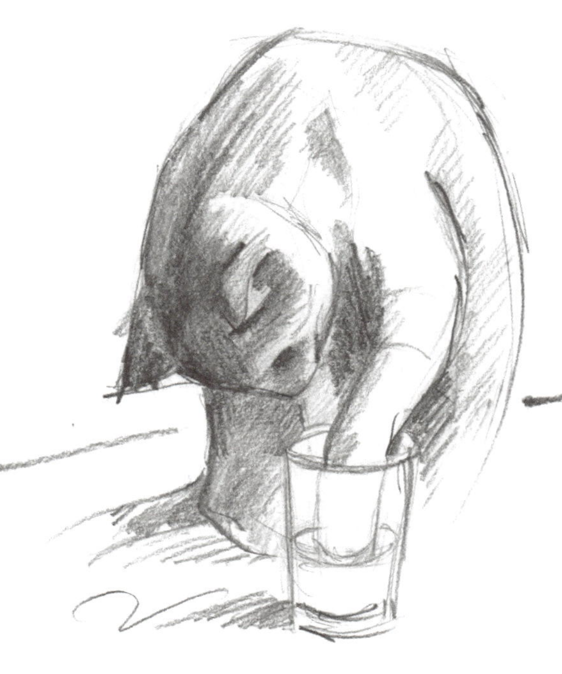

Foto: Anne Penke

Milchpfötchen

Der Anblick ist so hübsch, dass man, anstatt die Stimme zu erheben lieber zum Fotoapparat und dann zum Bleistift greift. Für die Skizze selbst ist die Dynamik der Bewegung interessant, die einen Augenblick lang in der angespannten Haltung zur Ruhe kommt.

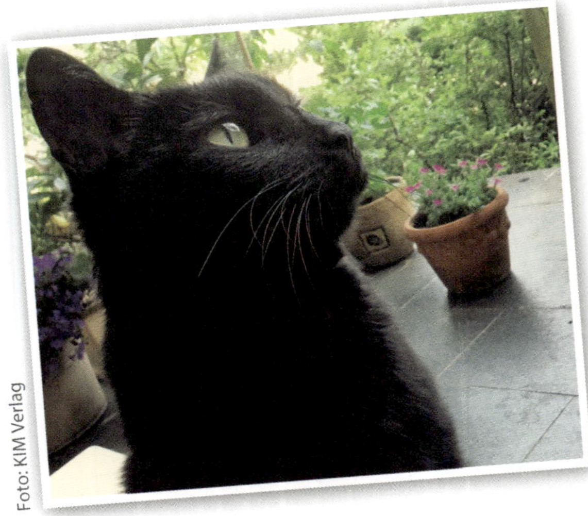

Foto: KIM Verlag

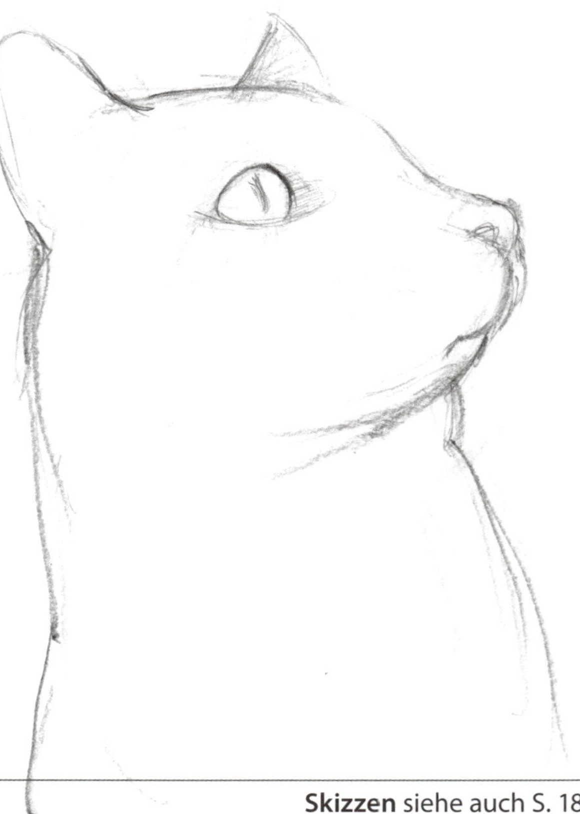

Edel sei die Katze,

hilfreich und gut. Jedenfalls die edle Pose kommt schon in der Skizze zum Ausdruck, aus der sich vielleicht auch ein detailliertes Porträt entwickeln könnte; siehe S. 12. Über hilfreich und gut sprechen wir ein andermal …

Skizzen siehe auch S. 18, 52

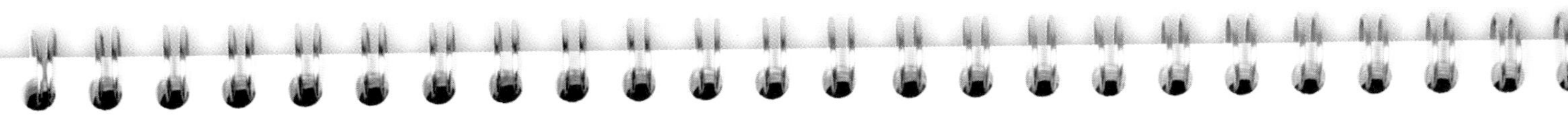

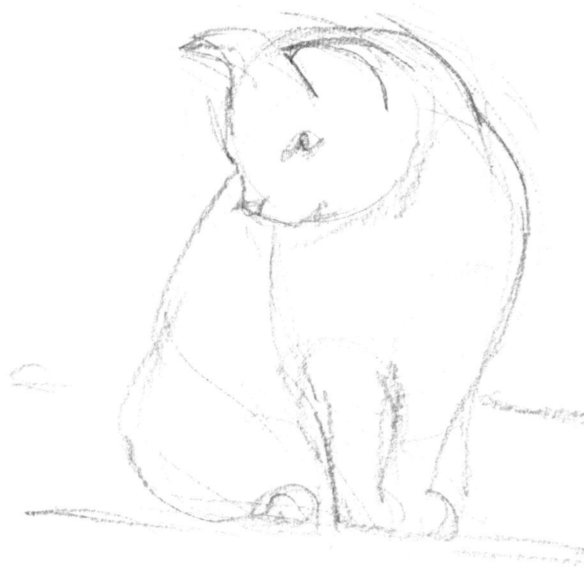

Mit Schwung und gleich mehreren Linien geht's besser. Was passt, kann nachgezogen und vielleicht eine Vorzeichnung werden.

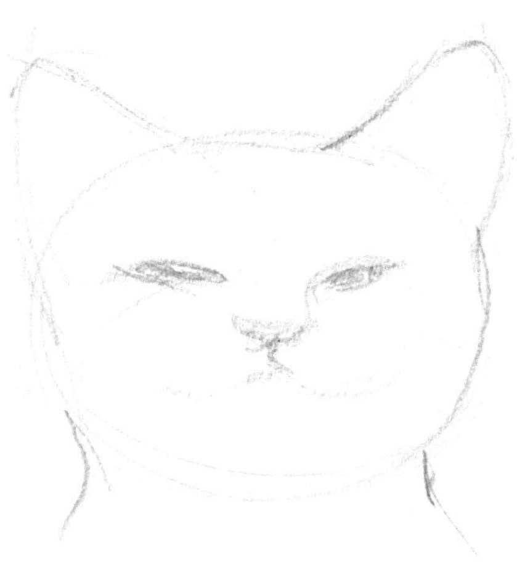

Tipps

- Weicher Bleistift für kräftigen Abrieb und dicke Striche
- Nicht in Details verzetteln, es geht um die großen Linien.
- Skizzen wiederholen, dann wird's von Mal zu Mal besser.
- Nicht korrigieren, lieber frisch auf einem neuen Blatt anfangen.
- Ringsum Freiraum lassen, damit nichts einengt
- Günstiges Schreibpapier nehmen oder Schmierpapier sammeln. Das lässt sich leichteren Herzens entsorgen.

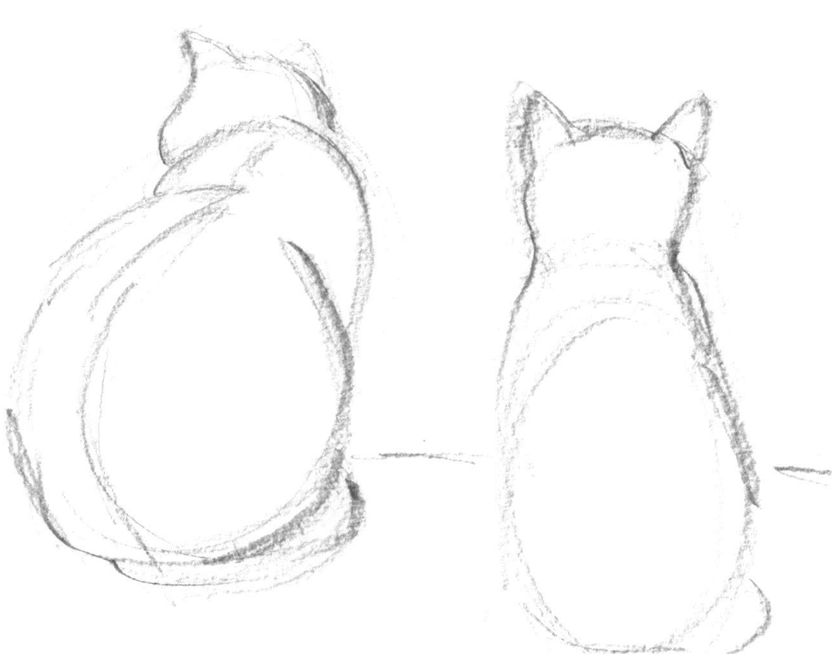

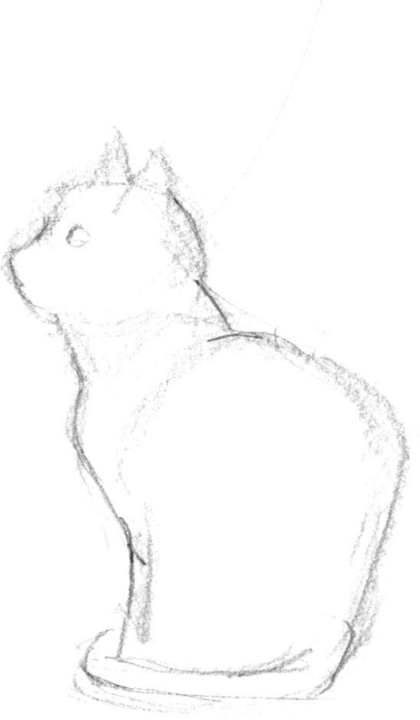

Fotos helfen. Aber wenn die Katze ruhig sitzt, geht es auch so.

Bleistifthärten siehe auch S. 4

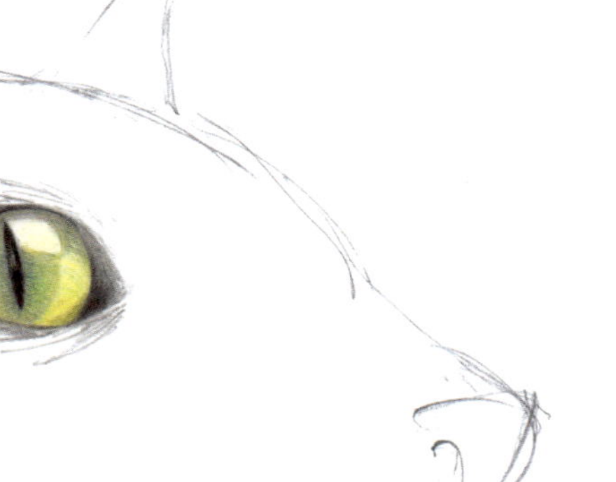

Katzenaugen

Ob eher gelblich oder grünlich, mit Farbstift oder Bleistift: Das typische Katzenauge wird im Prinzip immer gleich in mehreren Schichten aufgebaut: grundieren, lasieren, feinzeichnen und schattieren.

Tiefgründig, geheimnisvoll, faszinierend: Katzenaugen haben das gewisse Etwas. Das hat zwei Gründe. Erstens sitzen sie fest im Kopf. Katzen können uns nicht wie Hunde aus den Augenwinkeln betrachten. Sie wenden uns den Kopf und den Blick direkt zu. Zweitens haben Katzen im Augenhintergrund eine reflektierende Fläche, die auch schwaches Licht sammelt. Mehr dazu auf S. 79. Vor diesem Hintergrund wirkt der transparente Augapfel mit den schwarzen Pupillen durchsichtig und räumlich.

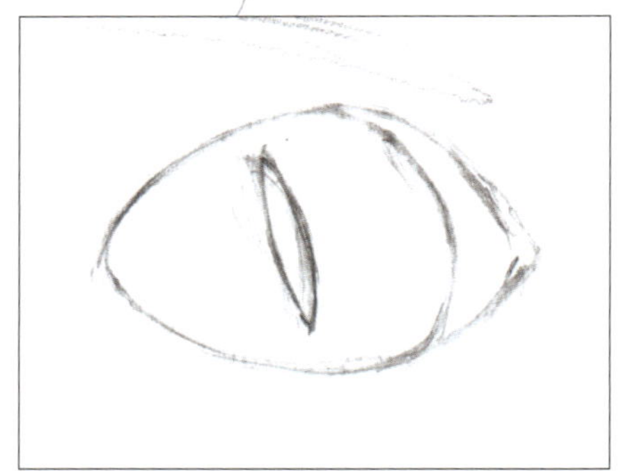

Die Vorzeichnung, hier im hellen Licht mit schmalen Pupillen.

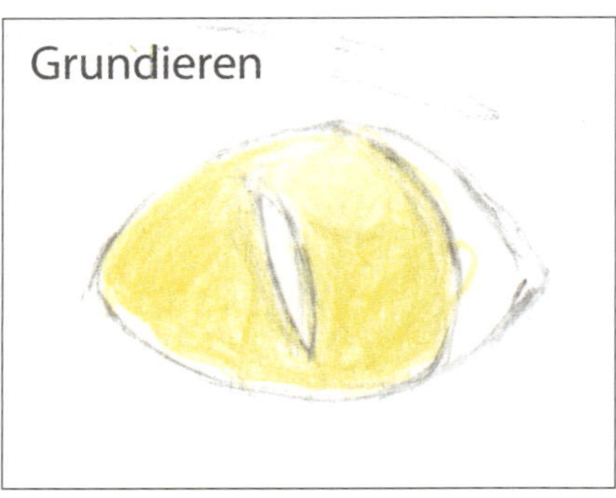

Der hell und gleichmäßig aufgetragene Hintergrund. Pupille und Glanzlicht bleiben ausgespart.

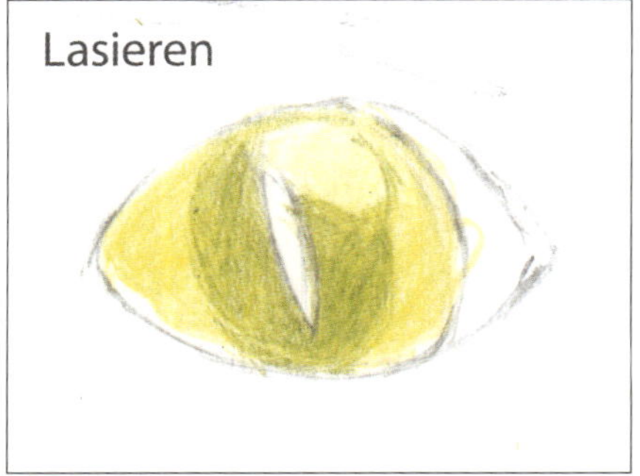

Die dunklere Lasur umgibt die Pupille.

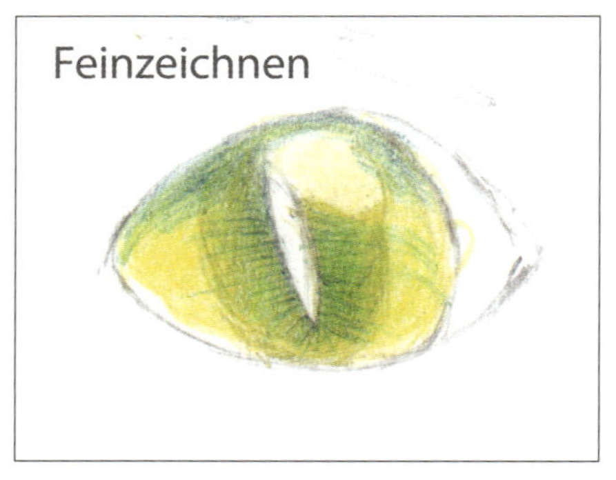

In noch dunkleren Tönen die feinen, von innen nach außen zart auslaufenden Linien und oben der Schattenrand.

Material
- Bristolkarton
- Bleistifte HB, B, 4H
- Farbstifte (siehe Seitenrand)

Die schwarze Pupille, hier im Licht ein sehr schmales Oval.

Beim Nacharbeiten werden die Kontraste verstärkt und die Schatten im Auge mit dem 4H vertieft. Das Glanzlicht kommt besser zur Geltung und das Auge erhält seine plastische Form.

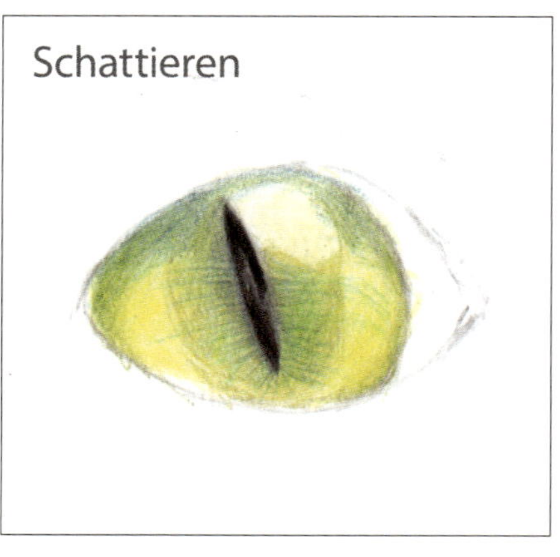

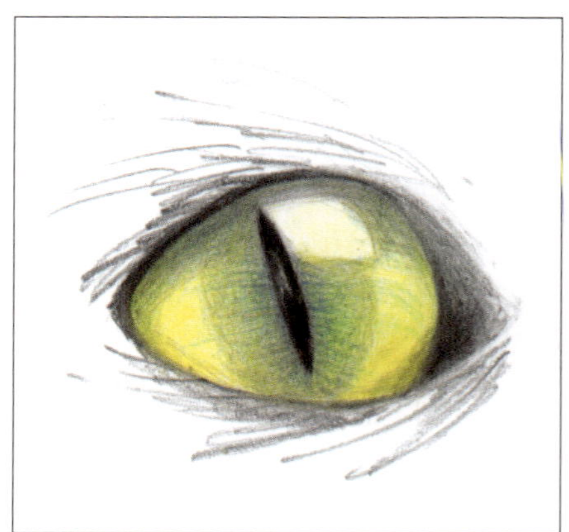

Katzenaugen siehe auch S. 78, 82, 84, 87, 88

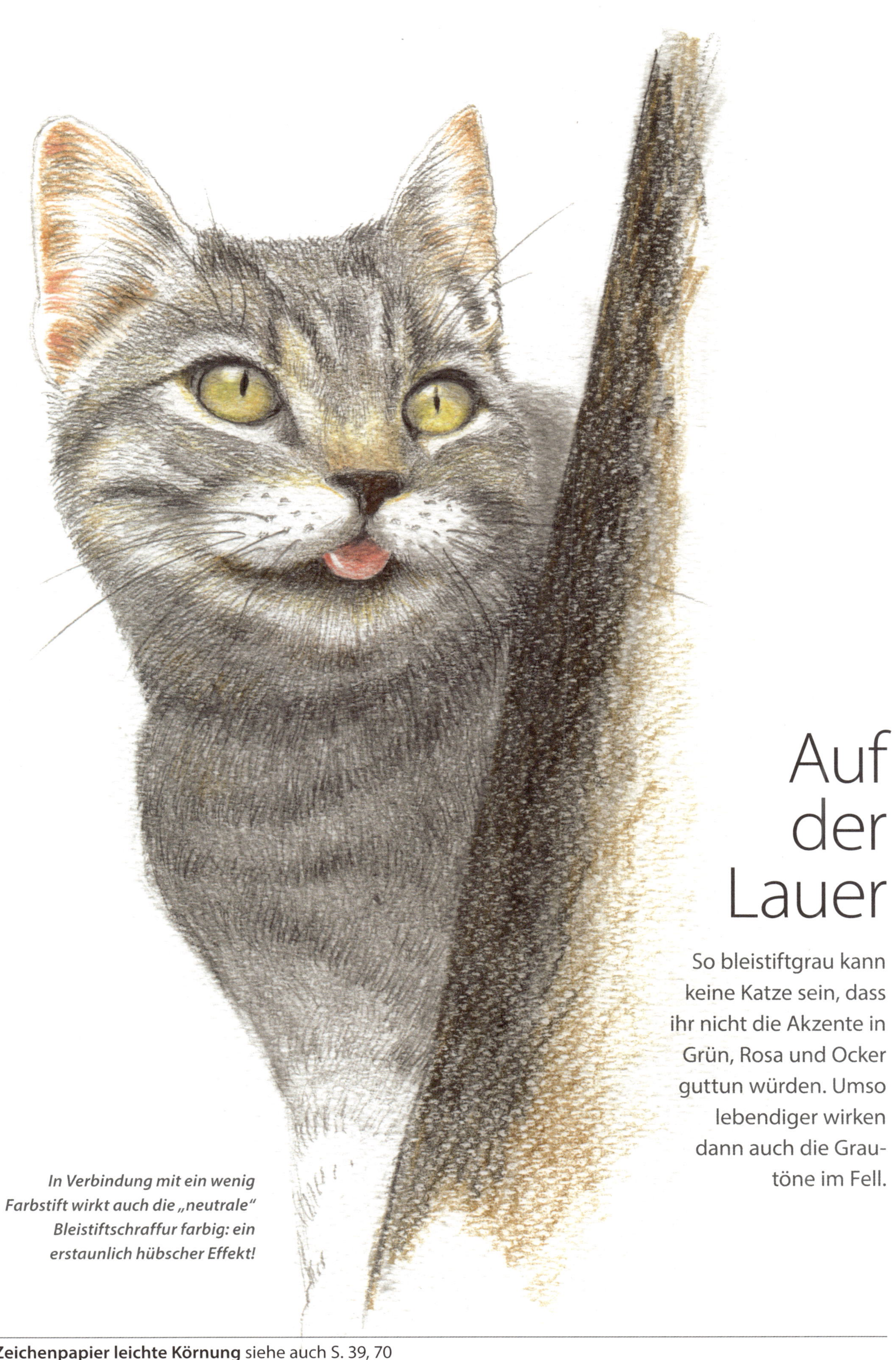

Auf der Lauer

So bleistiftgrau kann keine Katze sein, dass ihr nicht die Akzente in Grün, Rosa und Ocker guttun würden. Umso lebendiger wirken dann auch die Grautöne im Fell.

In Verbindung mit ein wenig Farbstift wirkt auch die „neutrale" Bleistiftschraffur farbig: ein erstaunlich hübscher Effekt!

Zeichenpapier leichte Körnung siehe auch S. 39, 70

Dabei erscheint die Zeichnung insgesamt farbiger, als sie eigentlich ist. Dafür sorgen ein paar sparsame Farbschraffuren im bleistiftgrau getigerten Fell, die rosafarbene Zunge und natürlich die gelbgrünen Augen, die das Motiv dominieren. Ebenso realistisch zeichnen wir den Baumstamm. Er liefert das Gegengewicht zur ebenfalls „schrägen" Haltung der Katze. Für die Komposition reicht es, nur die eine Seite auszuarbeiten.

Hier zeichnet sozusagen auch das etwas körnige Papier mit. Die Rindenstruktur und auch die Textur des Fells erscheinen etwas rau; ein hübscher naturalistischer Effekt, der beim sanften Stricheln entsteht. Anders als auf glattem Papier bleiben in den Poren helle Sprenkel. Nase, Augen und Zunge hingegen sollen vollkommen glatt erscheinen. Deshalb verdichten wir den Farbauftrag mit dem Papierwischer.

▲ In der Vorzeichnung deuten wir die „felligen" Konturen mit kurzen Strichen an. Klare Konturen erhalten nur Ohren, Augen und Nase.

Material

- Zeichenpapier, leichte Körnung
- Bleistifte in HB, 2B, 3B
- Farbstifte (siehe Seitenrand)
- Knetgummiradierer
- Papierwischer

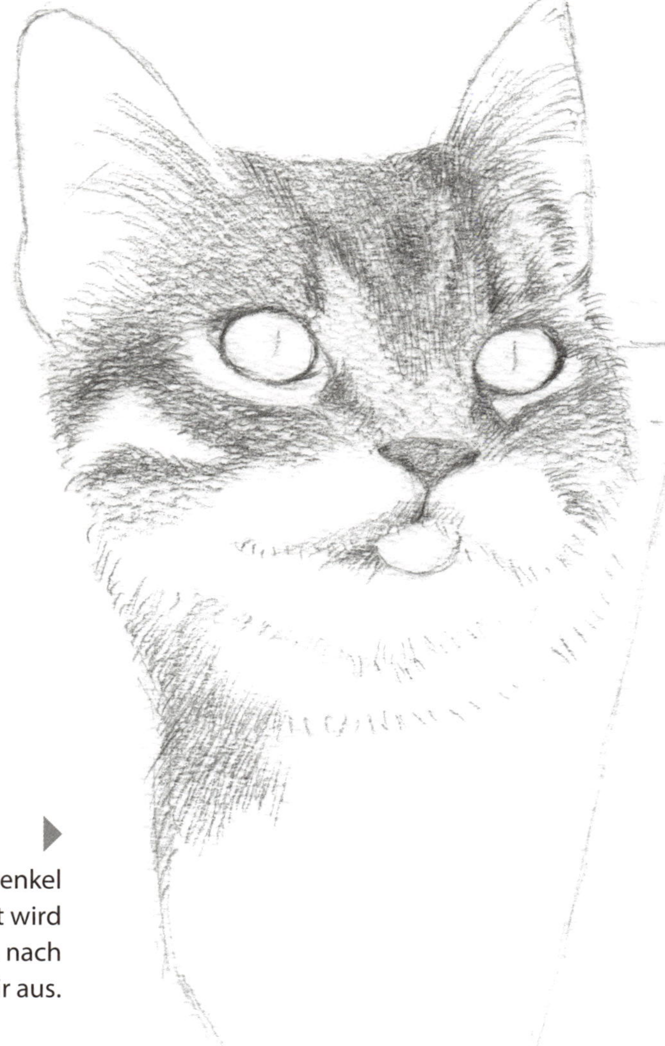

▶ Beim Schraffieren des Fells bleiben weiße Sprenkel auch in den dunklen Bereichen. Gestrichelt wird immer von der Nase weg nach hinten bzw. nach oben und unten. Helle Streifen sparen wir aus.

Formschraffur siehe auch S. 16, 17

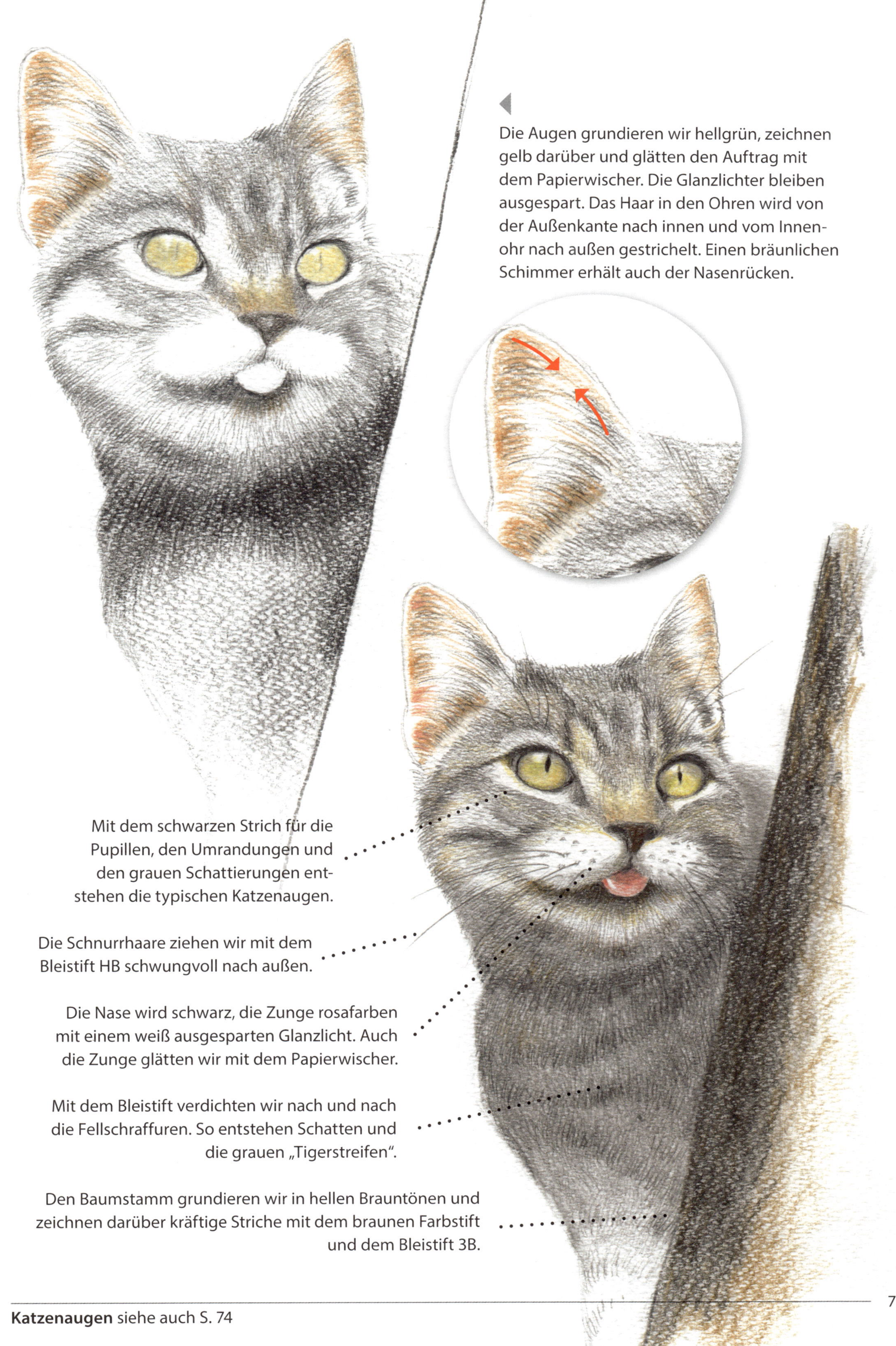

Die Augen grundieren wir hellgrün, zeichnen gelb darüber und glätten den Auftrag mit dem Papierwischer. Die Glanzlichter bleiben ausgespart. Das Haar in den Ohren wird von der Außenkante nach innen und vom Innenohr nach außen gestrichelt. Einen bräunlichen Schimmer erhält auch der Nasenrücken.

Mit dem schwarzen Strich für die Pupillen, den Umrandungen und den grauen Schattierungen entstehen die typischen Katzenaugen.

Die Schnurrhaare ziehen wir mit dem Bleistift HB schwungvoll nach außen.

Die Nase wird schwarz, die Zunge rosafarben mit einem weiß ausgesparten Glanzlicht. Auch die Zunge glätten wir mit dem Papierwischer.

Mit dem Bleistift verdichten wir nach und nach die Fellschraffuren. So entstehen Schatten und die grauen „Tigerstreifen“.

Den Baumstamm grundieren wir in hellen Brauntönen und zeichnen darüber kräftige Striche mit dem braunen Farbstift und dem Bleistift 3B.

Katzenaugen siehe auch S. 74

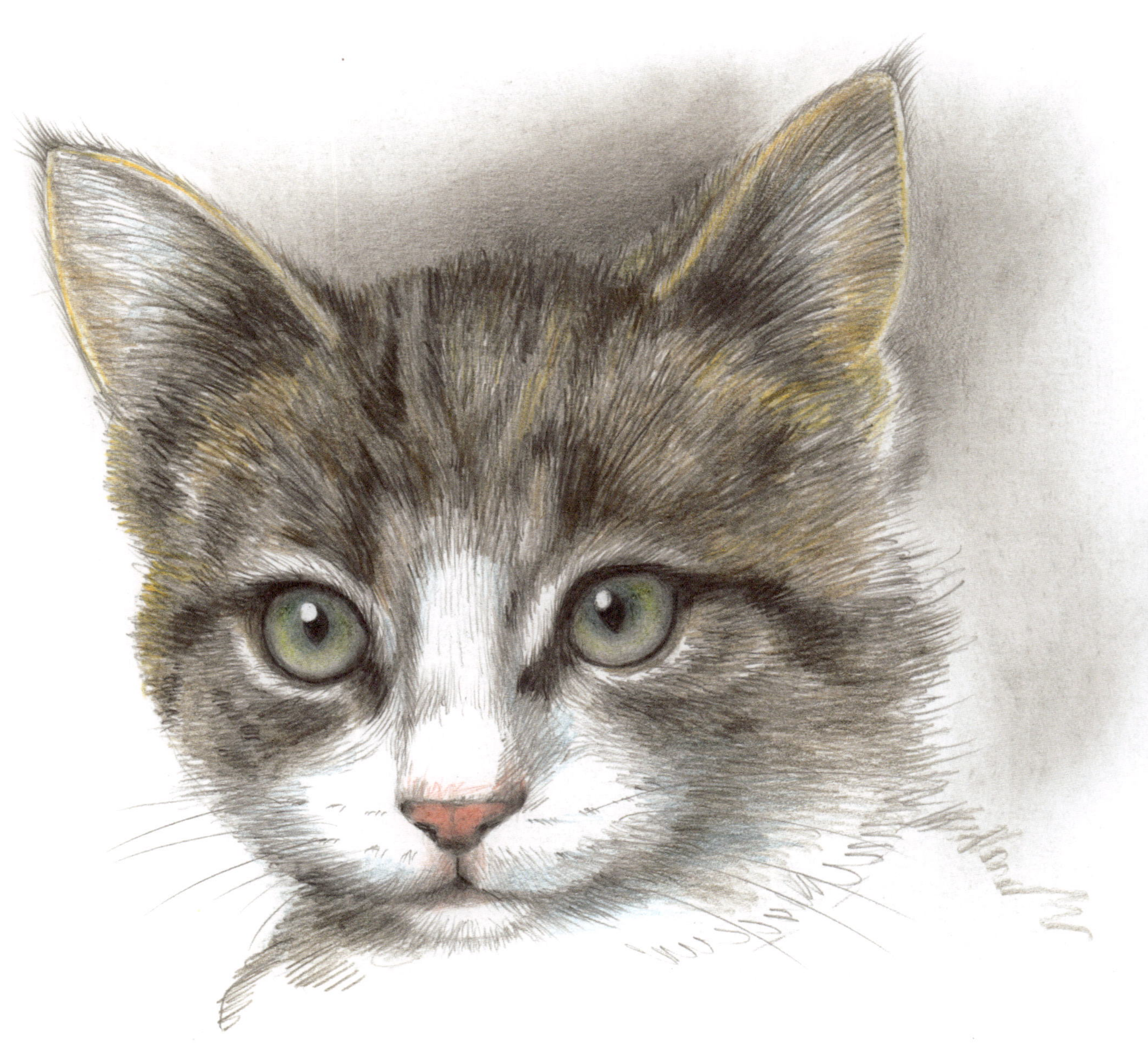

Stricheln & Streicheln

Große, glänzende Augen und ein schimmerndes Fell: Das Zusammenspiel von Bleistift und Farbstift verschafft dem Kätzchen seinen natürlichen, lebendigen Auftritt.

Material

- Bristolkarton
- Bleistift HB, 2B, 4B
- Farbstifte (siehe Seitenrand)
- Knetgummiradierer

Hintergrund andeuten siehe auch S. 81

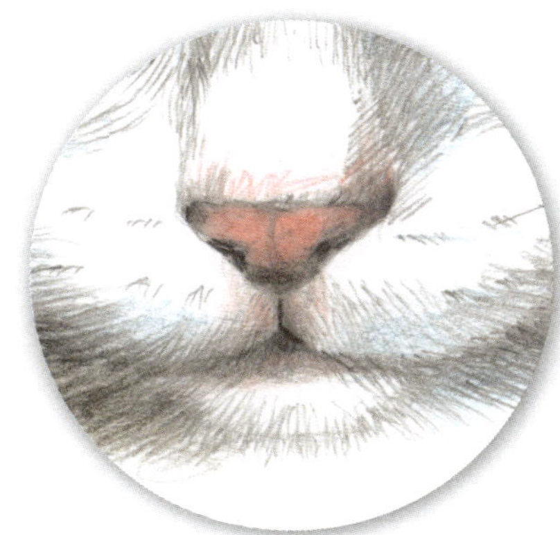

Nase, Wangen und Kinn bleiben weiß. Keine „süße" Erfindung: Das Näschen ist tatsächlich rosa, die einzige klare Farbe in der Zeichnung.

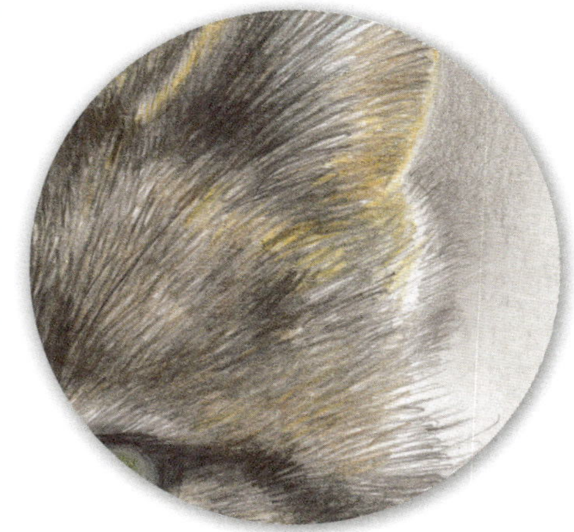

Wo Farbtöne erscheinen sollen, wird das bleistiftgraue Fellhaar mit schwachen hell- und dunkelbraunen Farbstiftschraffuren in gleicher Richtung nachgezogen.

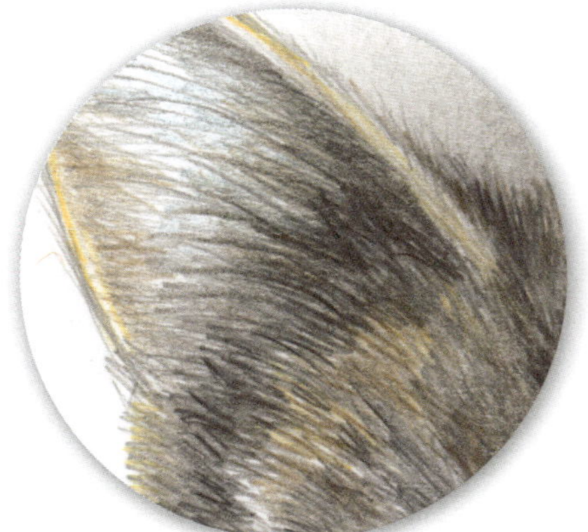

Die Textur und Grundfarbe des Fells wird mit dem Bleistift gestrichelt: kurz und fein im Gesicht, deutlicher und in längeren Schwüngen im Ohr.

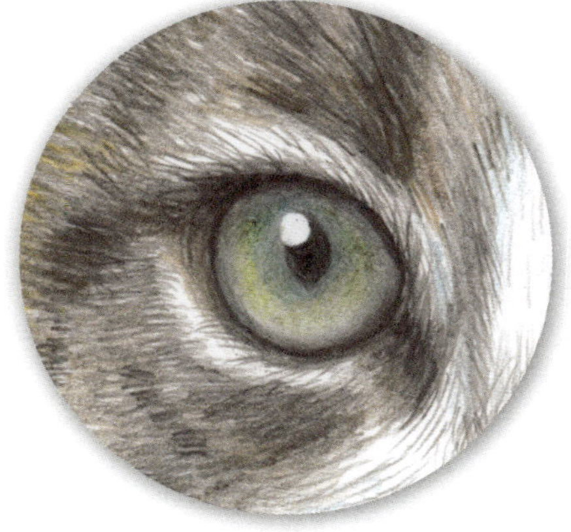

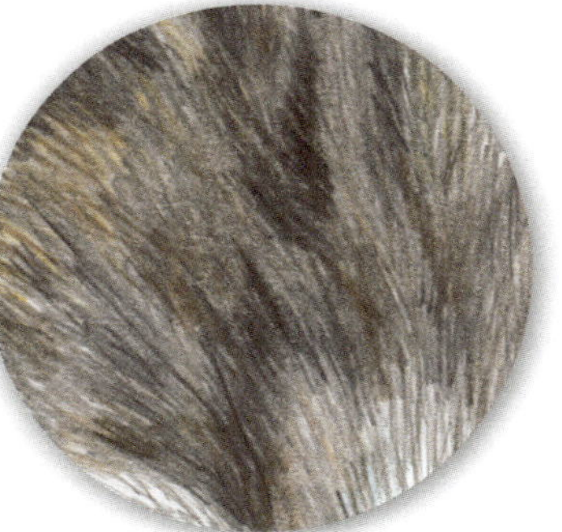

Dichtere Bleistiftschraffuren (2B) erzeugen die schwärzliche Fellzeichnung.

Besondere Aufmerksamkeit verdienen die Augen. Erst wird die Form, Glanzlichter ausgenommen, mit dem harten Bleistift 2H schwach schraffiert. Darüber kommen Farbschraffuren in Hellgrün, an den Rändern und um die Pupille im dunkleren Blaugrün. Mit dem weichen Stift 4B wird die ovale Pupille gefüllt und die Augen umrahmt und damit eingebettet.

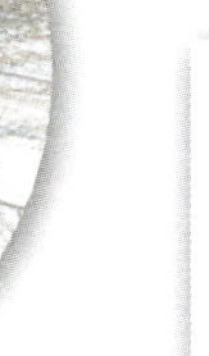

Schattiert wird in einem zarten Türkis.

Warum leuchten Katzenaugen?

Im Auge der Katze liegt vor der Netzhaut eine transparente Zellschicht, die das von der Netzhaut nicht absorbierte Licht noch einmal zurückspiegelt. Dank dieser sozusagen doppelten Lichtausbeute sieht die Katze auch in der Nacht noch gut. Die Spiegelschicht im Auge ist der Grund, weshalb Katzenaugen in der Dunkelheit aufleuchten, sobald sie angestrahlt werden; und weshalb sie tagsüber an farbige Glaskörper erinnern.

Katzenaugen siehe auch S. 74

Neugiernase ...

Am Anfang war die Decke, das Lieblingsversteck unseres Kätzchens. Weich drapiert und modelliert ist sie an sich schon eine Zeichenstudie wert. Mit dem Hauptdarsteller wird daraus eine hübsche kleine Szene. Und der schwarze Hintergrund stellt die kleine Neugiernase schön ins Licht.

Material

- Zeichenpapier, glatt
- Bleistifte von HB bis 6B
- Knetgummiradierer
- Papierwischer

So wie hier entstehen interessante Bildideen in der kreativen Kombination von zwei Fotovorlagen; hier beispielsweise für das Kätzchen und einer hingeworfenen Decke (die sich ohne Vorbild kaum so stimmig zeichnen ließe). So wird aus beiden Motiven eine hübsche Szene, die eine kleine Geschichte erzählt. Was ist stärker: Neugier oder die Sicherheit der Kuscheldecke?

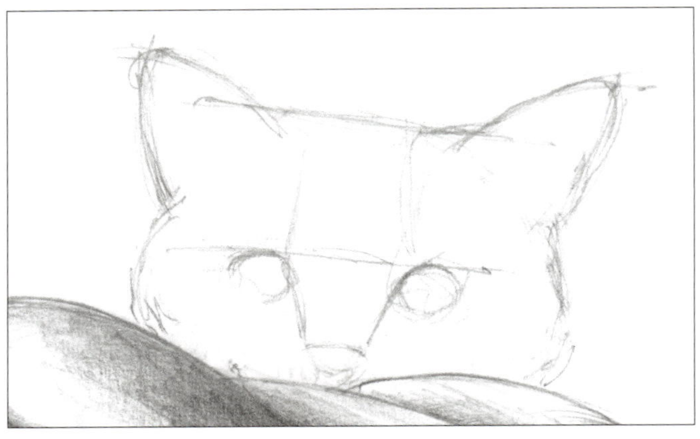

Statt die Konturen vom Foto zu kopieren, können wir sie auch frei nachzeichnen. Die Form ist einfach genug, die Hilfslinien helfen bei der Platzierung von Augen, Ohren und Nase.

Den Kopf stricheln wir gleichmäßig hell mit dem Bleistift 2B. Für die Schatten in der Decke legen wir die Mine flach auf und verwischen dann die Schraffur, sodass hier keine Einzelstriche sichtbar bleiben.

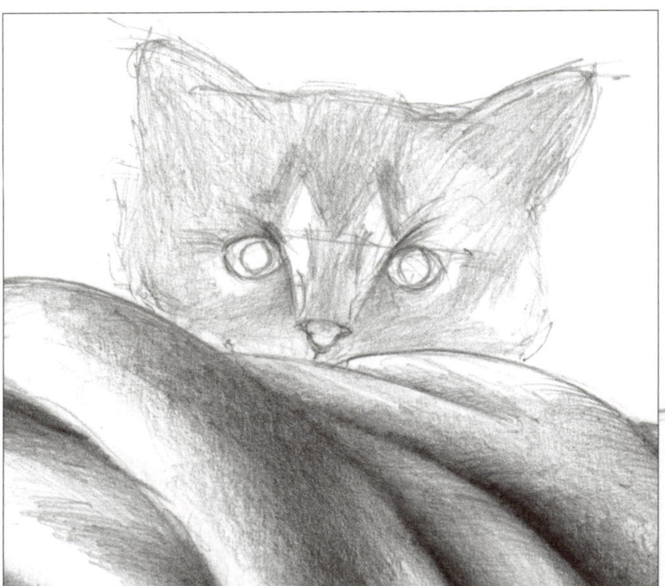

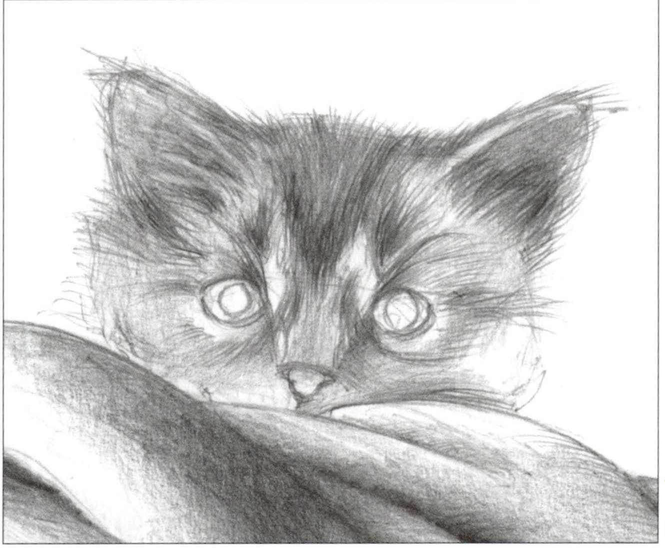

Die dunkleren Partien werden mehrmals (immer in Richtung des Fellstrichs) schraffiert. Die feinsten Striche ragen ein wenig über den Rand hinaus.

Freies Nachzeichnen siehe auch S. 15

Das Licht kommt von links, weshalb hier auch das Auge etwas heller erscheint. Mit feinen Strichen arbeiten wir das Fell weiter aus. Die Schatten in der Decke werden weich verwischt.

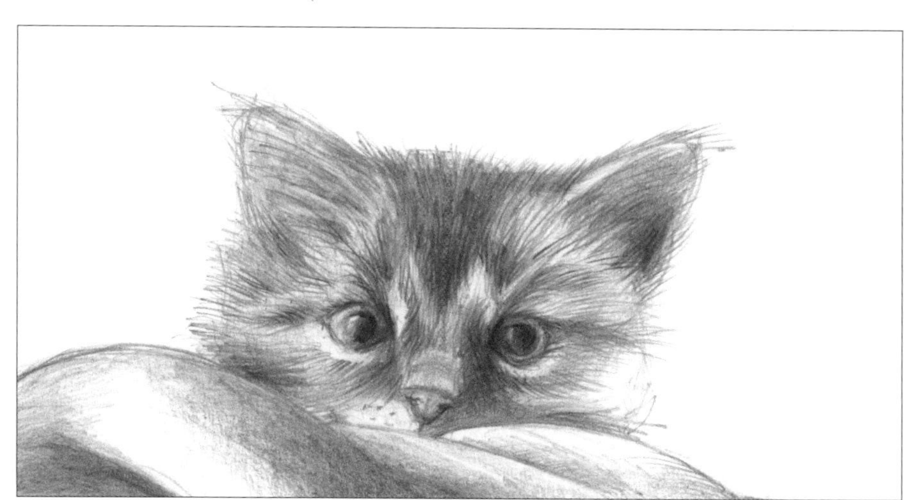

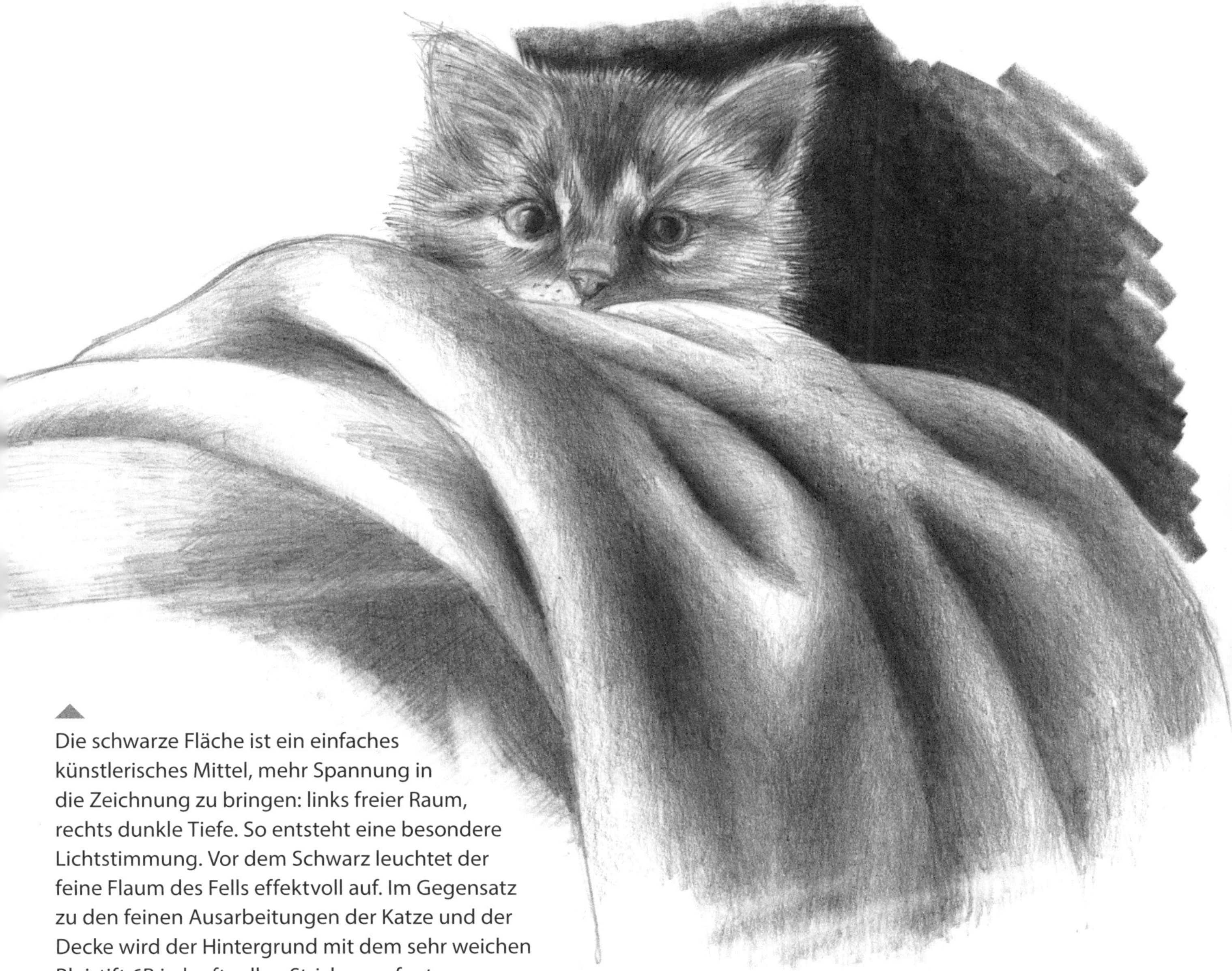

Die schwarze Fläche ist ein einfaches künstlerisches Mittel, mehr Spannung in die Zeichnung zu bringen: links freier Raum, rechts dunkle Tiefe. So entsteht eine besondere Lichtstimmung. Vor dem Schwarz leuchtet der feine Flaum des Fells effektvoll auf. Im Gegensatz zu den feinen Ausarbeitungen der Katze und der Decke wird der Hintergrund mit dem sehr weichen Bleistift 6B in kraftvollen Strichen aufgetragen.

Hintergrund siehe auch S. 83

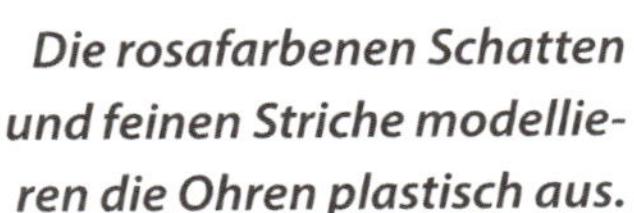
Die rosafarbenen Schatten und feinen Striche modellieren die Ohren plastisch aus.

Das Licht kommt von rechts, also hat nur das rechte Auge ein Glanzlicht.

Die dunklen Fellpartien werden in Ocker grundiert und mit dem Kosmetiktuch glatt verwischt. Darüber stricheln wir die helleren und dunkleren Bereiche sehr fein mit dem rötlich braunen Farbstift.

Das weiß ausgesparte Glanzlicht lässt die Lippe feucht schimmern.

Für alles Weitere reichen schwach mit dem Bleistift angedeutete Konturen.

Die im Schatten liegenden weißen Fellhaare zeichnen wir mit dem spitzen Bleistift 2H.

Material
- Zeichenpapier, glatt
- Bleistift HB, 2H
- Farbstifte in den angegebenen Tönen
- Knetgummiradierer
- Kunststoffradierer
- Kosmetiktuch
- Anspitzer

Mein Kater

Ein Bild von einem Knuddelkater, von Kopf bis Kinn mit Farbstift aufs Allerfeinste gezeichnet und dann künstlerisch frei auslaufend (das Porträt, nicht der Kater). Das Grau im Hintergrund lässt die warmen, rötlichen Ockertöne im flauschigen Fell ebenso aufleuchten wie die Augen. Diese ziehen besondere Aufmerksamkeit auf sich – und verdienen eine besonders genaue Ausarbeitung.

In eigener Sache …
Eigentlich sollte dieses Porträt, ein Andenken an meinen längst verblichenen Kater, einen Trauerrand haben. Denn unter all den Katzen, die ich im Laufe vieler Jahre beherbergt habe, war er mir der allerliebste: hübsch, gescheit, sozial kompetent und auch meinem Hund in enger Freundschaft zugetan. Womit ich meiner gegenwärtigen Mitbewohnerin Lucy nicht zu nahe treten will, die lieber ihre eigenen Wege geht. Vielleicht kommt das auch in ihrem Porträt auf Seite 12 und 15 zum Ausdruck.

Katzenaugen siehe auch S. 74

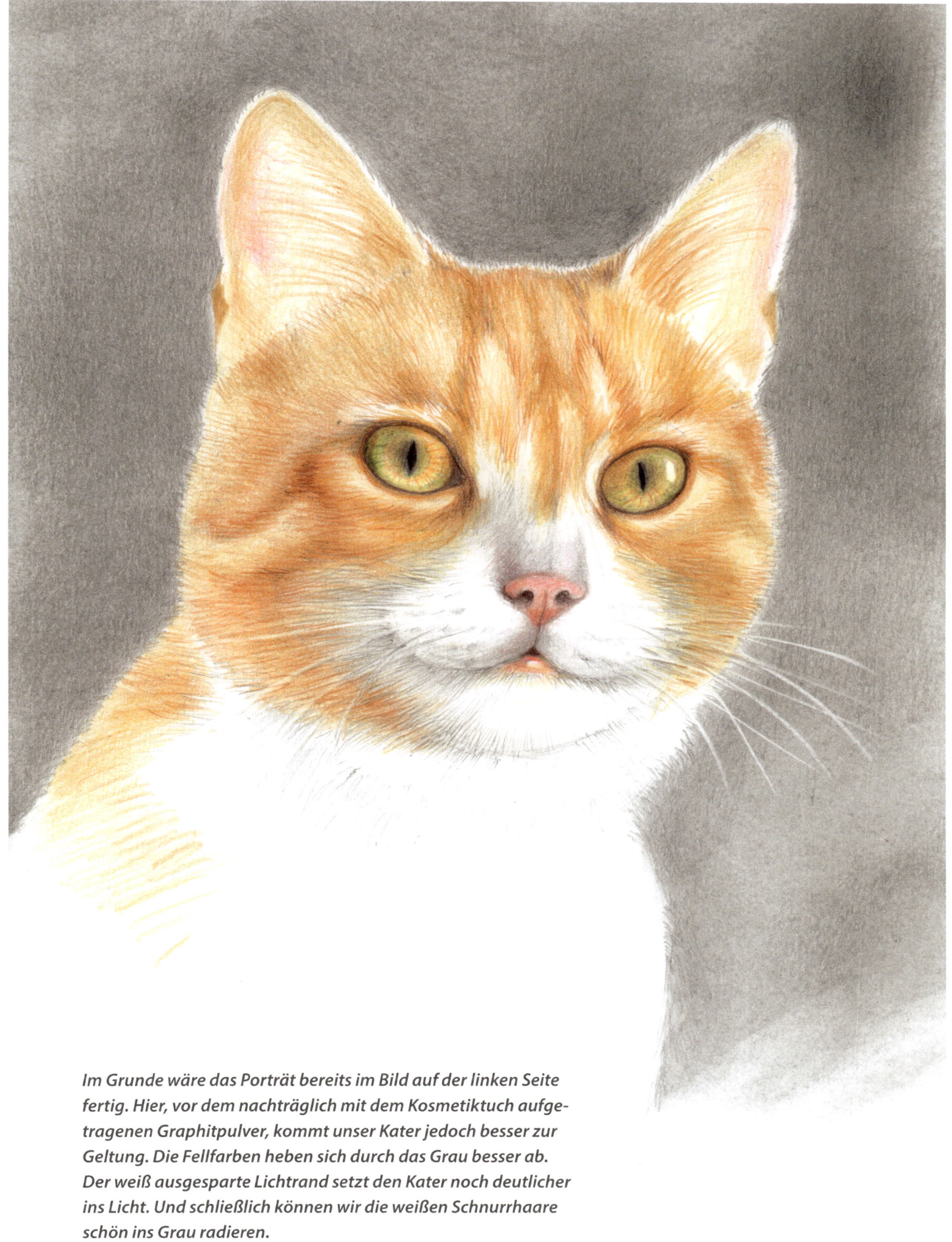

Im Grunde wäre das Porträt bereits im Bild auf der linken Seite fertig. Hier, vor dem nachträglich mit dem Kosmetiktuch aufgetragenen Graphitpulver, kommt unser Kater jedoch besser zur Geltung. Die Fellfarben heben sich durch das Grau besser ab. Der weiß ausgesparte Lichtrand setzt den Kater noch deutlicher ins Licht. Und schließlich können wir die weißen Schnurrhaare schön ins Grau radieren.

Radierstift siehe auch S. 7 • **Hintergrund** S. 48

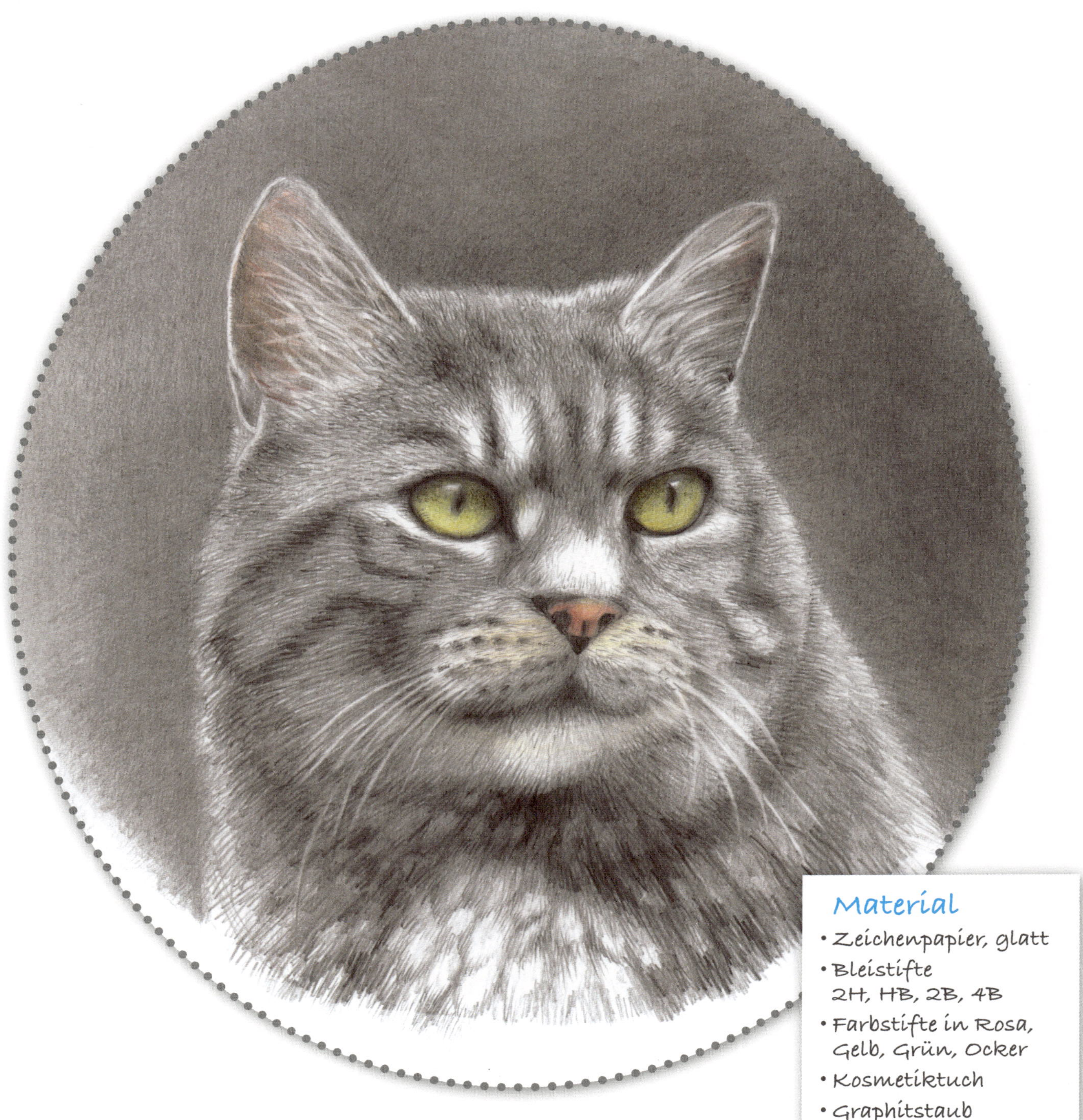

Material

- Zeichenpapier, glatt
- Bleistifte 2H, HB, 2B, 4B
- Farbstifte in Rosa, Gelb, Grün, Ocker
- Kosmetiktuch
- Graphitstaub
- Kunststoffradierer
- Radierstift

Stubentiger

Leuchtende Katzenaugen, die in feinstem Bleistiftgrau getigerte Fellzeichnung und ein ebenso nobler Hintergrund, der die wenigen Farben umso schöner heraushebt: Zu diesem stilvollen Porträt im Zusammenspiel von Bleistift und Farbstift passt dann auch ein elegant ovales Bildformat.

Warum nicht gleich für alles, also auch fürs Grau, den Farbstift nehmen? Das ist eine Frage des Zeichenstils. Der Bleistift hat mehrere Härtegrade. Mit härteren Stiften können wir das Porträt fein und sozusagen haargenau ausarbeiten, mit weicheren Stiften schön schattieren und modellieren. Außerdem lassen sich mit dem Radierstift zuletzt auch weiße Fell- und Schnurrhaare, einzeichnen. Zu alledem passt auch der mit Graphitpulver gleichmäßig angelegte Hintergrund.

Bleistifthärtegrade siehe auch S. 4

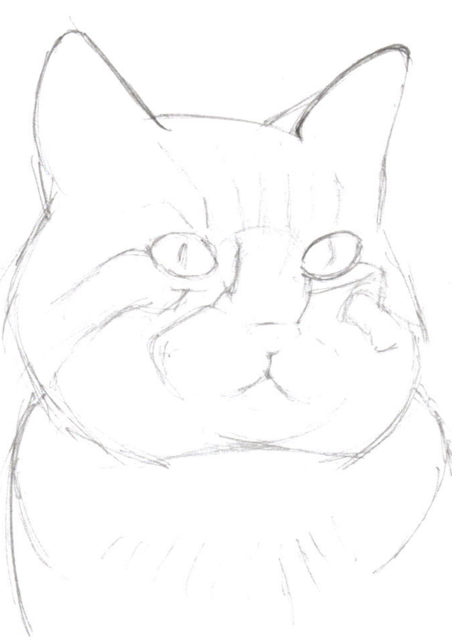

Die vom Foto abgenommene Vorzeichnung mit dem Bleistift HB deutet das Fellmuster schon leicht an …

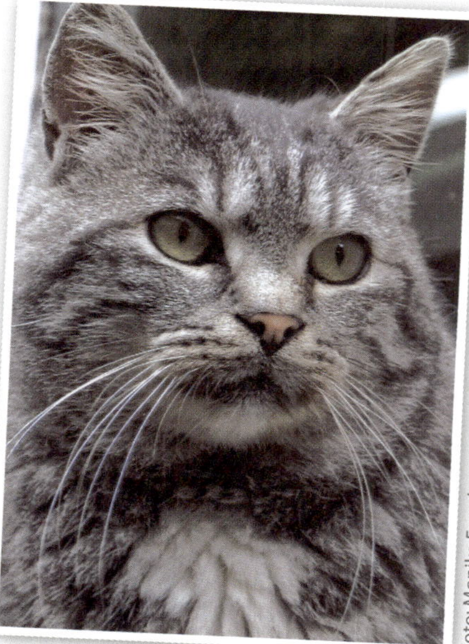

Foto: Monika Engels

Das Vorbild: Tizian, wohnhaft bei Monika Engels

… das wir in der dunkleren Fellzeichnung mit dem Bleistift 2B und dem ockerfarbenen Farbstift grundieren. Das Näschen wird schwach rosa.

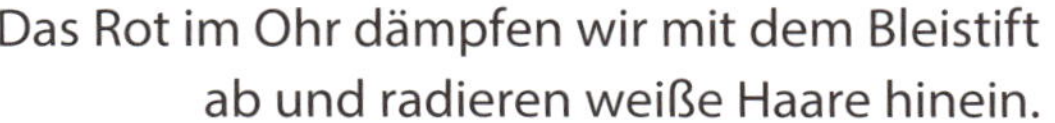

Das Rot im Ohr dämpfen wir mit dem Bleistift ab und radieren weiße Haare hinein.

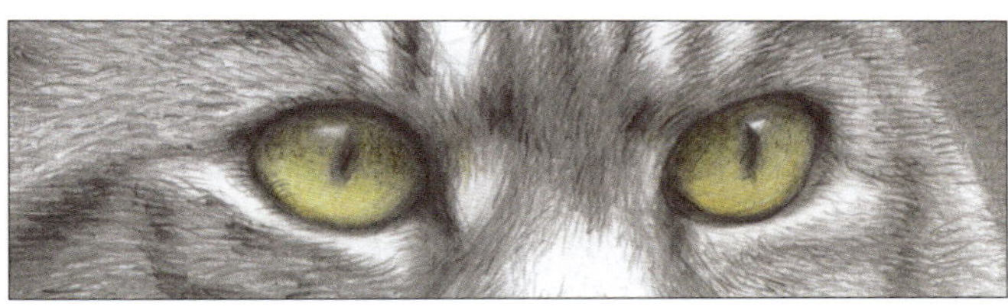

Ebenfalls mit Bleistift und Farbstift lassen sich die typisch „unergründlichen" Katzenaugen sehr realistisch und effektvoll ausarbeiten.

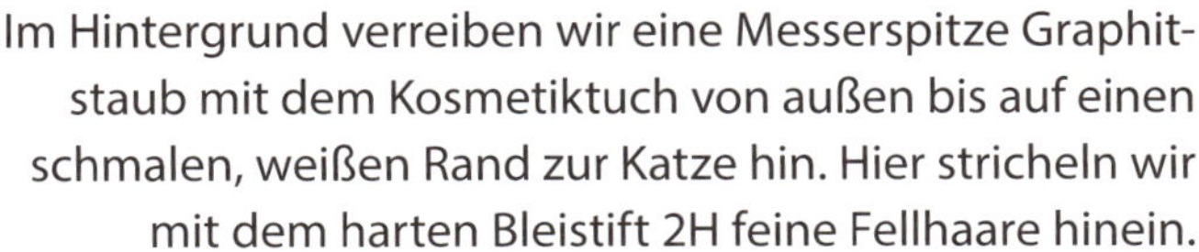

Im Hintergrund verreiben wir eine Messerspitze Graphitstaub mit dem Kosmetiktuch von außen bis auf einen schmalen, weißen Rand zur Katze hin. Hier stricheln wir mit dem harten Bleistift 2H feine Fellhaare hinein.

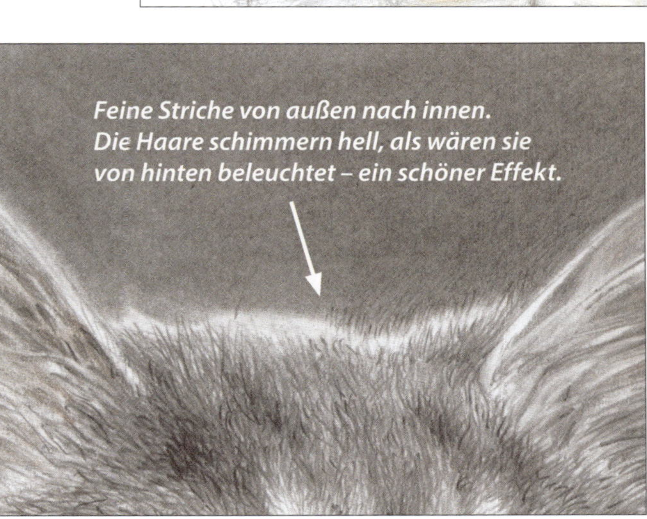

Katzenaugen siehe auch S. 74 • **Hintergrund** S. 48

Weißpfötchen

Nichts rundherum soll von unserem Modell ablenken? Dann setzen wir es einfach auf eine Farbfläche, die uns, wie praktisch, schon das Papier liefert.

Als Hintergrund setzt sich das Graublau schön von der Farbigkeit unseres Kätzchens ab, als Grundierung gibt es dem Fell gleichzeitig Dichte und Fülle. Hinzu kommt, dass wir auf dem dunklen Papier die Pfoten und das Lätzchen direkt mit dem weißen Farbstift zeichnen können.

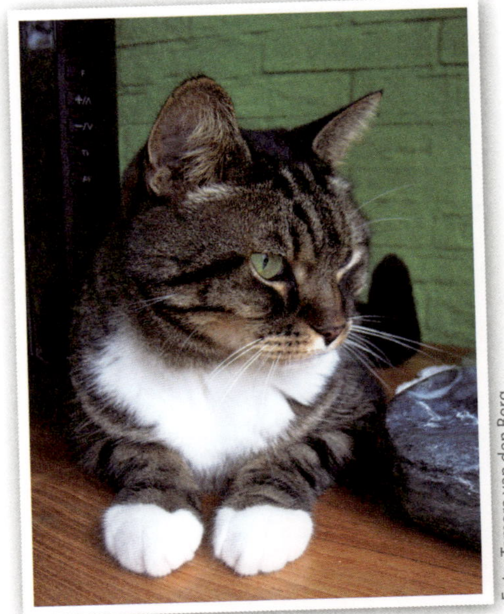

Foto: Tamara van den Berg

Das Vorbild: im Foto mit Hintergrund, in der Zeichnung auf der leeren Farbfläche.

Die vom Foto abgenommenen Konturen zeichnen wir gleich mit dem weißen Farbstift nach.

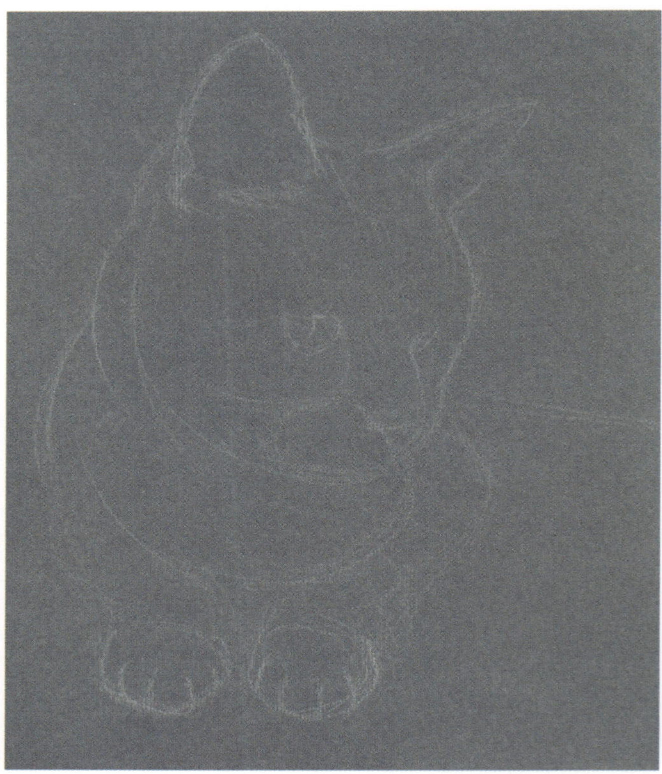

Tipp

Besonders praktisch zum Durchpausen der Konturen vom Foto aufs farbige Zeichenpapier ist das spezielle Durchpauspapier; siehe dazu auch S. 58 oben.

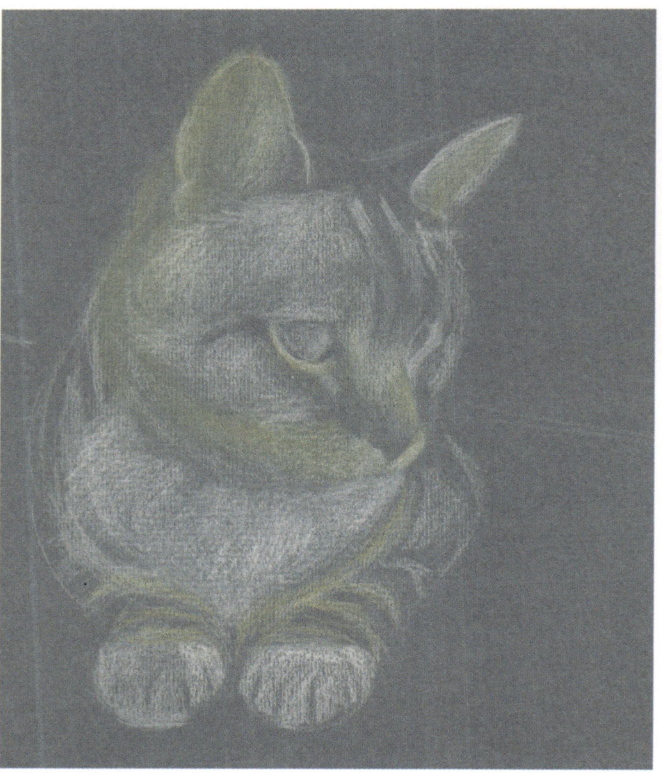

Die Papierfarbe liefert sozusagen die Grundierung für die dunklen Fellpartien. Die hellen Bereiche grundieren wir mit dem weißen Farbstift und schraffieren dann stellenweise mit Weiß und Ocker darüber.

Farbiges Papier siehe auch S. 29, 50, 57 • **Weißes Durchpauspapier** S. 13 (Tipp)

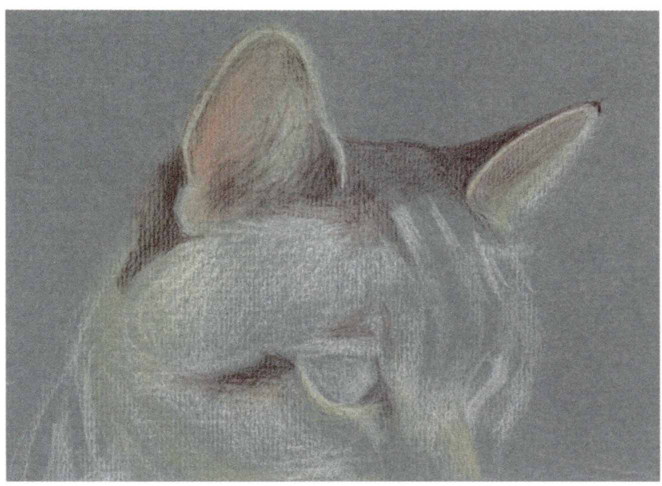

Mit den dunkleren Farben aus der Palette modellieren wir die Gesichtspartien und arbeiten Details wie die Ohren aus.

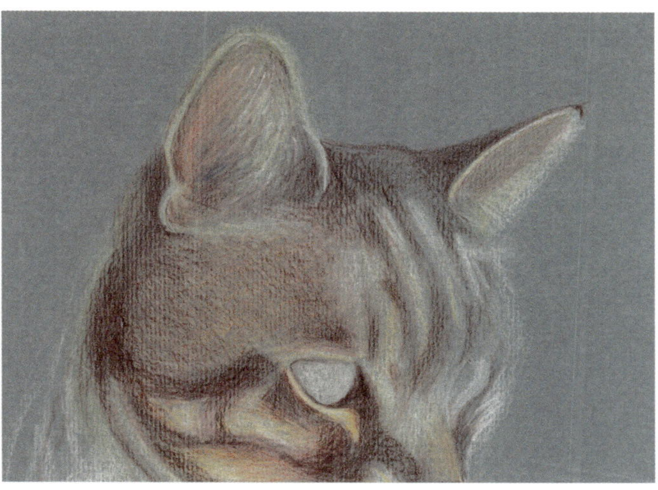

Dann alles noch einmal und mit kräfigeren Farben; so entsteht das Fellmuster, das sich an die Form des Kopfes anschmiegt.

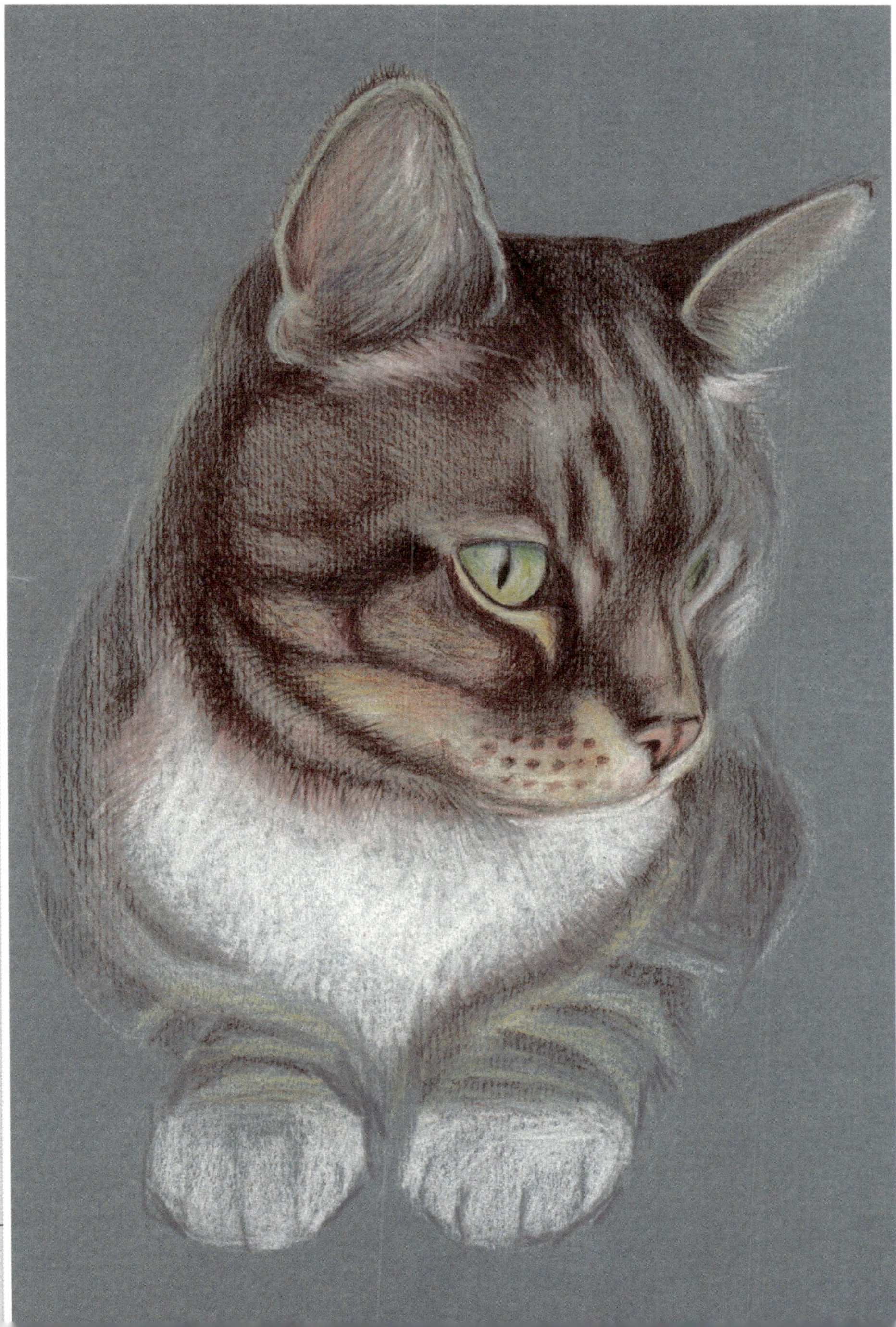

Die Papierfarbe grundiert auch die Augen. Und jede neue Schraffurschicht verdichtet das Fell weiter. Auf den Körper und die Pfoten kommt es weniger an, wir lassen sie gezielt unvollendet. Auch das ist ein Vorteil des Farbpapiers: Wir brauchen keine Bodenfläche, die Papierfarbe gibt unserem Kätzchen hinreichend Halt.

Material

- Tonkarton in Blaugrau
- Farbstifte (siehe Seitenrand)

Details siehe auch S. 10

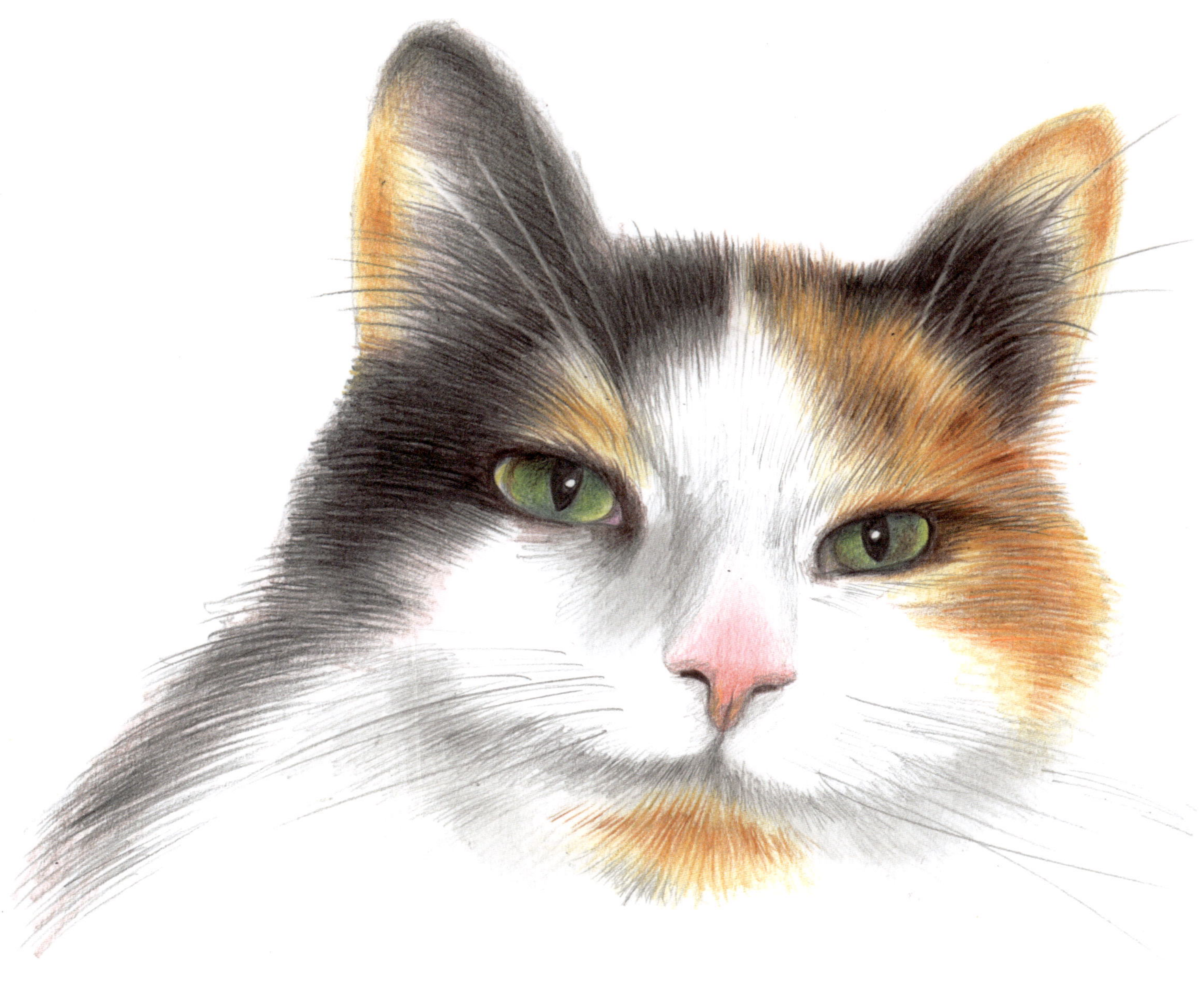

Feinheiten

Feinstes Fell, niedliches Näschen und ausdrucksvolle Augen: Bevor wir ins Schwärmen kommen, der Hinweis, dass das alles nicht so schwierig ist, wie es aussieht. Wir müssen nur Schritt für Schritt vorgehen!

In der Nacht mögen alle Katzen grau sein. Im Licht jedoch zeichnet sich im Fell von dreifarbigen Stubentigern eine ganze Palette von Tönen ab, die sich in der Natur allesamt von Rot, Schwarz und Weiß ableiten. Mit feinen Strichen des gut angespitzten Farbstifts ergeben sich schöne Farbverläufe im Fell. Flauschig wirkt es, weil die Fellhaare frei auslaufen und Konturen überflüssig machen. Die langen, weißen Haare werden nachträglich herausradiert. Doch letztlich wird das Porträt von den grünen Katzenaugen dominiert.

Material

- Zeichenpapier, glatt
- Farbstifte (siehe Seitenrand)
- Bleistift HB
- Papierwischer
- Kunststoffradierer
- Knetgummiradierer

Katzenaugen siehe auch S. 74

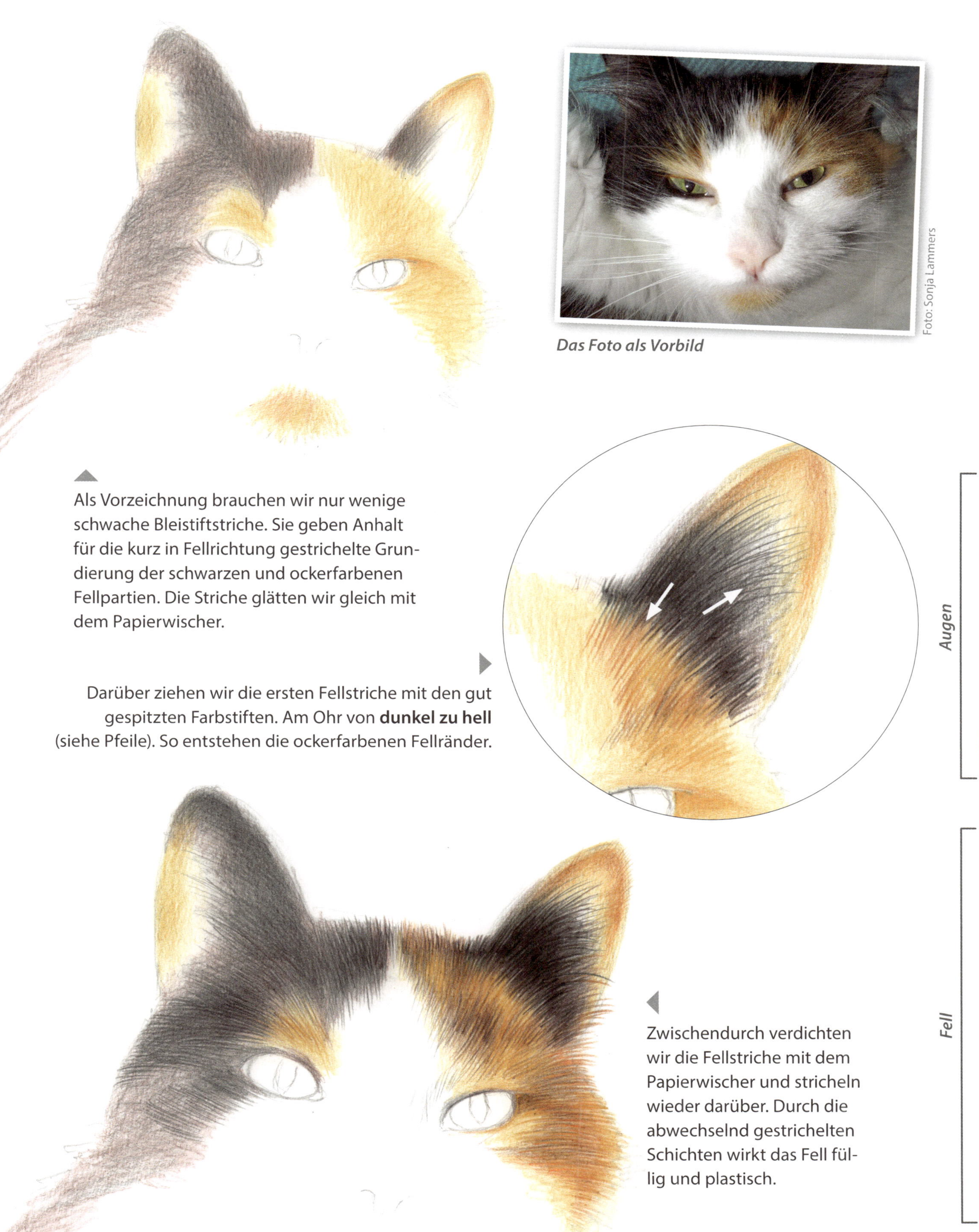

Das Foto als Vorbild

Als Vorzeichnung brauchen wir nur wenige schwache Bleistiftstriche. Sie geben Anhalt für die kurz in Fellrichtung gestrichelte Grundierung der schwarzen und ockerfarbenen Fellpartien. Die Striche glätten wir gleich mit dem Papierwischer.

Darüber ziehen wir die ersten Fellstriche mit den gut gespitzten Farbstiften. Am Ohr von **dunkel zu hell** (siehe Pfeile). So entstehen die ockerfarbenen Fellränder.

Zwischendurch verdichten wir die Fellstriche mit dem Papierwischer und stricheln wieder darüber. Durch die abwechselnd gestrichelten Schichten wirkt das Fell füllig und plastisch.

Papierwischer siehe auch S. 6

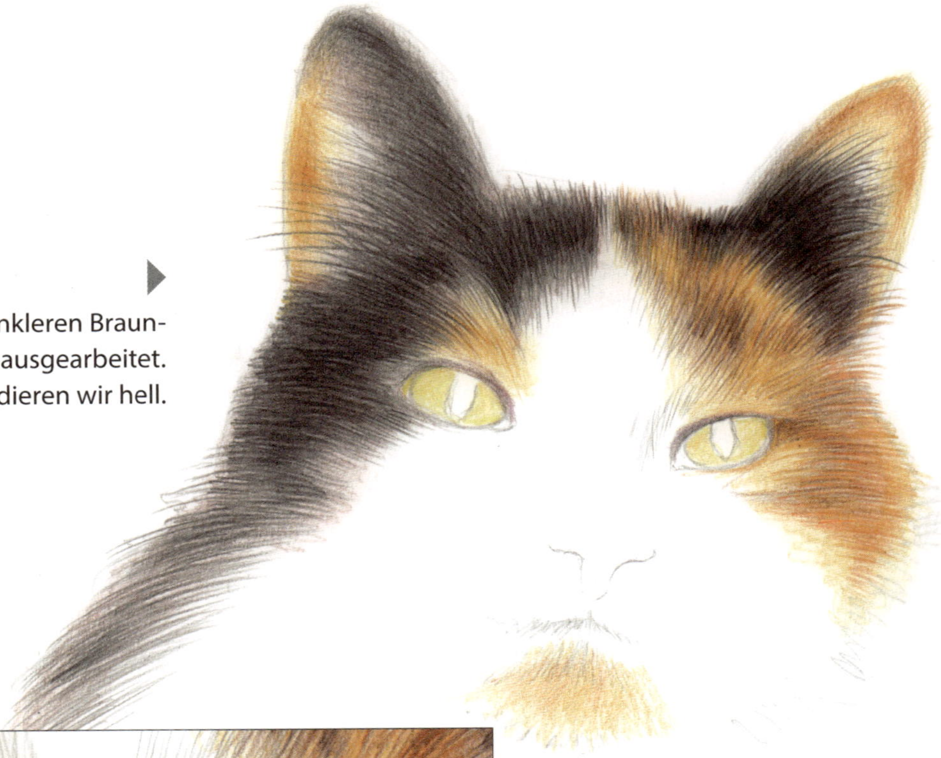

In gleicher Weise und mit dunkleren Brauntönen wird die linke Seite ausgearbeitet.
Die Augen grundieren wir hell.

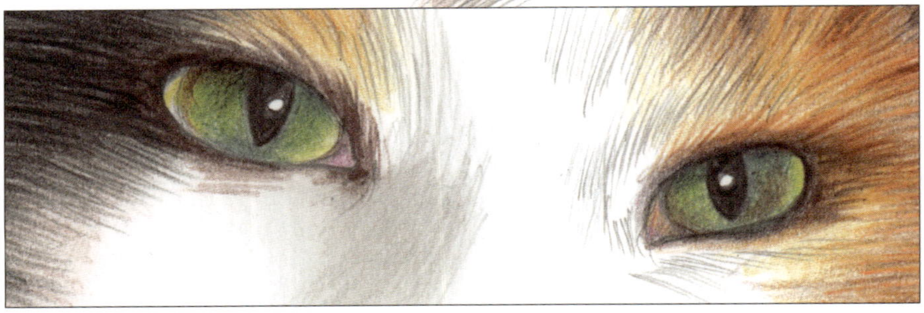

Beim schichtweisen Aufbau der Augen halten wir uns an die Grundanleitung auf S. 74.

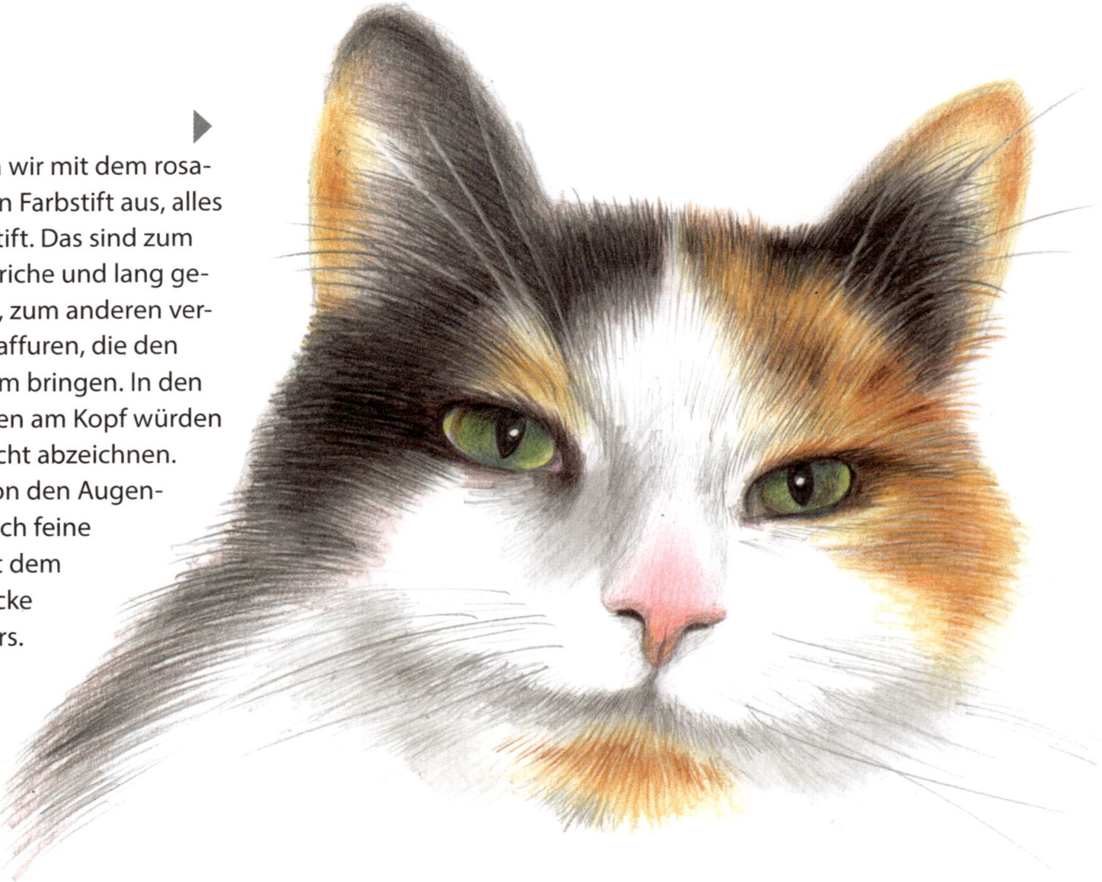

Das Näschen arbeiten wir mit dem rosafarbenen und braunen Farbstift aus, alles andere mit dem Bleistift. Das sind zum einen haarfeine Fellstriche und lang gezogene Schnurrhaare, zum anderen verwischte Schattenschraffuren, die den Kopf in plastische Form bringen. In den dunkleren Partien oben am Kopf würden sich Bleistiftstriche nicht abzeichnen. Deshalb ziehen wir von den Augenbrauen nach oben noch feine weiße Haarstriche mit dem Radierstift oder der Ecke des Kunststoffradierers.

Radierstift siehe auch S. 7, 84

Gestrichelt oder gepinselt?

Für die Vorzeichnung, hier die typische Hauskatze in ebenso typischer Pose, spielt das noch keine Rolle. Dann können wir immer noch entscheiden, wie es weitergehen soll: schwarz-weiß oder farbig? Stift oder Pinsel?

Auf den folgenden Seiten sehen wir eine besonders effektvolle Kombination von Bleistift und Aquarellfarben. Hier jedoch, in dieser einfachen Version, liefert der Bleistift nur die Konturen. Beim Kolorieren gehen wir ähnlich vor wie beim Schraffieren mit Bleistift: Erst untermalen wir bis auf die weißen Partien alles in hellen Farben. Nach dem Trocknen malen wir darüber die dunkleren Schatten und die Fellstriche.

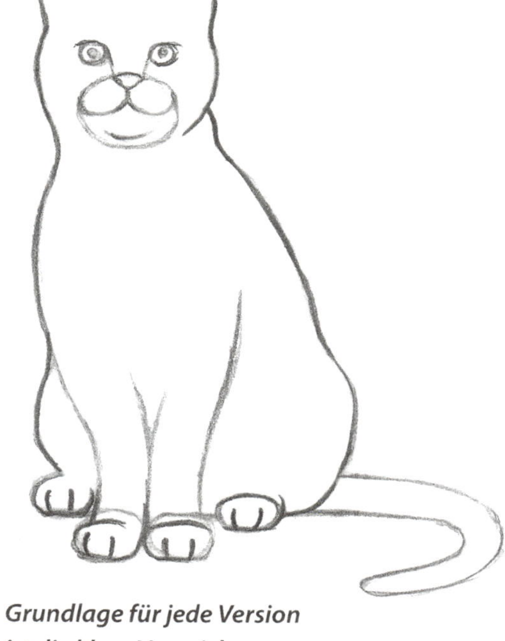

Grundlage für jede Version ist die klare Vorzeichnung.

Das Urbild der Hauskatze: hier mit Bleistiftschraffuren modelliert und fein getigert.

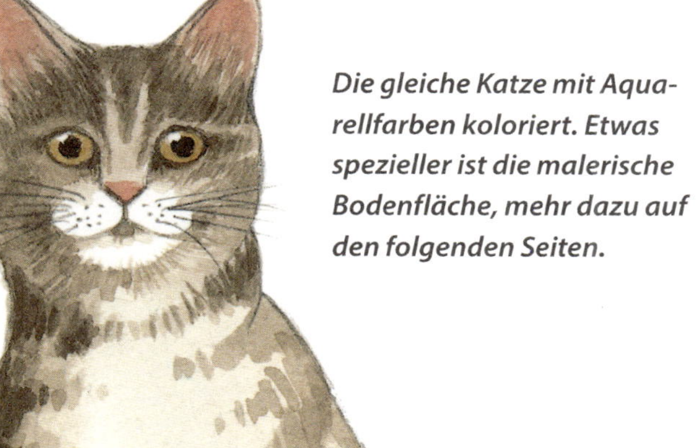

Die gleiche Katze mit Aquarellfarben koloriert. Etwas spezieller ist die malerische Bodenfläche, mehr dazu auf den folgenden Seiten.

Material

- Zeichenpapier, glatt
- Aquarellpapier, glatt
- Bleistift HB, B
- Aquarellpinsel
- Aquarellfarben

Kontur übertragen siehe auch S. 13, 14, 15

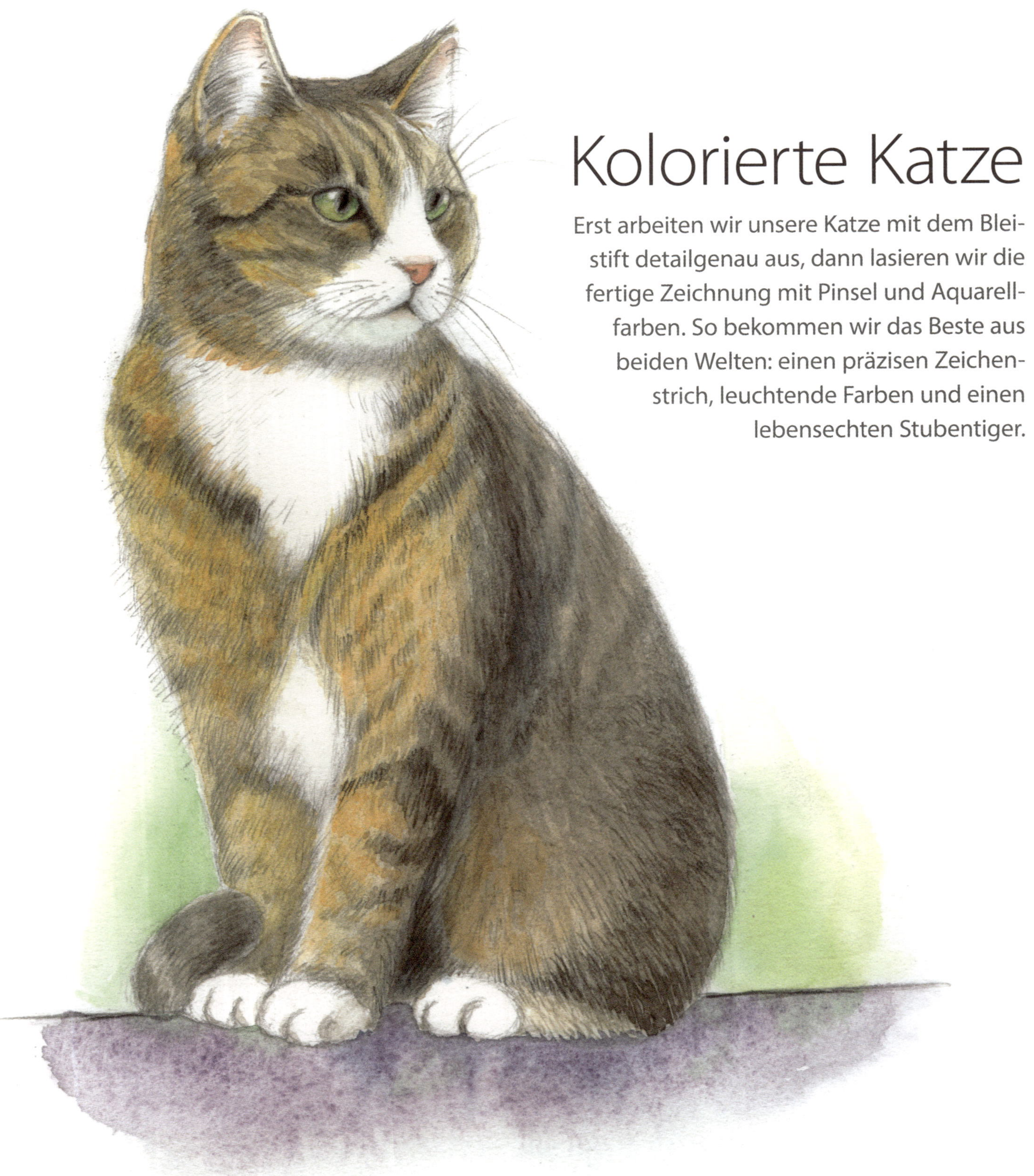

Kolorierte Katze

Erst arbeiten wir unsere Katze mit dem Bleistift detailgenau aus, dann lasieren wir die fertige Zeichnung mit Pinsel und Aquarellfarben. So bekommen wir das Beste aus beiden Welten: einen präzisen Zeichenstrich, leuchtende Farben und einen lebensechten Stubentiger.

Anders als beim vorigen Beispiel (auf S. 91) liefert der Bleistift hier nicht nur die Konturen, sondern schon eine fertige schwarz-weiße Zeichnung mit allen Details im Gesicht, im Fellmuster und mit der Schattierung. Auf dieser Grundlage geht es nur noch darum, die dunkleren Partien mit lasierenden Pinselstrichen zu übermalen, und schon haben wir diese wunderbaren aquarellistischen Effekte. Voraussetzung ist allerdings ein starkes, glattes Aquarellpapier, das sich unter der nassen Farbe nicht wellt.

Hintergrund andeuten siehe auch S. 56

Material

- Aquarellpapier, 250 g, satiniert
- Bleistifte HB, 4B
- Radierer
- Aquarellpinsel Nr. 6 und 10
- Auarellfarben in Ocker, Orange, Dunkelbraun, Rosa, Hellgrün, Violett, Blau-Grau

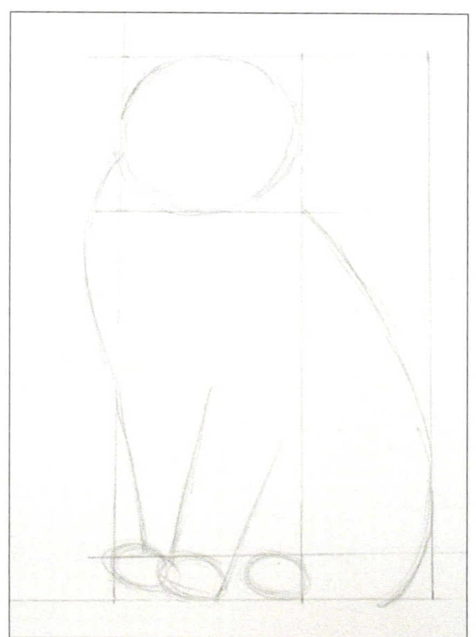

Diese typische Pose kennen wir bestens von unseren und auch allen fremden Katzen. Position und Proportionen kann man aus einfachen Formen aufbauen. Der Rahmen ist beim Skizzieren nach einem Foto eine gute Hilfe.

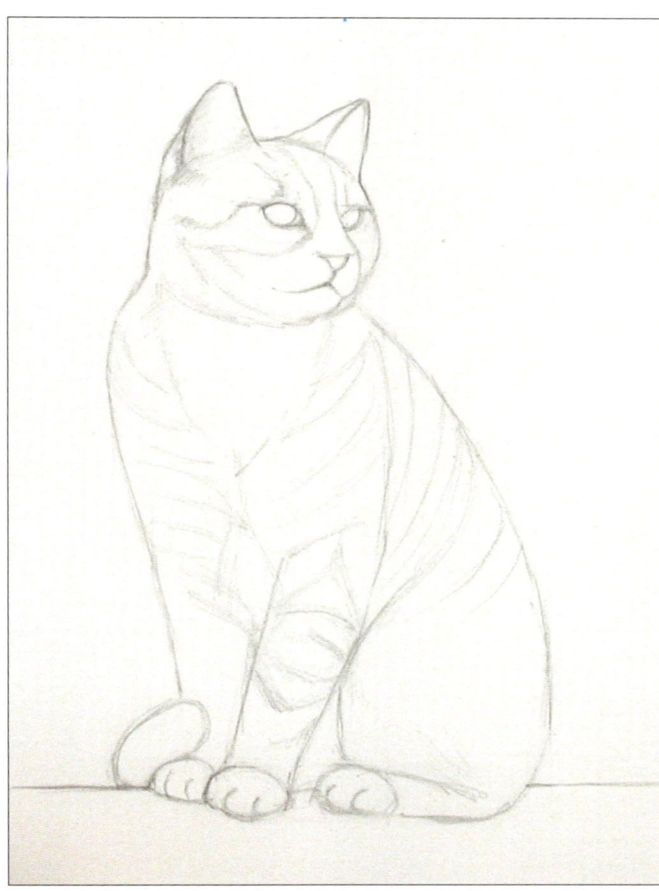

Die Bleistiftvorzeichnung, hier schon mit dem ganz kurz gestrichelten (nicht durchgezogenen) Fellmuster. Die Linien schmiegen sich an die Körperformen, oder besser gesagt: modellieren die Gestalt schon mal heraus.

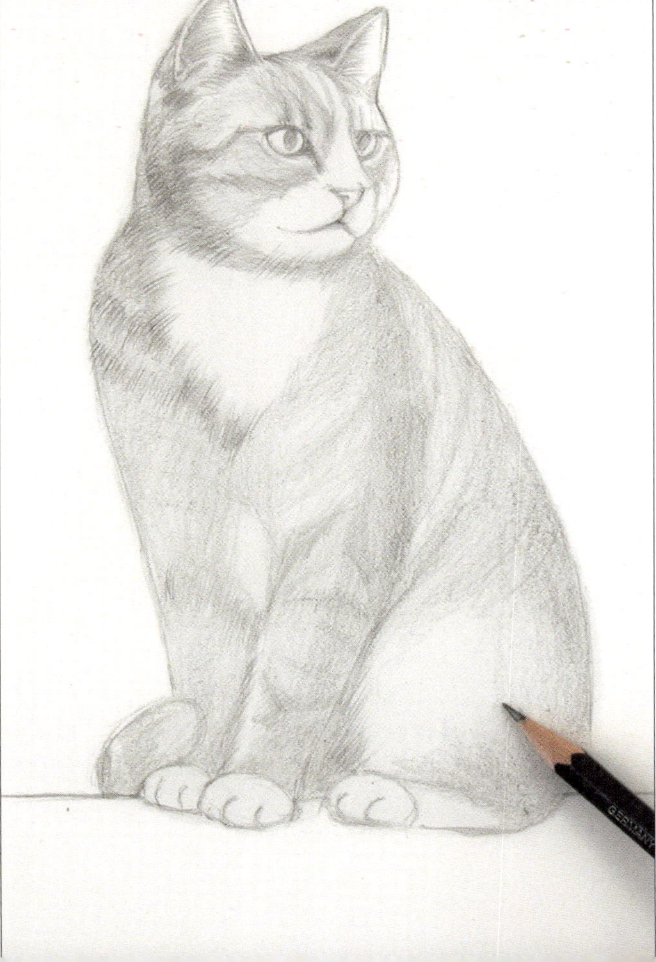

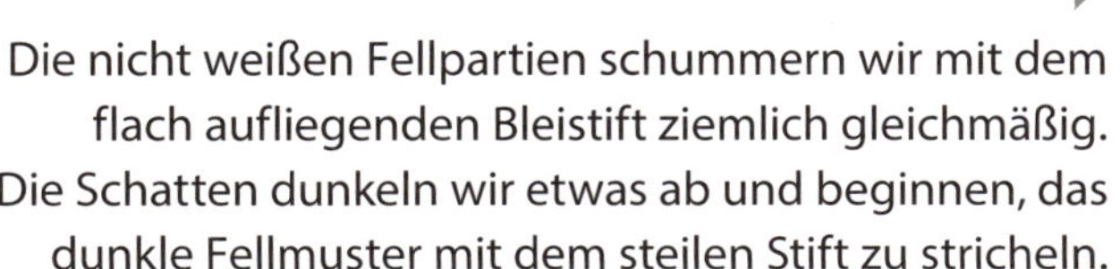

Die nicht weißen Fellpartien schummern wir mit dem flach aufliegenden Bleistift ziemlich gleichmäßig. Die Schatten dunkeln wir etwas ab und beginnen, das dunkle Fellmuster mit dem steilen Stift zu stricheln.

Rastermethode siehe auch S. 14

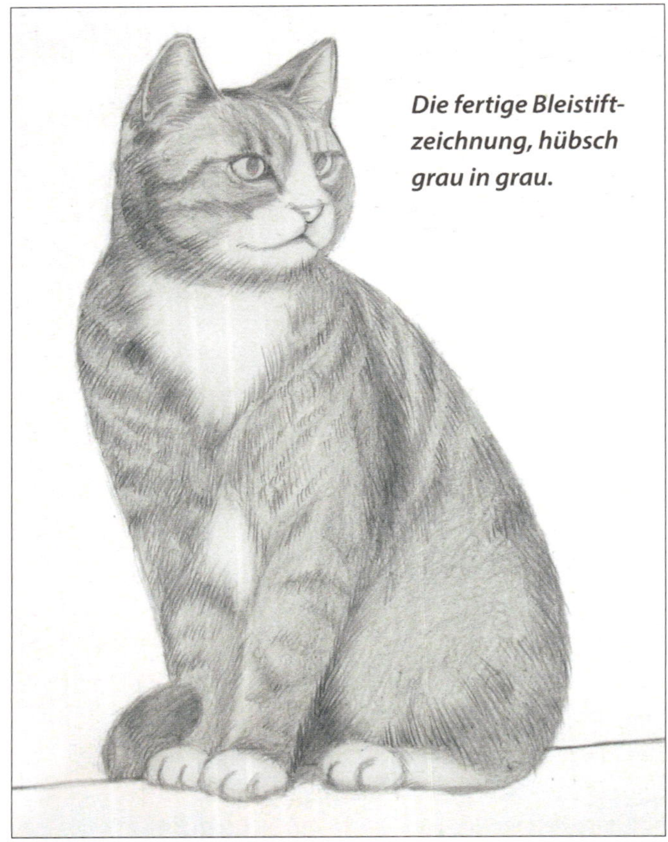

Die fertige Bleistiftzeichnung, hübsch grau in grau.

Nach und nach kommen feine Details und stärkere Kontraste hinzu (Bleistift 4B für die dunkelsten Partien). Dann setzen wir die Katze mit einem kräftigen Strich auf den Boden. So weit fertig, jedenfalls in der Ausführung mit Bleistift.

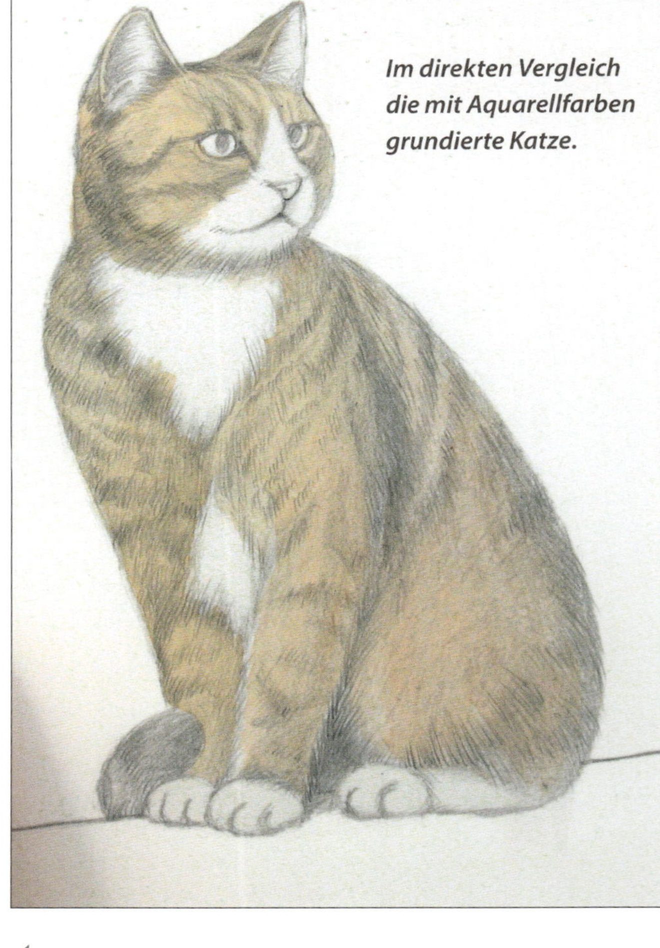

Im direkten Vergleich die mit Aquarellfarben grundierte Katze.

Kolorieren mit Aquarell

Mit Farbstiften lässt sich eine Bleistiftzeichnung nicht mehr gut kolorieren. Auf dem Graphit würden die Farbstriche verschmieren. Doch können wir die Zeichnung einfach mit Aquarellfarben übermalen. Unter der Lasur bleiben die Bleistiftstriche sichtbar und liefern die Textur des Fells und die Schatten. Wir haben also nichts weiter zu tun, als die Zeichnung farbig zu übermalen.

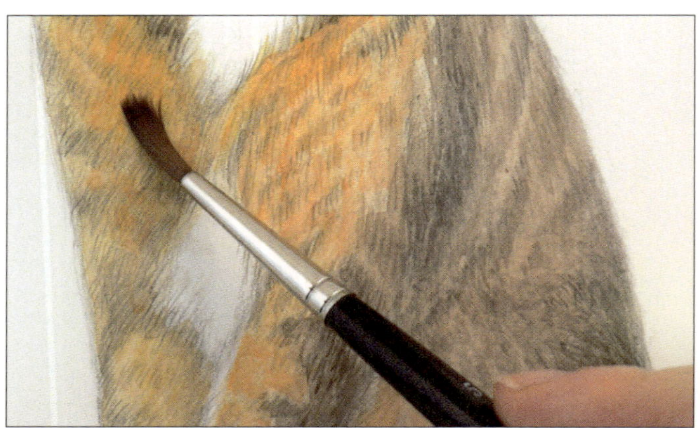

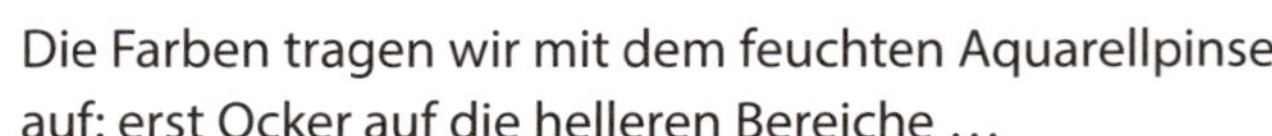

Die Farben tragen wir mit dem feuchten Aquarellpinsel auf: erst Ocker auf die helleren Bereiche …

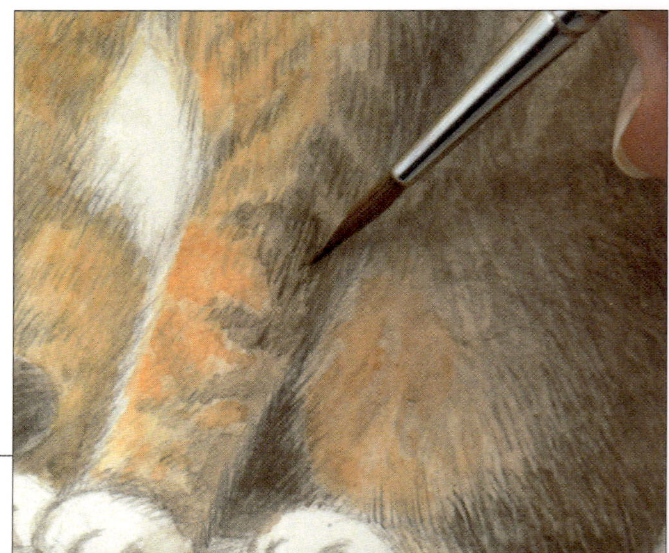

… und darüber stellenweise ein dunkles Braun. Die Fellstriche ziehen wir fein nach.

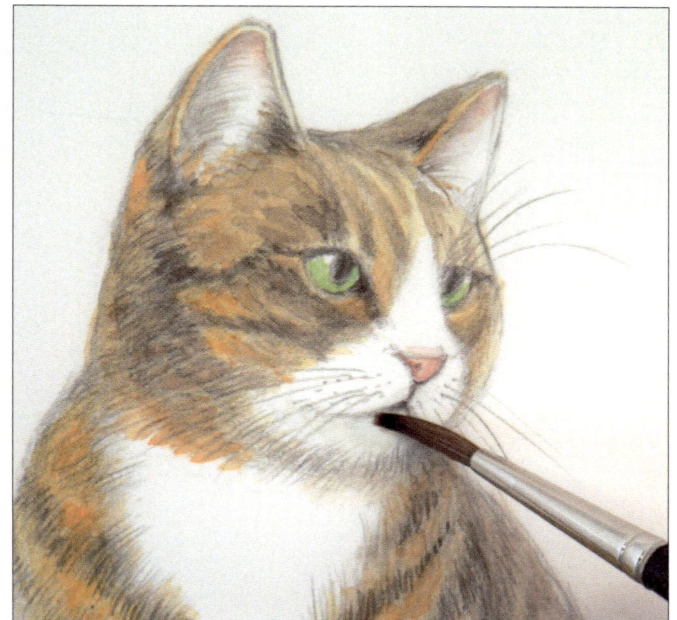

Ebenso genau und mit eher trockener Aquarellfarbe malen wir die hellgrünen Augen, das rosarote Näschen und die blaugrauen Schatten unter dem Mund. Nicht zu vergessen: die mit dem Bleistift gezogenen Schnurrhaare.

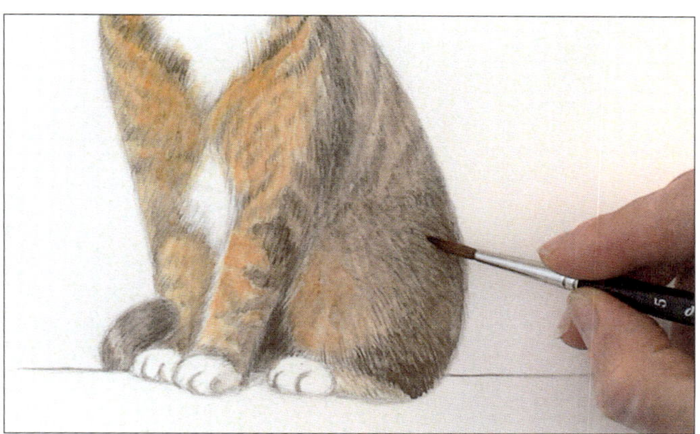

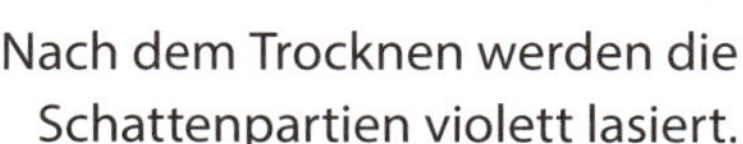

Nach dem Trocknen werden die Schattenpartien violett lasiert.

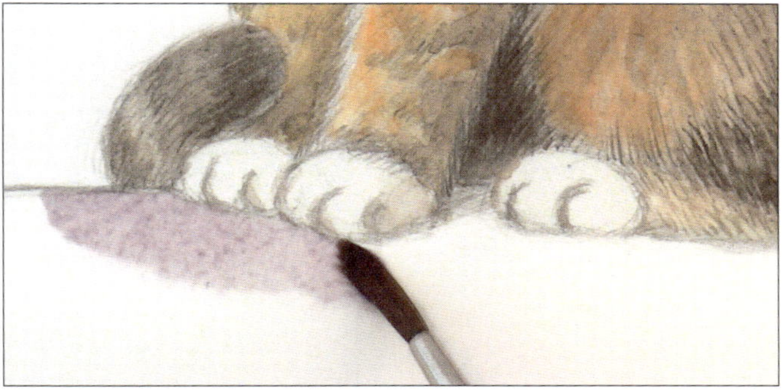

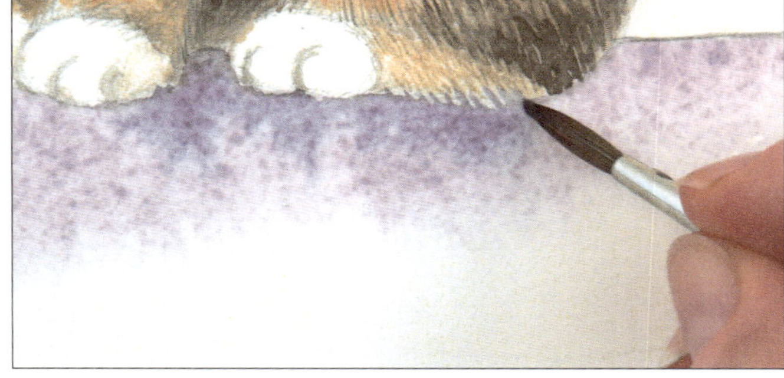

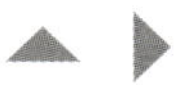

Am Boden lassen wir die Farbe malerisch verfließen. Dazu befeuchten wir diesen Bereich mit Wasser und malen nass hinein. Das Violett ziehen wir vom Rand weg nach unten. Auf dem feuchten Papier lässt sich die Farbe schön weich verziehen. In gleicher Weise, hier in Grün, deuten wir auch eine Wiese an.

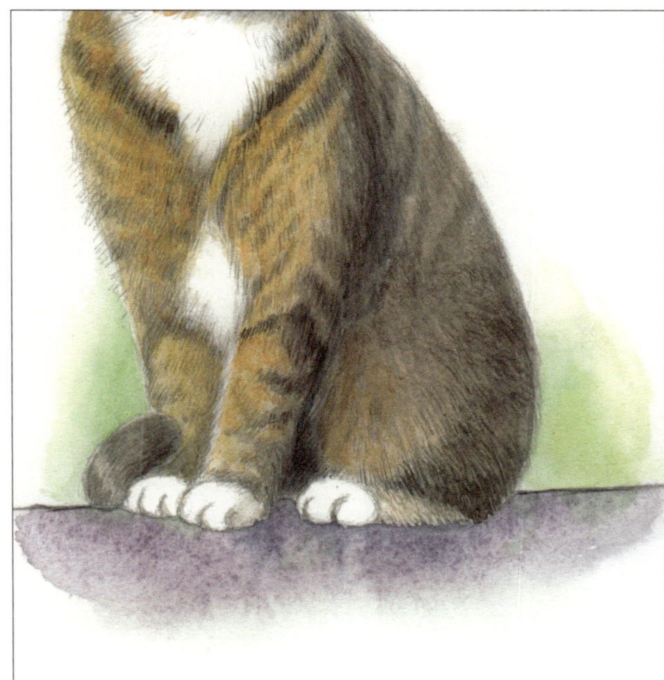

Tipp

Komplementärfarben, hier das Violett zum Ocker und Orange im Fell, verstärken sich gegenseitig und sorgen insgesamt für eine harmonische Farbstimmung. Es lohnt sich also, die Umgebungsfarben an den Grundton des Motivs anzupassen. Die Wirkung kann man gut mit dem Farbstift auf einem anderen Blatt ausprobieren: einfach verschiedene Farbflächen nebeneinander anlegen.

Fotos: Klaus Peduzzi

Formschraffur siehe auch S. 16, 76

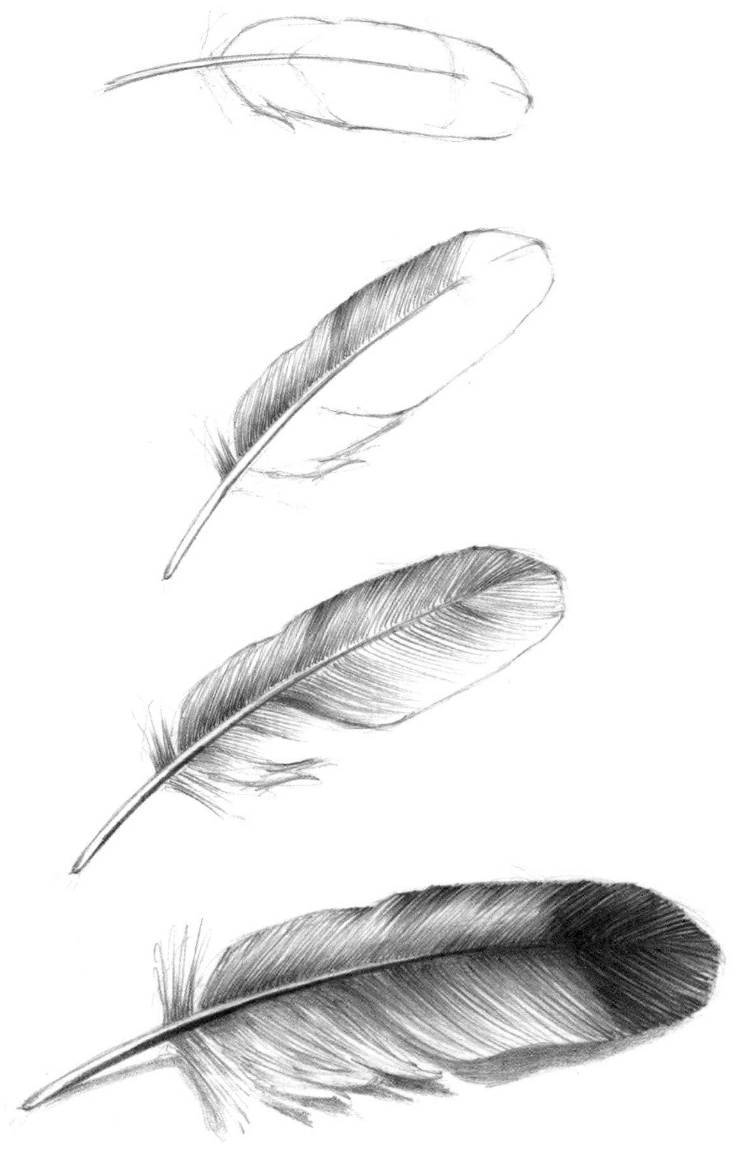

Viel Freude am Zeichnen!